上海大学社会学文库　主编 / 张文宏

选择性放任

车间政治与国有企业劳动治理逻辑的形成

贾文娟◎著

中国社会科学出版社

图书在版编目(CIP)数据

选择性放任：车间政治与国有企业劳动治理逻辑的形成／贾文娟著．—北京：中国社会科学出版社，2016.4

ISBN 978-7-5161-8033-4

Ⅰ.①选… Ⅱ.①贾… Ⅲ.①国有企业—劳动关系—研究—中国 Ⅳ.①F279.241

中国版本图书馆CIP数据核字(2016)第083567号

出 版 人　赵剑英
责任编辑　王莎莎
责任校对　张爱华
责任印制　张雪娇

出　　版　中国社会科学出版社
社　　址　北京鼓楼西大街甲158号
邮　　编　100720
网　　址　http://www.csspw.cn
发 行 部　010-84083685
门 市 部　010-84029450
经　　销　新华书店及其他书店

印　　刷　北京君升印刷有限公司
装　　订　廊坊市广阳区广增装订厂
版　　次　2016年4月第1版
印　　次　2016年4月第1次印刷

开　　本　710×1000　1/16
印　　张　17
插　　页　2
字　　数　279千字
定　　价　65.00元

献给我的父母

前 言

大约在2008年，在一个偶然的机会下我第一次走进了南厂。这家企业生产过程中清晰可见的张力牢牢嵌入到我的脑海：管理者骄傲地展示南厂与跨国企业合作的最新进展、愈加广阔的市场前景；工人则摆出消极怠工的架势，争相诉说这几十年来其社会地位的滑落、工资收入的停滞不前以及愈加疏远冷漠的劳资关系。那次走马观花的探访令我对国有企业的劳动过程产生了好奇。经历了市场转型与国企改革，今天国有企业的劳动过程与车间政治具有怎样的特征呢？2010年底，我带着这一疑问再次走进了南厂的车间。我原以为在市场竞争的冲击下国有企业的劳动控制会与其他企业无异：管理方借助现代企业管理制度对劳动过程施加严格的管控，而经历了下岗分流、丧失了主人翁身份的国企工人被迫服从管理者的一切安排。但南厂的劳动治理实践否定了这种判断，工人不断抵制和挑战有损其利益的管理制度，他们在车间与管理方和工头们进行着权力博弈。南厂的劳动治理逻辑也在车间政治和三方角力中被不断改变。

南厂中可供不同行动者博弈的车间政治空间是由国有企业的“双重嵌入性”所造就。不同于私营企业与外资企业，国有企业一方面嵌入在一个由新中国所开启的社会主义体制中，在意识形态层面，社会主义社会契约似乎并未被放弃，“依靠工人阶级”、“工人阶级是主人翁”、“坚持以人为本”等话语仍然被中央所宣扬，在法律政策层面，对工人利益进行保护的法律、法规逐渐得到完善。另一方面，国有企业融入1978年后被开启的市场经济体制中，需要在全球市场中与各色企业同台竞技。对于工人而言，曾经的尊严、荣誉、地位在国企改革后都逐渐远去，他们的利益受损感明显，故而倾向于灵活地运用意识形态、审慎地选择行动策略、并借助日常生活中的资源来拒绝那些以“现代性”为名义的劳动控制，争取自身利益的提升。而企业管理者则陷入了追求效率还是合法性的矛盾中：一方面，作为自负盈亏的企业法人，他们处于愈发激烈的市场竞争与经营绩效考核的压力下，如何降低劳动力成本、提高生产效率、增强市场竞争力是企业实际所关心的；另一方面，国有企业必须践行社会主义意识形态，遵守各项法律制度和行政法规，并按照地方政府的维稳要求谨慎行事。结果，管理层通过不断推出新的管理策略以求在效率与合法性、尊重劳动与规训工人之间寻求平衡。而处于夹心位置的基层管理者，在上级的要求与下级的期待中摇摆不定、无所作为。南厂的劳动治理逻辑正是在这些行动者的博弈中被形塑和转变的。

本书使用了“选择性放任”这一概念归纳案例企业对劳动过程的控制方式和治理逻辑。古尔德纳（A. W. Gouldner）在《工业科层制的模式》一书中曾使用“放任生产模式”概括工人与管理者彼此信任、工人拥有较高自主性的劳动治理方式，而魏昂德（Andrew Walder）则使用“放任式权威”来概括“文革”后期管理者缺乏动力进行劳动纪律管理的情况。在对这两个概念进行借鉴的基础上，我使用了“选择性放任”强调一种管理者对劳动过程指挥不足、对生产过程的监督和评估较为宽松、劳动纪律相对松懈，并在一定程度上赋予工人较高自主性，但是采取其他策略对产出速度、成品质量和生产成本施加控制的劳动治理逻辑。“选择性放任”概括了处于特定阶段的中国国企在劳动治理上的一些特征与矛盾。但因为劳动控制逻辑是在不同行动者的角力和斗争中不断形成和变迁的，所以本书并不武断地声称“选择性放任”是国企劳动治理逻辑的常态，或者是它的终点。2013 年底，我再次造访南厂时，工人的工资已经得到了明显提升，下料工人告诉我，他们月平均工资已经超过了六千元，而 2001 年被引入车间的外协包工队则在 2008 年后持续扩张，到 2013 年时已经成为与南厂正式工不相上下的生产主力。2011 年时就出现的劳动控制新趋势变得明朗化，那就是国有企业对二元劳动体制的运用，即本厂正式工处于“父爱主义”的、“新单位制”的，或是“选择性放任”的劳动控制下，拥有更稳定的雇佣关系，享受较高的工资水平和福利待遇，而非正式工人处于市场专制的劳动控制下，他们未与企业签订劳动合同，被安排到边缘性的工作岗位上，工资收入较低，也没有任何社会保障。2014 年，我在对位于河北省的冀北轧辊厂进行调研时，发现该厂也在大量地使用非正式工人——劳务派遣工，他们的雇佣状况和工资待遇与正式工人相差很大，这进一步印证了二元劳动体制的存在。对二元劳动体制的讨论已经超出了本书的写作范围，但这种正式用工与非正式用工并存的弹性劳动力使用方式体现了当下国企试图通过“边界划分”的方式来解决效率与合法性之间的矛盾。在二元劳动体制下，对一部分人的身份与待遇的保证建立在牺牲另一部分人利益的基础上，维持边界划分的企业管理者与要求进入体制的非正式劳动者之间的矛盾很有可能在未来推动国有企业劳动治理逻辑继续变化。

在方法论上，本书探讨了以功能为取向的制度研究，代之以历史制度论，从动态的、行动者的角度分析劳动治理逻辑形成的政治过程。在理性选择的视角下，制度变迁通常来自外部力量的冲击，有能力的行动者为了攫取利益进而推动制度变迁，但南厂的案例让我们看到了由于政治经济体制存在的内在张力和矛盾，各方行动者的不断争斗促使制度不断地演变，均衡只是短暂的现象。

在研究对象名称的使用上我匿名化了所有的城市、工厂和被访者的名称，这样做主要是因为我想保护被访者，使之免受到此研究的影响。我还遵从了南厂职工的一些称谓习惯，例如用“师傅”一词加在老工人的姓后面，用“阿”加在较为年轻的工人的名前面，用“先生”加在姓后面来称呼有官职的被访者。

本书是经由我的博士论文修改而成，其调研和写作过程很长，在中山大学蔡禾教授主持的“国有企业组织变迁研究”项目的支持下，本书的调研工作得以顺利进行，哈佛燕京学社“中国底层社会与民众文化研究项目”为本书的写作提供了学术空间与资金支持，上海大学社会学院为本书的出版提供了支持与资助。

我感谢无数对本书有所贡献的朋友、老师和同事们。如果不是任焰教授的帮助，我几乎没有可能踏入南厂的大门。我的导师蔡禾教授在本书的整个研究和写作过程中不断给予我慷慨的指导和极大的鞭策与鼓励，我们调研团队成员包括李晚莲教授、曹亮、蒋说、温芳琪，我们共同在南厂档案室度过了从2009年的冬天到2010年夏日的难忘时光。王宁教授、黎熙元教授、李若建教授都为本书的写作和修改提出了中肯而宝贵的建议。蔡静诚博士、贺霞旭博士、倪希和尹湫雨是本书初稿写作时的“战友”，我们在中山大学城市社会研究中心学习时，不断交流彼此正在进行的论文。谢万贞博士是我生活中的好友和写作伙伴，她给予我持续的情感支持并与我共享她的心得与智慧。我还要感谢范璐璐博士，正是在与她的讨论中，我才得以发现南厂在劳动治理上的独特之处。在哈佛大学访学期间，裴宜理教授鼓励我去发现本土性的知识、使用工人自己的语言，而不是简单地套用西方理论，这一点是我至今仍然在努力实践的。艾伦·弗里德曼女士以她积极向上的工作和生活态度不断鼓励我跨越调研和写作中的各种困难。何煦博士、刘怡然博士、小衫亮子博士、曼纽·维克多·赛匹杜拉博士与我共同参与的社会理论研习小组对我有着持续性的启发。傅高义教授、怀默霆教授、比弗利·希尔弗教授、乔尔·安德里斯教授、元载渊教授、伊莱·弗里德曼教授、张璐教授、安娜·坎德拉博士也就本书的主题给予了我富有启发性的意见。在清华大学社会学系和沈原教授组织的劳动社会学工作坊，与郑广怀、黄岩、孟泉、苏熠慧、汪建华、闻翔、亓欣等同事的讨论使本书的撰写成为一段愉快的回忆。本书的写作还受益于我在上海大学社会学院所提供的良好学术氛围，以及博士后合作导师刘玉照教授的关心与支持。我还要感谢中国社会科学出版社王莎莎编辑对书稿的耐心编审，而我对书中仍存在的一些讨论不够深入、清晰之处负责。

我尤其要感谢为我入厂调研提供了支持的南厂管理者与慷慨地接受了我的工人师傅们。其中，南厂前董事长孙先生和前总经理欧阳先生为我们的调研提供诸多便利，若非他们的帮助，这个调研不可能进行下去，九十多岁高龄的卢先生同我探讨过从南厂历史、机械制造、现场管理到马克思理论的各种议题。邓先生经常热心地解答我的困惑，并不吝地同我分享他对于南厂劳动治理的心得体会。我的师傅袁姐不仅教授我机床操作的知识，与我探讨南厂工人的境遇，还与我分享人生的道理。吉师傅以他敬业的劳动不断感染着我。最后，我还要感谢自始至终支持我的家人，他们的爱是促使我完成这本书的莫大动力。

目　　录

导　论

一　朝阳地带的铁锈工厂

2009年开始，我进入广东省惠市一家以机械制造为主业有着悠久历史的机械制造厂南厂的综合档案室，帮助该厂整理2007年以后的档案。实际上，2008年的春天，我就来过这家工厂，那时我刚刚读研究生二年级，在劳动社会学的课上，经由老师带领，我们得以粗略地参观这家拥有六十多年历史的国有重型工业企业。那时候，女工们开着吊车在车间顶上来来回回地经过，老师傅们则操作着印有“齐齐哈尔第二机床厂”或“哈尔滨第一机床厂”的机床。这一经历令我对国有重型工业企业的劳动过程产生了极大好奇心——今天，国有企业的劳动过程到底是怎样组织的？与计划经济时期相比到底发生了多大的变化？在市场竞争压力下的国有企业，在劳动控制方面究竟是存在自身特色还是与其他所有制企业趋同了呢？

2009年，我们的研究团队用了9个月的时间获得了南厂从1947年到2008年的综合档案。但是，当我们希望能够进一步查阅人事档案时，同意我们入厂调研的董事长被调离，而办公室主任恰恰与原董事长存在过节，结果，我们不得不撤出了档案室。我认为没能进入南厂车间是一件很可惜的事情，不愿就此错过这一机会，于是就联系了南厂容压分公司负责人卢先生，并询问是否有进入车间调研的可能性。幸运的是，卢先生并不反对我入厂调研，他在电话中对我说：“既然董事长答应过你入厂，我也不好反悔，你下周就过来吧。”

2010年11月2日，惠市深秋的一个清晨，我早上六点钟就出门去往南厂的老厂区——那里是厂车的出发点。随着城市的扩张，南厂原厂址已经从市郊变成了市中心，和《二十四城记》所讲的故事一样，这个老厂区正在被开发成为商业地产，南厂遗留下来的榕树正是该楼盘的最大卖点。厂区对面的马路边停着近十辆老式大巴，人们七七八八地走上厂车。我就在这里遇到了刘先生，他按照卢先生的安排接我入厂。我就和生产部长刘先生、品质部长邓先生等人乘同一辆破旧的面包车前往位于郊区的新厂区。出于对经费的节省，南厂近些年没有添过一辆新车，即便董事长的专车也用了快十年的时间。

大概四十五分钟后，我们就抵达了南厂新厂区。在进入容压分公司车间之前，我先到安全部接受了安全培训。安全培训并不复杂，部长先让我做了一份包括诸如"操作机床时可否戴手套""女性操作机床时是否需要戴帽子"等问题的试卷，向我交代了进入车间的注意事项后，便经由邓先生把我介绍到容压车间机加工班组，他说："我考虑了一下，把你介绍到生产线上太不安全了，你还是在这里吧。"

李静君曾经把珠三角地带称为"朝阳地带"，因为这是中国市场经济的先试先行地带，代表中国未来发展方向。21 世纪伊始，这里就是"世界工厂"所在地，而 21 世纪第一个十年过后，这又被称为中国最富创新潜力的地带。而与"朝阳地带"相对的则是老国有企业云集的东北"铁锈地带"，国有企业被冠上了"铁锈"的头衔，意味着它破旧衰落、年代久远、运行不畅，即将被时代所抛弃。随着国企下岗工人的"波兰尼式"抗争逐渐被社会吸纳，国企工人也逐渐淡出了学者的视野。确实，如果国企既无法代表未来企业组织形态的发展方向，又无从判断国家政治的逻辑，甚至不是社会治理的核心领域，那么它还有什么研究价值呢？

为什么要研究国有企业？一方面是关于国有企业改革开放三十年来变迁的一个核心问题还没有得到充分回答。这个问题是，在所谓的"传染的资本主义"下，中国国有企业的劳动治理方式究竟发生了怎样的变迁？另一方面则是因为，无论是与跨国公司、外资企业还是与私营企业相比，中国国有企业的变迁都能够更好地反映有中国特色的社会主义市场经济在改革开放三十多年来的微观实践。

没有人能否定今天国有企业的劳动过程与权力结构是由市场转型所造就的。不少学者认为，在市场力量的作用下，中国国有企业的劳动治理逻辑将与私营企业和外资企业趋同。

例如，玛丽．E. 加拉格尔明确指出，“当日益发展的非国有部门带来的竞争和影响扩大，并开始严重威胁到公有部门的发展和存在时，国有企业劳动实践逐渐产生了根本性改变。也正是国有企业相对于新的非国有部门的业绩，使得国有企业更为广泛地采用资本主义劳动实践”（加拉格尔，2010）。赵炜通过对两家改制企业的对比发现，国企管理者在推行新型企业管理方式的力度上毫不逊色于私营企业。她发现，市场转型后，国企争相推行全面质量管理、全面生产维护、5S 等管理制度，在对工人施加严格控制上，不同企业并不存在显著差异，是市场关系的变化推动了管理制度的变迁（赵炜，2010）。李锦峰通过对大量国企改革文献进行评述的基础上认为，国企改革的途径就是“改变经营方式，按资本逻辑形成以利润为导向的经营模式……使劳动关系逐渐同非公有制企业趋同”（李锦峰，2013）。这个问题可以引申为中国特色社会主义的微观实践是否将会与其他政治经济体制趋同？从这个意义上看，对珠三角这个朝阳地带的国有企业进行研究，有助于我们分析在一个市场竞争激烈、政治经济环境开放的环境中，国有工业企业是否如这些学者的预言，其劳动过程、权力结构与过去愈加割裂，与外资企业、私营企业愈加类似？当然，也有助于我们了解曾经作为国家主人翁的国企工人，经过下岗和改制浪潮，其今天的工作、生活境况是怎样的。

二 南厂的劳动过程与劳动治理

南厂压力容器车间的临时办公室坐落于一个僻静的角落。办公室并没有和车间隔离开，其实只是四张桌子和一台电脑而已，这台电脑是十年前的老款式，电脑桌面上放着“空当接龙”和“红警”两部游戏。这间办公室有 7 人，分别是调度员刘师傅、两名文书、机加工工段长徐师傅、机加工班组长孟师傅、装配工班组长王师傅和质检员何师傅。上班铃声打响后，王师傅开始处理工人的假条和安排补休，期间不断有工人来请假或者要求补休年假。休假事宜处理完毕之后，他前往车间为一名罹患癌症的工友筹集捐款——这是工会安排下来的事务，干部按照要求至少要捐款 20 元。而工段长徐师傅则是先和调度员刘师傅商讨了一下生产流程，到车间里看了一圈，随后回到办公室坐着。工人时不时要到办公室交工票或者问班组长要工具，但是他们不会立刻离开办公室，而是在这里聊一会儿天。工程技术人员也经常造访车间办公室，他们来的目的大多是和基层管理者讨论一下图纸，讨论完图纸之后，他们就会开始闲聊，工人们会从技术人员那里打探坐办公楼的那些人——中高层管理者的各种信息，如果没有什么好讲的，他们就干脆在车间办公室坐一会儿。

上午十点左右，我揣着纸笔走到了机加工和铆焊作业区，并试图和工人接触。但尴尬的是，不管我如何同工人微笑、搭话，他们要么像躲避瘟疫一样躲开，并一边窃窃私语，要么假装看不到我。整个一上午，我竟然找不到一名愿意和我说话的师傅！

中午 11 点 45 分时，不少工人拿着勺子等候在车间门口，准备随时去到饭堂。南厂饭堂的饭菜很丰盛，内部员工每餐只需要三块五就可以吃到三菜一汤，米饭和辣椒都可以无限量地添加。南厂工人吃饭速度都很快，吃完饭后，他们会把不锈钢餐具大声地摔到餐具回收桶中，使得饭堂出口处发出阵阵巨响——好似对某种情绪的发泄。而这时，很多办公楼那边过来的管理人员还在边聊边吃。午饭后，会有一些工人汇聚到车间办公室打扑克。就是在这一天，我认识了袁姐——一名将近 50 岁的铣床女工。袁姐很酷，她反戴着工帽、嘴里叼着牙签，和一群男工大声地甩着扑克。装配班组长王师傅说，袁姐家与我顺路，让我下班和她乘同一班厂车回家，袁姐很爽快地同意了，后来，她同意做我师傅，让我第二天去她的机床那里帮忙。

下午，我决定再去车间碰一碰运气。铆焊工段的工作场地在车间最中央，同时也是最危险的，这种危险不仅在于吊车带着大块的工件呼呼地从头上飞过，还在于地面上堆满了奇形怪状的板材，基本上没有下脚的地，而刺耳的电焊弧光又偏偏到处都是，闪得人睁不开眼。在铆焊工段的钢铁森林中，我看到一群工人围坐在工具箱后面不知是在打牌还是在谈论着什么，这些师傅看到我以后，若无其事地散开。穿过铆焊工段，我来到了装配班组所在地时。这时，南厂的客户和合作者——德国 H 公司派驻的工程师刚好在对一台刷好浅绿色油漆的结构件进行质量检验。他紧绷着脸、手中拿着铅锤围着这个结构件上上下下测量了很多遍，并不断在笔记本上进行记录。翻译人员则按照他的意思，满脸严肃地告诉工人，这里的垂直度不符合要求，那里的焊接过于粗糙，另一边的厚度又不够准确。几名工人站在原地不动，尴尬地看着德国人皱着眉，对他们挑挑拣拣。最后，德国工程师摇着头、提出返修要求后，就回办公室去了。翻译对我说，中国人做事太不重视细节，这让德国人很不满意。而工人围在一起摇着头议论，说这台结构架不成问题，德国人太苛刻了。南厂的产品近期确实存在一些质量问题，这与工人的劳动状态明显相关——师傅们对工作明显缺乏热情。

到了下午三四时，所有机器都不甘寂寞地轰鸣着，车间里飘荡起扬尘，基层管理者也下到生产一线检视有没有需要他们解决的问题。但是这种工作氛围没有持续太久，下午四点半的时候，基层管理者就开始分发零食等待下班，大多工人在四点四十五分时，也准备换衣服、关机器了。五点钟，下班铃声响起后，喧闹的车间再次宁寂下来，工人互相推搡着去打卡，他们讲着笑话、彼此打趣着，走向厂车。田野的第一天，我既不明白为什么工人刻意躲避我，也不明白为什么南厂的劳动过程这么随意——现场的情景似乎并不与文献的描述和分析相符，而这也成为我后续调查的核心问题。

古尔德纳（Gouldner，1954；Hallett and Ventresca，2006）在对美国通用石膏厂的生产组织进行研究时，曾经用“放任模式”这一概念指代一种特定的劳动治理方式。在这种劳动治理方式下，生产管理比较松散，工人与管理者彼此信任、管理者放松对生产的监督，并赋予工人劳动较高自主性（Indulgent Pattern）。美国通用石膏厂中的“放任模式”与管理者个人风格直接相关。总经理“老道格拉斯”是一个与工人关系融洽、管理风格松散的人，这导致了劳动治理的“放任模式”。华尔德也分析过与上述劳动治理较为相似的情况。他发现，“除了在周期性的生产运动中外，工厂领导并没有多大的兴趣去督促对工人施加压力。就违反劳动纪律所制定的惩罚措施基本上形同虚设”（华尔德，1996）。他使用“放任式权威”（Indulgent Pattern of Authority）这一概念概括“文革”后期中国工厂中的劳动治理状况。他认为，在“文革”时期，工厂管理制度被彻底推翻、领导也被打倒了、动荡的社会秩序使得原材料与工具的供应也出现短缺、加之生产活动被政治斗争所打断，结果，管理者对管理变得毫无兴趣，对劳动纪律听之任之，进而出现了“放任式权威”模式。

南厂劳动治理中的“放任”逻辑与古尔德纳或华尔德所分析的情况

并不完全相同。南厂劳动治理中的“放任”体现在如下几点：

第一，管理方对工人劳动的指挥较为宽松，工人对于是否接受某项任务、以什么速度、方式、时间来完成任务，都具有较高的自主权；第二，南厂管理方并没有对劳动过程进行严格监督与评估；第三，南厂的劳动纪律比较松散。也就是说，管理方对劳动过程的管理较为放任。然而，管理方对产品产出、成品质量、生产成本施加了严格控制，而这种控制往往是在生产的前期或后期进行的。例如，若是产品产出速度过慢，即将超过规定期限，管理者就会组织诸如“大干红五月”这样的方式赶工，若是产品在最后装配阶段发现质量问题，会发回返工。为了防止概念混淆，我将南厂给予工人一定生产自主性，对劳动过程监控较弱，但却对产品产出、质量和成本等结果进行控制的劳动治理逻辑称为“选择性放任”。

这里不得不提的一点是，“选择性放任”并不是管理者刻意而为的结果。恰恰相反，南厂不仅进行过大规模的下岗分流、减员增效，也试图学习丰田式管理、建立现代企业管理制度，近些年也不断引进外资企业和私营企业的管理方式。而“选择性放任”是经由工人、基层管理者和中高层管理者三方在车间政治和权力博弈中逐渐形成的。

我们知道，国有企业劳动治理的变迁是市场社会主义之路的微观实践，国企劳动治理中的种种实践恰恰是制度内部张力在生产领域的具体体现。从“选择性放任”这一劳动治理逻辑入手，本书旨在分析市场社会主义制度的内在张力是以怎样的方式影响了不同群体的行动逻辑，并形塑了车间政治的进程，进而造就了国有企业独特的劳动治理模式。

三　研究国企劳动治理逻辑的经典范式

（一）韦伯主义的视角与单位制范式

韦伯主义的理论视角较为关注科层制与组织中的权威问题，在该视角看来，劳动者是否积极投入生产与管理者在多大程度上具有合法权威紧密相关。如果管理层缺乏合法性，难以建立起权威，自然无法对劳动过程进行有效管理。在韦伯主义的视角看来，国企劳动治理逻辑在很大程度上就是一个企业管理层权威的获得和行使的问题。在计划经济时期，国有工业企业管理者的权威必须被放入当时社会制度环境中——计划经济和单位制，才能够被正确评价。

单位，作为一个封闭的、多元功能的、自我供应的整体，构成了中国政治与社会秩序的基本单位。从政治上，它是国家对社会进行整合的、并自上而下得贯彻国家政策的机制，从经济上，单位又满足了其成员的生活与其他需求（Lu and Perry，1997）。最先对单位制及其权力结构进行研究的学者是华尔德。他首先分析了国家与政治结构对工业企业和生产场所的影响。华尔德认为，计划经济时期，雇佣并不是一种市场关系，企业也不单纯是生产单位，还是分派与发放各种公共福利的地方，这样，工人对直接领导、企业和国家存在三重依附关系：第一，工人在社会和经济方面依附于企业；第二，工人在政治上依附于工厂领导；第三，工人对直接领导存在个人依附。这三重组织性依附关系构成了企业干部的权力来源。

华尔德将计划经济时期的生产场所称为“车间里的包工头王国”。他认为，虽然车间主任或工段长没有过去包工头掌握的那种生产过程的控制权，他们也不能在不征得厂部同意的情况下随意解雇工人，但是他们比包工头掌握了要广泛得多的奖励和处罚手段（华尔德，1985）。班组长们定期向党支部打口头的“小报告”，将工人的工作状况、思想品德等问题向上级汇报，如果干部认为情况足够严重，就会对该工人进行相应惩罚。他认为，“党政合一制”赋予干部以管理权力。

那么干部的权力是如何被合法化？或者说干部的权威是怎样获得的呢？华尔德借助了本迪克斯（Bendix）和帕森斯（Pasons）“传统 VS 现代”的观点，认为，这种干部权力的行使遵循着“新传统主义”的逻辑，并形成了特定的权威的制度文化。在这种权力的行使逻辑下，领导和少数积极分子发展出“庇护—依附”关系，以福利和物质的分配来换取后者的忠诚。如此一来，积极分子愿意努力工作、加班加点或进行义务劳动；而大多数工人则是对生产和政治都没有太大热情的非积极分子，他们和厂医、质检员等其他工人发展“实用性的私人关系”，进而获得各种便利和好处，这种有些“腐败”的劳动治理方式导致了工人积极性的下降。在对劳动进行治理中，“复兴革命精神”和政治动员也是，毛主义者试图通过批判私人关系、恢复政治忠诚来提高工人的工作积极性，但实际工资的下降和住房短缺的加重却使得任何鼓励生产积极性的办法都无法起到明显效果（华尔德，1996）。

华尔德的观点成为国有企业单位研究范式的开山之作，随后的研究多多少少都受到其观点的影响或者是对其工作的延续。[①] 但是，“新传统主义”所强调的领导权力受到不同方面的挑战，李猛等人认为在单位中的权力并非是单向度地集中在领导手中，领导的晋升不仅需要非正式的精英关系网，还需要下级的支持和配合。同时，领导亦不是铁板一块，领导之间因利益差异而产生派系分化，领导亦会通过资源分配来增加本派系对下级的吸引力，这样单位中的权力结构是一种上下延伸、平行断裂的派系关系网络，简言之，下级通过上级来获得资源，而上级则通过下级扩大影响（李猛、周飞舟、李康，1996）。该观点后来被李路路等人予以证明（李路路、李汉林，1999）。

蔡禾的研究则指出，尽管国企职工对企业在资源上存在高度依赖，但是这并不一定导致工人对管理者的依赖，亦不一定导致管理者的权威。蔡禾将国有企业提供给职工的福利保障称为“身份报偿性资源”，这意味着只要是正式职工，他/她就有了几乎不能剥夺的、享受一系列资源的权利。除了那些在政治上要求上进的工人愿意努力劳动外，领导控制的行为报酬并不构成大多数工人服从管理的原因。蔡禾从“合法性”与“权威”的角度指出，国有企业职工更看重领导的权威人格——领导是否公正、任人唯贤、随和、与群众关系好，并认为他们有权拒绝执行不公平、不合理的决定，而并不是因其是“上级”就会服从其安排，这使得国企管理难度较高，管理者甚至通过发展与下属的非正式关系来获得权威（蔡禾，1996）。

张静也发现了国企劳动治理中的难度。她认为，在“政行合一制”的制度设计下，职工利益的传达与行政管理是结合起来的：一方面，职工处于部门领导的行政管理下，但亦需要通过他们组织、转达和解决其利益诉求；另一方面，领导必须回应基层的要求，承担上传下达的职责。在这

① 关于单位研究的文献参看：于显洋，1991；李汉林，1993；李猛、周飞舟、李康，1996；边燕杰、约翰罗根，1996；卢汉龙，1999；李路路、李汉林，1999；李汉林、李路路，1999；李汉林、李路路，2000；李汉林、渠敬东，2002；李路路，2002；胡伟、李汉林，2003；汪和建，2006；冯仕政，2006；李汉林，2007；李汉林，2008；叶麒麟，2008；李路路、苗大雷、王修晓，2009；李路路、王修晓、苗大雷，2009；张荣，2009。

种利益的组织化方式下，职工需要公开要求和私下“游说”领导来提出诉求、获得资源、解决问题。这套制度赋予领导解决问题的弹性，将因争夺资源而起的冲突抑制在单位内，其结果虽然阻止了冲突的蔓延，却鼓励了人们对权威的依赖（张静，2001）。

单位制范式伴随单位解体开始衰弱，而80年代末的抗议事件标志着单位政治整合功能受到了极大挑战。Walder认为80年代的工厂政治生活已经发生了剧烈的变化：当党从单位中退出、收入与公正问题的出现、工作保障受到威胁、干部对权力的滥用出现后，车间权力关系亦从计划经济时期工人积极分子与非积极分子之间的分裂转而成为工人与干部的普遍敌对，而这成为工人参与抗议事件的基础（Walder，1991）。

韦伯主义的视角倾向于关注组织内权威对劳动治理的影响，持这种观点的学者往往将资源分配、制度逻辑作为分析核心，并探讨其对组织内部权力关系、权威获得的影响与作用机制。基于韦伯主义视角的学者对单位内部权威关系的分析极为精细与缜密，但随着社会契约的解体，国企职工大规模下岗分流，企业不再承担资源分配的职责，也不再是政府治理的核心对象，结果是，一方面，单位制范式对国有企业的解释亦逐渐不再具有效力；另一方面，单纯的生产型企业为创新和发展既有理论预留的空间不大，所以，大多数持韦伯主义视角的学者转向了社区治理和政府治理领域。

时至今日，形塑国有企业权力关系、权威结构和劳动治理逻辑的核心因素不再是资源分配，也不再是国家，而是市场。尽管单位制范式已经逐渐撤出国企研究领域，但并不意味国有企业的劳动治理问题无足轻重，正如前文所提，我们并不是要就企业谈企业，而是通过企业劳动治理发展变迁来探讨中国政治经济体制的内在运作逻辑与张力。从这个意义上看，单位制范式对国家制度环境和组织文化的关注对于分析国企劳动治理逻辑的变迁仍然值得借鉴。

（二）马克思主义的视角与劳动体制范式

随着中国市场化进程的稳步推进，国企改革持续进行，中国的工业企业不再是国家政治治理的核心对象、政治整合的单位，而成了剩余价值的产生场所，马克思理论成为研究国企劳动治理逻辑变迁的核心视角。

相对于韦伯主义视角往往从“权威”类型、科层制结构等复杂因素入手分析企业劳动治理逻辑，马克思主义的视角则将生产放在核心位置，直接从利益分化与权力博弈入手对劳动场所的控制方式进行分析。

经典马克思理论的关注点是资本与剩余价值的产生与资本主义社会的再生产，而劳动控制只是与催生剩余价值相伴随的自然过程——这是因为在19世纪初期，工人对雇主的服从是毋庸置疑的。雇主通过生产资料的所有权获得了雇佣权，工人则因为不占有生产资料，只能依靠出卖劳动力为生。劳动力买卖是个公平交易，工人为资本家劳动一天，进而获得一天工资，而按照神圣的契约精神，劳动力的卖者应该服从买者的一切安排（马克思，2004；贾文娟，2015）。正因如此，雇主可以通过延长工作日的长度获得绝对剩余价值，通过提高劳动生产力获得相对剩余价值，而劳动者却处于严酷的生产条件下，超时劳动、恶劣的工作环境、任意解雇、随意扣罚都是司空见惯的。在这种劳动过程中，工人被“异化”了：超长的劳动时间、高强度的工作、机械化的动作、随意的工资扣罚共存于劳动过程。工人“在劳动中，不是肯定自己，而是否定自己，不是感到幸福，而是感到不幸，不是自由发挥自己的体力和智力，而是自己的肉体受折磨，精神受摧残”（马克思，2007），这使得他们觉得自己在工作时是动物或工具，而不是人。正是对异化的忍无可忍，使得工人通过捣毁机器、罢工等方式进行反抗。

马克思理论的出现进一步推进了工会行动以及随后的国际工人运动，步入20世纪后，工人对雇主的服从不再是自然而然的，劳动控制也不再是毋庸置疑的。之后的马克思主义者开始关注雇主是以怎样的策略将其已购买的劳动力转化为实实在在的劳动。

布雷弗曼（Braveman）在《劳动与垄断资本》一书中系统地论述了劳动价值与管理控制的关系，并提出“管理”是资本家的职责，他正式开启了马克思主义视角对企业劳动过程的研究（布雷弗曼，1988）。布洛维（Burawoy）[①] 在布雷弗曼等学者研究的基础上提出了劳动体制分析范式（labor regime），该范式被用以结构性地对企业劳动过程中权力关系进

① Burawoy的中文译名有布洛维和布若威两种，本文统一采用布洛维的译法（除引自台湾版文献的相关引注）。

行分析，其强调人们围绕着劳动场所中的规范所进行的权力争夺，以及生产所具有的政治与意识形态效果。该范式认为，国家与工厂的关系、市场竞争因素、劳动力再生产模式、劳动力市场、工人与国家的关系乃至性别、种族等因素都会直接或间接地影响生产过程，形塑不同的劳动体制（Burawoy，1985）。

劳动体制范式曾被用以对东欧和苏联社会主义国家工业生产企业的劳动治理逻辑进行研究，布洛维分别使用官僚专制主义和官僚霸权主义来归纳中国和匈牙利的劳动体制（Burawoy and Lukacs，1992）。但是，在计划经济时期，因中国的田野未向西方研究者敞开，西方学者很难对国企的劳动过程进行系统考察。改革开放后，西方学者得以到中国本土进行研究，他们观察到的最明显变化就是国家从生产领域退出，管理控制方式的转变。例如，赵明华（Minghua Zhao）与尼克斯（Theo Nichols）于1993—1994年间对河南三家棉纺厂进行了调查，他们发现棉纺厂管理阶层对生产过程的控制权力急剧膨胀，党和工会不再支持工人，为了追求利润，管理者采取延长工作时间、满负荷工作制、提高任务定额、加快机器运转速度、控制出勤率、经济惩罚等方式对工人进行控制和强化劳动过程，从而对工人造成很大伤害（Zhao and Nishols，1996）。

李静君在同时期对惠市市中小型国有企业的研究中将这种工厂体制称为“无序专制主义”（Lee，1998）。她认为市场对社会主义制度的补充并没有如同布洛维的论述，导致官僚霸权体制。在市场化的大潮下，惠市的国有企业中的党支部与工会的力量逐渐边缘化，随着福利的商品化和终身雇佣制度的废除，人们不得不依靠工资过活。在以市场效率为核心的竞争中，庇护主义从车间中消失了，劳动过程呈现出以强制性的劳动控制、经济处罚方式、工人之间冲突增加为特征的“无序专制主义”。在这种情况下，工人既无法依附于企业，也无法依赖刚刚开始建立的社会保障制度，而是陷入了转型鸿沟中。

国企工人对劳动过程中的无序专制主义的回应是“集体懈怠”（Lee，1998）。“集体懈怠”最初的提出者是周雪光，他认为在国家社会主义特定制度结构下，人们的不服从、倦怠、逃避与冷漠是一种集体性的行为，并具有特殊的政治意涵。当国家控制变得紧张、公开的反对过于危险时，集体懈怠就会出现。像是看不见的静坐，这种“不行动”会因其“集体性”给予国家政治压力，对其合法性构成挑战，并阻碍其政策推行能力（Zhou，1993）。李静君进一步认为，工厂中的“集体懈怠”主要表现在藏定额①、不努力、工作时断时续以及炒更②。然而，这种集体懈怠状态很难说是反抗，甚至这可能并不是工人们的主动选择，一方面是因为案例厂一直都存在开工不足的情况，另一方面则因为案例厂中的工人是分化的。根据工人对市场转型的文化体验差异，李静君将他们分为三种：社会主义的背叛、社会主义的转型、社会主义的解放。第一种工人认为当下的情况是对社会主义的叛离，第二种工人认为当下的情况说明社会主义已经发生了转型，第三种工人则积极地拥抱了市场经济。在这种情况下，市场削弱了阶级团结的可能性，有能力的工人已经通过市场自谋出路，而剩下的工人不得不接受强制性的管理（Lee，1999）。

在2000年左右，大量的学术研究聚焦于国企改革与下岗工人抗争行动这一议题，并出现了各种不同的意见（刘爱玉，2003；刘爱玉，2005；游正林，2005；佟新，2002；佟新，2003；佟新，2006；冯仕政，2006；吴清军，2010）。这一时期，学者对国有企业劳动治理问题的研究逐渐减少，直到2003年国企改革攻坚时期基本渡过后，学者开始对改制后国企劳动治理逻辑的变化进行研究。例如，赵炜通过对两家改制企业的对比研究发现，国有企业的管理者在推行新型企业管理方式的力度上毫不逊色于私营企业。市场转型后，国有企业管理者取消了终身雇佣制度，并争相推行如全面质量管理、全面生产维护、5S管理等现代企业管理方式，以提高劳动生产率。作者认为，在对工人施加严格的控制上，不同所有制企业并不存在显著差异，是市场关系的变化而不是所有制的变化导致了工厂制度变迁。值得注意的是，地方政府在其中的作用，作者认为政府为了振兴地方经济，保持地方稳定，在企业改制过程中起到推波助澜的作用（赵炜，2010）。张璐在对七家不同所有制的中国汽车制造企业进行研究后，发现外资企业更倾向于使用“精益—刻薄”体制，而国有企业更倾向于采取“精益—二元”体制进行生产。

① 藏定额有两种方式，一种是工人一天原本生产了一定量的工件，例如说20件，但是上报给班组长的时候只说自己生产了15件。另一种是工人生产一件工件原本用10分钟就够了，但是告诉班组长或工时定额员他们生产一件工件要用15分钟。

② 炒更的意思是到外面做兼职、打第二份工。

国有汽车制造企业聘用了正式工与派遣工两种工人，正式工不仅享有较高的工资、齐备的社会福利保障，被安排到油水较高的工作岗位，而派遣工不仅要从事较累的工作，并且工资水平比正式工人低，且不享有福利待遇（Zhang，2008）。

如果说单位制范式强调的是国家和行政制度对劳动治理逻辑的形塑，那么劳动体制范式更关注国家退出和市场力量的兴起对国企劳动治理的影响。可以看出，运用劳动体制范式对中国国有企业进行分析的学者都会发现计划经济时期与市场转型后国有企业劳动过程和权力结构的急剧变化。随着终身雇佣制的解体和“老三会”（党委会、职代会、工会）的边缘化，国企工人失去了曾经的“主人翁”地位，丧失了国家的庇护，完全暴露于残酷的市场竞争中。这种分析沿袭经典马克思理论思路，认为国家对于自由市场的作用是辅助性的，目的在于为资本积累提供各种便利，以维护统治阶级的利益。这种分析思路把握住了中国市场转型这一环境巨变，但在分析上存在两方面的不足：第一是容易陷入趋同论的困境，也就是说，认为在市场竞争的压力下，国有企业的劳动治理逻辑与私营企业存在趋同的状况；第二是对工人的行动和抗争难以提供明确的解释。很多研究将工人置于在变迁中极为被动和消极的地位，但实际上，在国有企业生产场所中，工人不断以各种方式来对抗他们认为不合理的管理制度，并在他们与管理者的博弈中改造着国企的劳动治理逻辑。

综上所述，无论单独采取单位制范式还是劳动体制范式对国有企业劳动治理逻辑变迁问题进行分析都存在一定的限制与不足。单位制范式通常将国有企业看作中国政治与社会秩序的基本单位，侧重国有企业对于国家政治整合的功能，并通过分析单位内部的制度逻辑、组织文化与权威关系探讨这种整合功能如何实现。这种分析范式既未将国有企业看作剩余价值的制造者，也未将其看作资本施行劳动控制的主体，故而难以对国有企业劳动治理逻辑变迁进行有效分析。劳动体制范式的优势在于将国有企业看作市场力量支配下的生产主体与剩余价值谋求者，侧重于分析国有资本的劳动控制策略，但其不足之处是容易忽略国家政策法规、社会主义传统、国企自身文化对行动者的影响，进而将工人置于极为弱势的地位，对车间劳资双方权力博弈的复杂程度把握不足。总之，无论单独侧重国家力量下国有企业内部权威结构分析还是单独侧重市场力量下资本对工人的控制都是不够的，本书提倡以更为多元和动态的视角来检视作为市场主体的国有企业，并同时强调国家和市场这两种力量对车间行动者的影响，进而分析国企劳动治理逻辑是如何在多元行动者的互动与博弈之中得到持续转变的。

四 本书的分析思路

（一）国有企业的双重嵌入性

中国这三十多年来自由市场的发展深刻地嵌入两股大转型力量之中并对社会各个领域都造成了深刻的影响（沈原，2006）。一方面，在全球化浪潮之下，自由市场的发展使得中国得以迅速融入新自由主义的世界潮流并使得工业化与现代化进程大大加速，另一方面，在计划经济基础上建立起的资本力量与中国独特的政治体制结合在一起，也为中国社会带来了前所未有的挑战。而今天的国有企业不仅嵌入在市场经济体制中，还嵌入在社会主义体制中。对于南厂而言，这种双重嵌入性具体体现在以下三个方面。

1. 嵌入在深化改革的未来与社会主义的历史中

双重嵌入性在时间维度上体现为，一方面，国企行动者嵌入在一个要求“深化改革”的未来中，这意味着该厂要以管理方式的变革与升级应对愈加严峻的市场竞争环境。另一方面，南厂及其行动者又嵌入在历史传统、记忆与传承之中，该厂 1947 年就已存在；1953 年正式成立；在计划经济时期经历过辉煌，一些观念、文化和非正式制度从毛泽东时代流传至今。“面向未来”的要求使得南厂管理者不断地向外资企业和私营企业学习，不断改革原有生产体制并推出现代企业管理制度；而工人在利益受损的情况下，依然怀抱曾经的道德观念与生产习惯，并对现代企业管理制度进行否定；而基层管理者则在中高层管理者与工人的张力与夹缝之间，在走向未来与保持传统的夹缝之间，选择了停滞不前，以放任的态度对待他们的工作。

2. 嵌入在全球市场与地方性社区中

双重嵌入性在空间维度上的张力体现为，一方面，南厂深深地嵌入于一个以新自由主义为特质的全球经济中，其客户遍布五大洲、二十多个国家和地区，这使得南厂不得不追赶世界制造业的先进水平，以更快的速度、更高的质量和更低的成本参与愈加激烈的全球竞争；另一方面，南厂又是一个地方性（Local）的企业，这意味着它深深地嵌入在惠市的政区和传统的单位社区中，南厂中的行动者既受到了地方政府行政命令的影响，又受到了单位社区的社会关系网络与传统的影响。全球化与世界经济的要求使得南厂进行“空间调整”以更加先进的现代企业制度对工人进行管理和控制，而惠市的政治要求却使得南厂的“空间调整”依据本市的行政规划进行，南厂的单位社区性质亦使得工人可以利用各种社会资源对现代企业制度的推行设置障碍。

3. 嵌入在组织科层制和基层民主话语中

双重嵌入性在制度维度上的张力体现为：一方面，南厂嵌入在一种要求向上负责、令行禁止、严格遵守企业规章、提高生产效率的组织科层制中，管理者试图以科层控制的方式对工人劳动进行治理；另一方面，南厂嵌入在一种要求“依靠工人阶级”、提倡工人民主参与、体现工人主人翁地位的基层民主话语中，这些源自社会主义传统的意识形态、话语和宣传与要求科层控制的现代企业制度相互矛盾。当南厂管理者企图无视工人的意愿与福祉，单方面推出诸如《员工行为守则》、计件工资制度等规章对劳动进行控制是，工人得以重拾基层民主话语，并运用这些来自官方的意识形态与管理者进行博弈。

（二）双重嵌入性对不同行动者的影响

1. 对企业管理者的影响：效率与合法性的矛盾

无论在什么社会体制中，企业都处于两种逻辑的约束下：第一，效率逻辑的约束。“效率逻辑”指的是企业、组织或国家有效地实现经济目标的倾向，对“效率”的追求有助于财富积累的实现，并使企业或国家在经济和政治竞争中处于优势位置。在市场经济中，效率是企业存在的必要条件，缺乏效率的企业必然会在激烈的竞争中被淘汰出局。第二，“合法性逻辑”的约束。合法性逻辑指的是迫使组织采纳具有合法性的组织结构和行为的观念力量（周雪光，2003），这种观念力量往往源于人们对公平、正义等普世价值的追求。

国企的双重嵌入性使管理者陷入了效率逻辑与合法性逻辑的矛盾中。

一方面，国有企业是自主经营、自负盈亏的法人组织，嵌入在新自由主义的全球经济中，这意味着管理者需要通过科层制所赋予的权力在深化改革的大环境下强化劳动治理、提高效率、降低成本，以增加产品在世界市场中的竞争力；另一方面，国有企业又不是单纯的企业，还是社会主义制度优越性的具体体现，是政权合法性的重要来源。《中华人民共和国全民所有制工业企业法》第四条和第五条规定了国有企业必须坚持建设社会主义精神文明，必须遵守法律、法规，坚持社会主义方向。第八、第九条规定了国有企业需要坚决贯彻党和国家的方针、政策，需要“保障职工的主人翁地位”，而“全心全意依靠工人阶级”仍然出现在《中国工会章程》中。这些都意味着管理方在推行新的劳动治理措施时不得不看它是否与法律法规、基层民主程序，或是社会主义意识形态、文化、道德和核心价值观相符合。

2. 对工人的影响：利益受损与反抗行动

在市场经济与国企改革过程中，大量工人丧失了工作岗位，剩下的人不再享有各项单位福利。在社会整体财富迅速增加的情况下，国企工人的经济收入却停滞不前。产业工人阶级从共和国长子和企业“主人翁”跌落成为依靠微薄工资维生的“劳动力”。不仅如此，在建立现代企业制度过程中，管理者为了提升企业的利润水平，采取了更为严苛的劳动治理方式。然而，国企工人即便明确地意识到自身地位大不如前，他们也清楚社会主义体制仍然赋予他们一定权利，借助这些权利与其他各类资源，国企工人在工作场所反对其所认为不合理的劳动治理方式。

与企业管理者相比，国有企业的双重嵌入特征并没有使其陷入两难或矛盾中。国企工人近些年自身利益严重受损，其内心已然累积了大量不满，企业的国有性质和社会主义体制嵌入性为工人的车间政治行为留下了一扇窗。工人深知国家对国企的各种要求，了解国企所承担的政治与意识形态职责，故而，各种出现在新闻或报纸上的政策、法律、法规、国家的意识形态宣传，乃至领导人的讲话、企业遗留的传统和文化、各色社会关系网络都为工人所利用，成为他们主张自身利益的武器。

（三）车间政治中的多元行动逻辑

车间政治指的是，生产场所中的不同群体围绕自身的权利和利益所进行的权力博弈和政治行为。南厂中的车间政治是在工人、基层管理者和中高层管理者之间进行的。其中，工人较为关注如何使自身权益不仅不受损害，反能获得提升；基层管理者关注在不违背中高层管理者要求的情况下同时获得工人的合作；而中高层管理者关注，如何通过改革劳动治理方式达到提高产量、降低成本的目的。借由多年的车间政治和权力博弈，南厂的劳动治理逻辑并没有遵照管理者的设想变得更加规范化，而是走向了“选择性放任”。

1. 工人的行动逻辑：投机式抵制

南厂工人的行动逻辑是在组织资源匮乏的情况下进行了群体性投机式抵制。这里所述的“投机式抵制”既不同于有组织的集体行动，也不同于个体化的“弱者的武器”（斯科特，2007）。南厂工人的“投机式抵制”有两个特征：一方面，南厂工人对现代管理制度的抵制是毫不隐晦的，他们与管理者之间存在明显的冲突；另一方面，南厂工人的行为亦是谨慎的，他们利用各种机会、乘间抵隙地给管理控制设置障碍，这些行为并不足以导致他们惹祸上身。我将南厂工人这种利用各种机会，策略性地以不服从、怠工、停工、争吵，甚至威胁等方式来抵制和干扰管理控制，与管理者对抗的行为称为“投机式抵制”。在单位社区以及社会关系网络的作用下，南厂工人的投机式抵制行为具有行动上的相互配合、情感上的彼此支持、在观念上的相互认同与传承以及在信息上的共享与沟通等特征，这使得南厂工人的投机式抵制并不是某几个工人个体的行为，而是一个群体的行为。

2. 基层管理者的行动逻辑：以放任交换合作

基层管理者在劳动过程中处于上传下达的位置，这种位置既可以使其获得权力与利益，亦可以令其处于两面夹击的尴尬地位。南厂的基层管理者在计划经济时代的班组工作制下，具有一定的权力，并利用这种权力同下属发展起“庇护—互惠”关系，在中高层管理者与工人并无根本性利益矛盾的情况下，他们成了成功中间人。在现代企业制度推行后，基层管理者的权力被剥夺殆尽，中高层管理者与工人也向他们提出了不同的要求。一方面，中高层管理者希望基层管理者成为自身意志的贯彻者，成为现代企业管理制度的基层推行者；另一方面，工人希望基层管理者继续保持在计划经济时期业已形成的庇护关系，并成为自身利益的代表，对现代企业管理制度进行抵制。两者相异的要求使基层管理者愈加处于尴尬的地位。如何在不顶撞领导的情况下获取工人的配合成为南厂班组长面临的问题，以对工人的放任换取他们的基本配合，并以此作为完成工作任务的方法。

南厂的班组长不仅承担了协助高层管理者推行现代企业制度的任务，又面临着工人重返班组工作制度、重建庇护关系的要求，同时，自身的权力在丧失，利益也在受损，这使他们处于一种尴尬夹缝中。南厂的班组长虽不满上级对自身的要求，却不得不屈从在上级的压力下；他们不敢向工人提供庇护，却又想获得工人的配合和帮助。在这种尴尬处境下，基层管理者出于对自身利益的考虑，对生产采取了一种“放任”的姿态——他们为了在工人面前做好人，便在能力所及的范围，处处给他们放水，同时，为了不得罪管理者、保住自己的地位，他们也拒绝帮助工人达到他们的要求。

3. 企业管理者的行动逻辑：另辟蹊径

在合法性逻辑的限制下，企业管理者对于工人的投机式抵制与基层管理者的放任是无奈的；而在效率逻辑的要求下，企业管理者又要提升自身的市场竞争力。在这种情况下，管理者主要运用三种方式来保证产品的产出、质量和成本符合市场要求：

第一，采用入厂包工的生产模式。珠三角地区自由开放且竞争激烈的市场为南厂提供了成本低廉的分包商。管理者更倾向于将部分生产任务交给外协包工队或外包工厂加工——外协工人完全服从管理，还无须担心社保缴纳问题。结果是管理层将大量精力放在跟踪外协包工队的成本与进度上，更不愿意在改造本厂劳动过程上下功夫。

第二，采用赶工生产模式。赶工生产模式是南厂管理者对社会主义传统的运用。在接近出货期的时候，管理者会对工人表现出类似计划经济时期的尊敬，在车间挂出诸如“大干红五月”等横幅，或在车间门口摆出公开信，以激发工人的生产积极性。

第三，采用工资限制策略。相对于入厂包工与赶工生产，工资限制并不是生产策略，而是分配策略，在这种策略下，管理者试图通过“总工时的超额限制”和“单个工件的超额限制”几种方式将员工的月工资总额限制在一定范围内。

4. 车间政治与“选择性放任”的形成

国企工人以“投机式抵制”的方式表达内心不满，反对他们认为不公正的劳动管理方式。尽管这种抵制是无组织的，也不一定助益其自身利益的提升，但确实能够令诸多规章制度或者难以推行，或者在推行的过程中偏离了原定的目标。从这个意义上来看，工人的诉求和抵制行为是形塑“选择性放任”最为重要的因素。

在车间政治的诸多权力博弈中，基层管理者呈现出较为消极的态度，他们既不愿支持工人，亦没有支持管理者，而是在两者之间寻找着平衡，以降低自己的工作强度，推卸自身承担的责任，减少自己面临的风险。班组长和工段长一方面默许工人的投机式抵制；另一方面，他们也不愿意得罪管理者，从不为工人代言或出头。显然，在班组长有意无意地玩忽职守下，劳动过程的控制和监督难以完成，他们是“选择性放任”生产体制的促成者。

当企业管理者发现，工人的抵制使其对劳动过程进行直接管理变得很困难时，他们便另辟蹊径，从蓬勃发展的市场中和延续至今的历史传统中寻找策略，以“入厂包工”、“赶工生产”和工资限制等方式对生产速度、产量、质量和成本等生产结构进行控制。企业管理者在一定程度上陷入了恶性循环，他们越是依赖这些非常规的生产模式，越忽略工人的实际需要和劳动过程的改良，这使得工人更愿意把时间用在与管理者的博弈上。上述管理措施并没有解决南厂的问题，反而因为提供给管理者回避的方式而强化了“选择性放任”的劳动治理逻辑。

五　本书的章节结构

本书第一章将对案例厂南厂于1949年新中国成立到2011年的发展变迁进行详细的介绍。计划经济时期曾经是南厂发展的黄金时代，而在市场改革时期，南厂因过度扩大而在市场中遭遇失败，1999年到2002年间，超过3000名职工以下岗或内退的方式离开了南厂。中国加入世界贸易组织（WTO）后，南厂通过异地改造以及与德国SEA公司在盾构机制造上的合作摆脱经济困境，进入全球市场。

第二章首先对南厂容压分公司的劳动过程进行描述，随后呈现南厂普通工人一个工作日的劳动生活。最后，笔者在对中国国有工业企业在“文化大革命”后的劳动治理与今天劳动治理进行比较的基础上，结合古尔德纳的“放纵模式”概念，提出“选择性放任”概念以概括南厂目前的劳动治理逻辑。

第三章着重分析南厂最高管理者在国企改革过程中对企业管理方式和劳动治理逻辑的改造。基于对德国SEA公司和同领域私营企业的学习，南厂一方面通过《总经理办公会议》《董事长办公会议》等制度的颁布，将基层生产部门和直接生产者排除出决策层；另一方面企业管理者通过颁布《员工行为守则》等制度将工人置于被严格管控的位置。进而，南厂车间权力结构发生了明显的变化，从基于庇护关系的派系结构转变成为二元分化的权力结构。南厂的车间政治正是在上述变化发生后逐渐被激发的。

第四章主要分析了国企工人在现代企业管理制度推行后的诸多利益受损情况以及他们的经验感受。南厂很多老工人曾经历过计划经济时代，无论从工资、福利还是从其社会地位上看，都是同时代的佼佼者。市场转型与国企改革令南厂工人曾经的辉煌迅速消逝，而与现代企业管理制度相伴随的劳动治理策略则违背了工人形成于计划经济时期、并延续至今的道义观念。物质与道义的双重损失使工人们难以忍受，并开始对诸多劳动治理措施进行抵制。

第五章分析重点在于国企工人的行动逻辑（抵制逻辑）。南厂工人的抵制行动主要是围绕劳动纪律和计件工资制度展开的，笔者将其所采取的行动策略称为“投机式抵制”。投机式抵制是一种介于集体行动与日常政治之间的工人利益诉求形式，在投机式抵制下，工人利用各种机会，策略性地以不服从、怠工、停工、争吵，甚至威胁等方式来干扰、抵制和破坏管理控制。笔者进而在这章中分析了国企工人为何不以集体行动的方式要求和争取自身利益，以及参与投机式抵制的工人为何能在行动上保持一致等问题。最后，本章探讨了双重嵌入性对工人行动的形塑和影响。

第六章分析了班组长、工段长等基层管理者在车间政治中的行动逻辑。现代化企业管理制度推行后，南厂管理者对基层管理者进行了一次彻底的撤换继替，并削弱了他们在生产中的重要性。结果，基层管理者的工资同样停滞不前，并需要接受上级的严格考核，他们的利益也受到了损失。但同时，他们的工作压力却在增加：一方面，他们被要求协助中高层管理者在车间推定新的管理制度；另一方面，工人希望他们向自已提供庇护，能够维护本班组的整体利益。上下级对基层管理者要求与期待的相悖，使他们处于一种尴尬的位置中。也正是这种尴尬处境使其采取以放任来交换工人合作的行动逻辑，并对工人诸多违规行为坐视不管。

第七章分析了南厂企业管理者在车间政治中的行动逻辑。市场的压力使得南厂管理者提高生产速度、保证产品质量，并控制其生产成本，而在诸多法律法规的约束下，南厂管理者对工人的投机式抵制和基层管理者的不作为感到无可奈何。在这种情况下，南厂管理者趋向于忽视对劳动过程的控制，采取入厂包工、赶工生产和工资限制的方式对劳动结果施加总体性的控制。

第一章　南厂的前世今生

2009年开始，笔者进入广东省惠市一家以机械制造为主业有着悠久历史的国有企业进行调研，在厂综合档案室帮助整理该厂2007年以后的档案，并以此为契机收集并进行档案研究，后于2010年11月份进入南厂压力容器车间作为一名铣床学徒，在师傅的指导下学习生产并进行研究。本章将对南厂的历史和基本情况进行介绍。

一　黄金时代

工业是国民经济的基础，然而解放初期华南地区的工业基础极其薄弱。南厂的前身是惠市留下来三家较大的机械生产厂家，但以今天的眼光来看，这些厂家仍然是非常凋敝的。其中，一厂是1949年2月成立的原伪国民政府资源委员会所属的惠市制钢厂，这家钢厂是在伪国民政府南逃中凑合起来的，“厂房不是事前有计划建设的，而是利用抗战时的硫酸厂及肥料厂残余厂房修建起来的，以致库房工场等排列不依生产程序……解放时，全厂职工约有150人，彼此关系很不团结，工人中分成上海派、外省派、广东派等，时有打架事情发生，技术上各有一套，互相藐视”。[①] 二厂是1948年6月成立的原公私合营的广东农业机械股份有限公司和专为纺织厂修配机件所设的原广东农具厂。厂长是美国人，职工有二百人，曾经生产过打禾机，中耕器等农具。“解放后第二年，二厂为军区胶厂设计和制造了一台辗胶机，交货延期了一年，被订户按合同罚款一亿余元（旧人民币）。辗胶机安装好了却不能正常运转……工人大骂技术人员是饭桶，讽刺他们设计了一

① 南厂综合档案，1952年第5卷，“广东机械厂1952年总结文字说明报告书”。

台‘辗狗机’”。[①] 三厂是伪广东省实业公司纺织厂车间作为独立的修理单位，职工不够百人，只做些零星的修理工作，无任何产品出产。[②] 83 岁的陈师傅曾给我讲了三厂新中国成立前的状况：

> 我当小徒那间厂新中国成立前是国民党资本家的工厂，叫中国广东农业机械厂，解放改造后就并入南厂。那个时候工厂糟糕哦！那家厂里面加上小徒、老师傅总共不到 30 个人，搞铸造的，新中国成立前算大厂了！30 人的小厂就算大厂了！（被访者：陈师傅—1）

解放初期，这三家厂由广东省人民政府工业厅接管，命名为广东省钢铁机械一厂、二厂、三厂，属于地方国营。1950 年，经由民主改革，接管方解决了这些工厂遗留下来的帮派冲突、劳资矛盾、改善了职工的工资问题和福利状况，并将工业生产带入了正轨。

新中国成立初期，南厂仅生产车床、刨床、洋灰搅拌机、油压千斤顶等用于初步工业化的较为简单的通用机械；1955 年在南厂的不懈坚持下生产出全国第一台制糖机械，并进行了大规模的工厂扩建，成为国家定点生产制糖机械的企业。[③] 1958 年南厂下放给惠市市经济贸易委员会管理。随着大跃进的展开，南厂这一时期的主要产品从用于食品制造的制糖机械拓展为制造钢铁设备、化肥设备、水泥设备、炼油设备、制糖设备以及离心机、千斤顶和耐酸泵，成了一家“大而全”的重型工业企业。1959 年，南厂生产的“1200×500 连续离心机”在德国莱比锡博览会上展出，同年南厂的产品首次出口国外。[④] 1962 年南厂重新收归共和国一机部管理，紧跟国家工业化的步调，其主要产品亦转为化工石油设备、离心机、千斤顶和耐酸泵。除此之外，作为华南地区最重要的重型装备制造企业，南厂不仅需要进行常规产品的研发制造，还需要承担极其重要的军工生产任务。因该厂在全国工业布局和生产中的重要性，毛泽东、周恩来、朱德、叶剑英等多名中央领导人曾亲自来厂视察生产，时任中南局局长陶铸更是于

① 材料源于“厂长叶修青的自述”。

② “1950—1952 基本情况调查表”，1952 年第 5 卷，南厂档案。

③ 《惠市志第六卷（上）》，P685。

④ 《惠市志第六卷（下）》，P66。

1961年、1964年两次在该厂进行过长时期蹲点。[①]“文革”期间，尽管南厂高层被打倒，但因为中层管理人员得到了较好的保护，该厂的生产秩序并没有被破坏。七八十年代的时候，南厂成为惠市很有名望的国有大厂，据南厂办公室主任陆女士说，70年代南厂的工人的热门程度堪比现在的公务员，进南厂需要很硬的关系。

在整个计划经济时期，尽管历经多次政治运动和群众运动，南厂的基本劳动过程始终是围绕两个重要的制度组织起来的：一个是“工作票制度”，另一个是“排序派工图板制度”。谈论起这两种生产管理制度，86岁的原生产计划科科长仍然眉飞色舞：

> 工票就是工件的身份证，按照生产顺序跟随工件移动，由计划员发出、经过材料员、工段长、工人、质检员、零件库管理员、工资员、成本员，最后回到计划员那儿。工票还记录了工件的工时定额和实动工时、各工序质检结果，工段长要根据工票上的工序指导生产，成本员根据它计算生产成本，而且工票和计件工资挂钩，如果你丢了（工票）这个东西，哼……你就拿不到工资。以前呢，工人大便都拿着去，所以工票被乱丢的现象很普遍。没有一个机制约束它，后来你非要保管好这个东西不可，你保管不好你吃亏，你亏自己。
>
> 排序派工图板是工段长按照工票记录的信息，凭票投入生产顺序并据此派工……一般一千几百个工序在车间里转，没有经验的头都晕了，后来我设计了这个“排序图版”，就是工段长按工票记录的信息，凭票进行投入生产顺序安排并据此派工。重要的是，这个图板要挂在办公室里随时让人们看的，那个工件现在进行到了哪个步骤、由哪个机床做都清清楚楚列了出来，而且还可以随意调换，应对多变的情况。更重要的是，工人以前很有意见，说工段长分配好的东西给别人，分配难的给自己，然后我们就设计出了排序图板，谁都可以看看我公不公道，计划一目了然。（被访者：张先生—5）

除此以外，车间生产还需要车间六员进行监督，车间六员包括技术

① 陶铸每次蹲点时长都超过一个月。

员、计划员、工资员、成本员、调度员和质检员。在工票的传递中与排序派工的过程中，这六员都要参与其中，例如每一个工序结束后原则上应经质检员检查合格后才能流入下一道工序、调度员需要安排工序并处理突发情况、工资员则要根据适时调整工时定额等等。这两项制度与“车间六员”一道使南厂生产在供应短缺和生产经常被各种外在因素打断的情况下不至于陷入混乱。这使得每次政治运动结束后，南厂都能够迅速恢复生产。

南厂在计划经济时期经历了多次组织结构的调整，其1956—1965年间，共有21个科室，9个车间[①]。南厂建厂初期职工人数为1425人，1960年则达到了6122人之多。

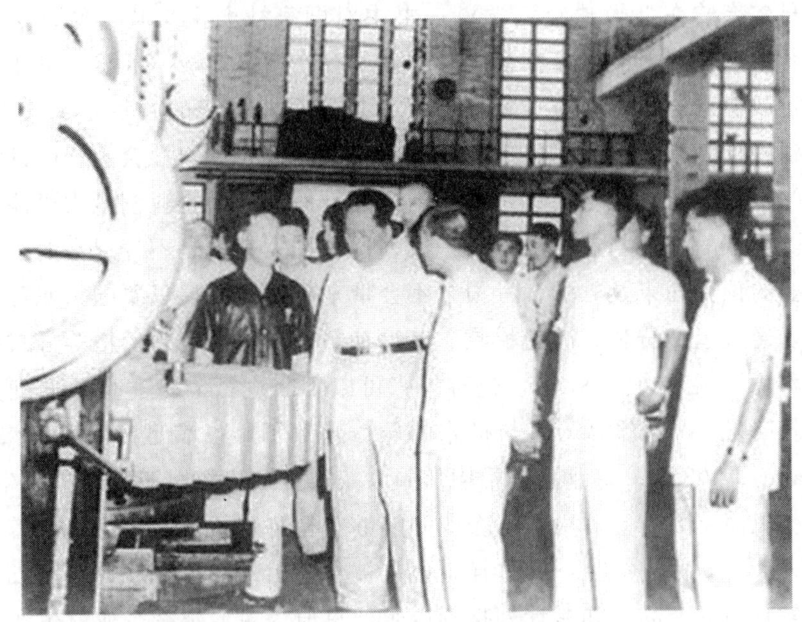

图1—1　毛主席视察南厂

南厂生产最严苛的时期是1966年到1969年的“文革”时期。因南厂

① 21个科室分别为财务科、计划科、生产科、劳资科、人事科、行政科、质量管理科、供销科、基建科、安全技术科、锻冶科、工艺科、设计科、设备动力科、工具科、保卫科、职工教育部门、职工子弟学校、经济警察队、消防队、职工卫生所。9个车间分别为：一机车间、二机车间、铆焊车间、木模车间、铸钢车间、铸铁车间、锻压车间、下料车间、装配车间。

在惠市的作用举足轻重，惠市1970年就派军代表进驻整顿生产，而在这一时期，其他的工厂还未从混乱中恢复过来。1971年，南厂重新承接大量生产任务，并在同年招收了一大批工人，以往的生产管理制度得到恢复。[①] 70年代以后，南厂还承担了一项重要的任务——接待外宾参观，并向其介绍“两参一改三结合”的工厂管理方式。1978年时，南厂职工人数达到5792人。很多被访者告诉我，在70年代后期，南厂工人的地位比今天的公务员还要高，很多高干子弟都是通过走后门才能来南厂工作。

二　荆棘之路

科尔奈曾在《短缺经济学》一书中对国家社会主义政治经济运作规律进行过透彻分析。国家社会主义中并不存在商品市场，经济活动主要是依靠行政协调进行的。在这种情况下，指导企业生产的并不是市场信号，而是各种计划指标。为了追赶西方资本主义国家，国家社会主义的计划制定者为企业设定的生产指标是逐年上升的，他们鼓励企业按最大可能进行生产。企业的生产当然可以不断扩大，这种扩大甚至是不计成本的——因为企业的预算约束是软的，亏损并不会带来破产威胁，只要国家愿意，总是可以通过追加贷款、减免税收、获得补贴，或提高销售价格等方式帮它渡过困境（科尔奈，1986）。这种扩张可以不断进行，除非企业遇到资源约束。结果，“软预算约束与扩张的压力导致了难以满足的投资饥渴症”（Burawoy，1985），企业总是希望从中央获得更多投资，不断地扩大生产，而那些规模更大、能力更强的企业则能够获得更多投资。因为企业需要按照中央计划指标进行生产，这样，优先被生产出来的总是对自身完成计划指标最有用的产品。如果计划指标以生产总值为主，那么企业就生产产值更高的产品；如果计划指标以重量为主，那么企业就更多地生产大吨位产品。结果，其产品可能并不符合社会需要，而“短缺经济下的厂长，如果不是在与其上司讨价还价，那么就是在为物资、设备、服务和劳动力的

① 计划经济时期传统在南厂车间中的延续与这批工人有很大关系。他们不仅从教育水平还是从技术水平上看都是同时期的佼佼者，并因经历过“文化大革命”而具有政治参与经验。笔者田野期间，他们正处于五十多岁的壮年阶段，这些工人在将生产技术传授给年轻工人的同时，也将观念传递给他们。

供给而竞争”（Burauwoy，1985）。

计划经济行至尾声的时候，南厂已然变成了一个典型的社会主义“巨无霸”型企业。南厂尽管拥有诸多设备和技术工人，却是一个仅按照上级任务要求组织生产、大而全的生产车间。1980 年，深圳经济特区正式成立，珠三角的市场经济蓬勃发展，民间的需求被打开，乡镇企业、私营企业和外资企业在这片土地上迅速涌出、争相竞技。此时，惠市开始提倡国企“不找市长、要找市场”。然而，突然失去了国家的订购和上级的指导，在市场尚不完善的情况下，南厂陷入了不知道生产什么产品的窘境。

1980 年，南厂施行厂长负责制，厂长取得了企业的领导位置，而书记则逐渐丧失了权威①。1982 年，伴随市场开放，南厂开始从生产型企业转向经营型企业，为了提高经济效益，在全厂的范围内开始推行经济责任制，这期间南厂建立了 10948 条经济责任、90 多个规章制度，并制定了第一部《员工守则》②。1984 年实行分厂责任制，8 月有了五个直属分厂，并在 10 月份将分厂扩大到 10 家，并实行独立核算、计算盈亏、盈利分成的方法。1985 年，南厂提出“一个主体两只翼”的生产组织结构：主体为总厂职能机构以及 5 个直属分厂，生产后勤和其他的小型协作车间组织为总厂的一只翼，南厂与其他企业联营的公司则为另一只翼③。为了多拿订单，南厂容压分公司甚至在人民桥上打出了“乡镇企业的价格，国有企业的质量”的广告。

与其他国有企业一样，在初次改革时，南厂在生产承包责任制下，采取了划小经营单位、各自管理、分头突围的政策，一窝蜂地涌入了珠三角原始而狂热的市场中。在最高峰时刻，南厂曾有 18 家分公司，25 个行政管理科室。然而，企业整体的经营规划和产品设计却是缺位的，这为企业之后的危机埋下了伏笔。

80 年代中期以后，珠三角地区的市场竞争压力令南厂管理者感到力不从心。80 年代末，南厂出现了大规模了职工离职现象，没有离职的工

---

① “我厂贯彻党委领导下厂长分工负责制的一些体会”，1980 年《南厂档案》（永久）第 3 卷。

② “1982 年生产工作总结和工作安排”，1982 年《南厂档案》（永久）第 4 卷。

③ “南厂管理体制改革方案”，1984 年《南厂档案》（永久）第 7 卷。

人大多也在私营“打工”。在访谈中，原办公室主任打趣道，过去人们是托关系进南厂，这时候成了托关系离开南厂。以至于在1989年时，南厂规定若职工在厂工作未满三年就申请调动，则需要交纳给企业培训费用[①]。然而，原始而残酷的市场环境加上大批技术人员的损失，使南厂陷入经济困难中，以至于不得不通过向职工筹集债券的方式来渡过难关[②]。到了1992年，南厂尽管账面利润200万元，但内部潜亏已经达到4000多万元[③]。在90年代初期，南厂仍然没有找准其战略发展定位——该厂既没有找到合适的市场经营之道，也没有将大量精力投入到研发中，反而是更进一步地采取各路突围的战略，走向了分散型的大而全的经营方式。1994年，南厂在“建立现代企业制度”旗号下，将过去的分厂组建为43家具有独立法人资格的子公司，开始了多种经营方式的生产。曾经国营大厂的力量迅速被分散和瓦解。

90年代初期，尽管珠三角的市场经济已经蓬勃地发展起来，但软预算约束的时代并没有结束。改革开放后，政府不再通过直接投资的方式推动国企发展，而是以国有银行贷款的方式向国企注入资金。国企也毫不顾忌地大举从国有银行贷款，这使得很多企业在生产成本较高、产品价格过低，利润稀薄，甚至亏损的情况下，仍然能扩大生产。1997年的亚洲金融危机终结了这种红利，国有商业银行开始对不良贷款进行清理和处理，而债务过多的国有企业不能继续追加贷款，此举令很多国企陷入了债务危机。南厂也是这些企业之一，惠市政府在90年代向南厂提供大额政策性贷款，时至2000年，新任董事长上任时，南厂的经济情况极度糟糕，流动负债总共9.37亿元，其中银行贷款7.3亿元[④]，每年向银行缴纳的利息高达3600万元[⑤]。80年代以来的大而杂的经营方式走到了尽头，通过银行贷款新上的项目亏损严重，企业又无法以新增贷款来偿还旧债，二十年的旧账终于再也掩盖不住，南厂走到了破产的边缘。

---

① “关于职工调动离厂的有关规定”，以及“对于技校毕业生和合同制工人离厂收回培训费、违约金的规定”，1989年《南厂档案》（永久）第16卷。

② “发行职工集资债券讲稿”，1989年《南厂档案》（永久）第15卷。

③ “靠改革走出困境走向发展”，1995年《南厂档案》（永久）第2卷。

④ “2000年职代会报告”，2000年《南厂档案》（永久）第13卷。

⑤ “关于国有困难企业认定的请示”，2004年《南厂档案》。

1999年，南厂原厂长因经济问题被判刑入狱。据说，这名厂长乱上过许多项目，他在任的时候不仅投资了房地产，甚至投资过一个商业足球队。

三　入世之后

2000年中共中央十五届四中全会以后，国有资产管理局成立，惠市国资局将本市工业企业分为四大板块：汽车集团板块、轻工贸易板块、钢铁板块及机电板块，而南厂被划归到机电板块，超过500万以上的投资都需经过惠市国资局下属机电资产管理经营公司批准。这意味着南厂的资产经营权被收回，企业只负责寻找市场、产品开发和制造等工作。2001年惠市政府增补南厂为解困转制重点企业，这意味着南厂既不需要申请破产，亦不需要进行产权改革，而能够在地方政府的帮助下改善经营。

2000年，新任总经理为盘活企业所做的第一件事是撤销子公司，将生产重新收归车间，同时亦将产品从过去的几十种缩减为主攻盾构机、汽轮机、离心机和压力容器几种。除此以外，管理者以各种方式进行开源节流，大量陈旧的机器设备被变卖，企业扩张期购进的厂房和固定资产也被转让。为了节约空间和电力，南厂高层管理者进行统一办公，董事长和总经理两个人分享同一间办公室，在酷夏时节，惠市气温达到四十度时竟然也不开空调。

与即将跨入千禧之年的其他国企相似，南厂为了盘活企业清退了大量工人。1999年到2002年间，超过3000名职工以下岗或内退的方式，离开了他们服务了几十年的企业。南厂下岗并没有引发大规模的工人抗议，这一方面与珠三角地区市场发育相对较早有关，因为南厂工人技术水平较高，很多人下岗后立刻被私营企业和外资企业吸纳了；另一方面也与南厂确定下岗工人的方式有关。南厂当时的做法是停止对子公司的投资，让效益不佳的子公司自行解散，而在总厂，则是延续计划经济时期的做法，通过班组工作会议决定人员的去留。很多工人回忆说，那时候，干得好的人自己走了，干得不好的人被企业炒了，剩下的都是干得差不多但很听话的人。下岗分流虽是在没有其他更好选择下做出的，但不仅给企业增加了很多经济压力，亦为企业增加了诸多社会负担。2004年南厂需要承担离退休人员支出超过1000万元，并需要应对频繁的退休人员上访。[①] 这使得2005年南厂的生产再次跌入谷底，该年南厂亏损4600万元，并有8.9亿不良资产。[②]

2005年南厂开始异地改造，将位于惠市繁华地带的厂区转让给光大房地产开发有限公司与其合作开发豪华商品房小区——该小区就以南厂老厂区郁郁葱葱的大榕树为卖点。惠市国土房管局同意将土地出让金中的4.28亿元分批返还给南厂用于安置下岗、内退职工和代缴有关社会保险费等[③]。即便如此，南厂的运营形势仍然不容乐观。2007年底，南厂搬迁到位于惠市郊区的新厂房，并用这些土地出让金解决了6608名退休人员移交社会化管理需要支付的款项，至此南厂的经营状况才稍有好转。

2001年中国加入世贸组织后，南厂发生的最主要的变化就是成为了跨国资本的代工厂。笔者所在的容压分公司在入世之间主要从事压力容器和耐酸容器的生产，2000年以后，随着惠市地铁线路的大发展以及对挖掘地下隧道的盾构机械的需要，全球最大的盾构机制造商之一的德国SEA公司打入惠市市场，承揽了惠市大部分盾构机生产业务。[④] 南厂作为华南地区最大的重型机械企业，因其丰富的机械制造经验、高水平的机械制造资质以及优越的生产能力在区域竞争中胜出，成为SEA在华南地区的代工厂。此后，南厂容压分公司的主要业务主成为给SEA公司制造盾构机机体、刀盘等大型结构件。至2005年，双方已成功合作制造了16台盾构机，其中8台用于惠市的地铁建设，其余8台销往北京、天津和新加坡等地。[⑤] 然而，南厂的地位并不稳固。入世以后，珠三角地区私营机械厂如雨后春笋般生长着，代工市场竞争愈发激烈。八九十年代的市场困境似乎卷土重来了，无数成本低廉的小微私营企业正在将南厂这一“庞然大物”挤出市场。南厂一方面继续以传统方式求助于地方政府，通过技改经费的申请、转制脱困企业的认定获得资金

① “关于国有困难企业认定的请示”，2004《南厂档案》。

② “财务报表”，《南厂档案》2005年第7卷。

③ “关于土地出让金返还的请求”，《南厂档案》2004年（长期）第1卷。

④ SEA是该厂的化名。

⑤ 来自中国机电工业：http：//www.mei.net.cn/news/2012/01/409307.html

上的帮助，另一方面，在步步紧逼的市场环境下，不得不通过降低价格、缩短出货期等手段与其他企业竞争。盾构机单台售价通常在400万到700万之间，但是代工费用并不高，南厂只好采取“薄利多销”“多拿订单”的策略进行资本和经验的积累。

2008年的国际金融危机一方面给南厂敲响了警钟，另一方面则为南厂带来了前所未有的机遇。2009年，在金融危机的冲击以及私营机械企业的竞争压力下，南厂来自欧洲市场的订单遭遇了滑铁卢。但是，大珠三角城市圈的建设以及2010年亚运会为南厂的发展提供了难得的契机。随着惠市地铁建设的提速，盾构机的国内市场需求不断增加，南厂产品甚至出现了供不应求的局面。惠市规划，在2011年以后继续兴建7条地铁线，直到2013年底笔者再次造访南厂时，惠市的地铁项目仍然在轰轰烈烈地进行，这意味着南厂盾构机的生产在未来几年内仍然有不小的需求量。南厂容压分公司2011年的组织结构如图1—2。

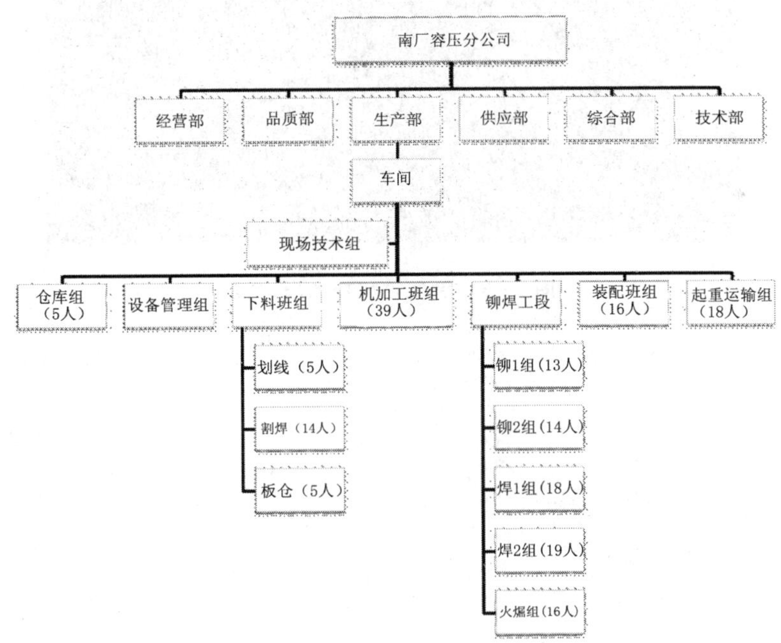

图1—2　南厂容压分公司2011年的组织结构图

实际上南厂在与德国SEA公司合作初期，与所有的国有工业企业相似，怀有“以市场换技术”的期待。为此，南厂董事长、总经理和总工程师一行人几次前往德国 SEA 公司总部参观学习，希望能够借此机会接触盾构机生产的关键技术。盾构机生产最为核心的技术在于控制中心和刀头的制造——控制中心是一套数字操控系统，而刀头则依赖于材料技术，加之，盾构机作为定制性机械需要根据不同的地质条件进行个性化配置，这使得南厂始终不能习得这些关键技术。意识到这些后，2013 年南厂容压分公司将自身定位为高端机械装备制造企业，并成功生产了直径为 15.43 米的超大盾构机。

图 1—3 制造过程中的盾构机

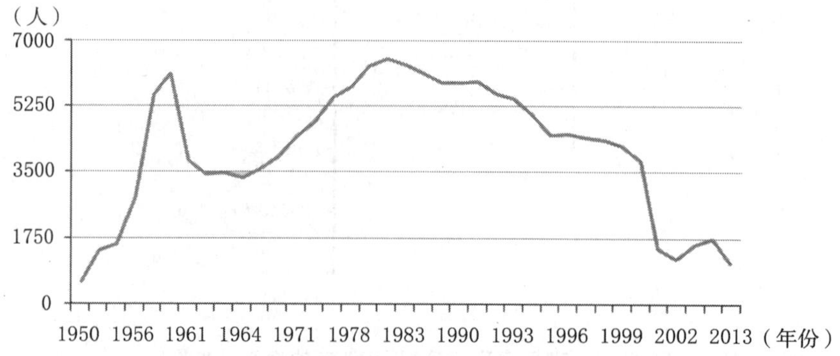

图 1—4 南厂 1950—2013 年职工数量变化趋势

小　结

通过对南厂从 1947 年到 2011 年历史变迁的简短叙述，我们可以看到南厂所嵌入的社会主义历史与深化改革的当下，并分离出影响南厂生产变迁最重要的两组力量：第一组力量是新中国成立后，国家和各级政府对国有企业的持续影响。国家对国企的控制方式从极为直接的行政手段转变为经济的、法律政策的，甚至意识形态的手段进行间接调控。正是这组力量使南厂经历了计划经济时期的辉煌，也正是这组力量在改革时期使其遭遇困顿，还是这组力量使其得以涅槃重生。第二组力量是新中国成立后被抑制，而在改革开放后重新兴旺发展的市场对国企的影响。在计划经济时代，国企只需要按照计划指令进行生产，而无须担心企业经营问题，这使其逐渐成为一个大而全的“巨无霸”。改革开放初期，在乡镇企业和私营企业迅速发展、争相占领市场之时，国企却陷入“尾大不掉”的窘境。加入世贸组织后，全球市场为国企带来了希望与转机。当然，国家力量和市场力量不仅形塑了南厂赖以存在的外部环境，也直接影响了车间中的行动者，笔者将在第四章到第七章详细分析这两组力量对企业管理者和基层工人的影响。

第二章　选择性放任

一　生产流程简介

（一）采购

南厂有一套复杂的采购程序以防止采购人员和供货商进行私下交易，或提取回扣。这种材料采购被称为“货比三家”的比价制度，该制度规定分公司对任何材料的采购都需要对三家以上供货商的价格进行比较，只有在分公司向集团公司提交“比价单”后，集团财务处才会对订单合同进行审批并提供资金。

比价制度为采购人员带来了很大的麻烦。有一天上午，我在车间办公室遇到了愁容满面的采购员平师傅，他抱怨道：“我也不知道领导是怎么想的，他可能是要控制成本吧！让我们货比三家，买最便宜的。我们的采购是很难做的，这个几件，那个几件，我也不怕给你看……”平师傅拿出这皱皱巴巴的采购单，上面写着：12×763mm 铸钢管 2 支，×××7 支等。他接着说：

> 你知道这个新老总以前是做什么的？电力部门的！电力部门采购多容易啊！他们基本上需要的就是煤、木材等大宗商品。而我们经常要采购各种不同类型的金属，有的市场上买得到，有的市场上根本买不到，有的必须得让人家帮我们做。而且领导让我们需要多少买多少，因为他认为如果买多了堆在那里就会浪费钱，我们每次就只能买几件，过了几天，同样的铸件又要买几件，一直都是这样！结果搞采购就跟去超市似的，每天都要逛一逛，今天买根大葱，明天买斤猪肉，后天又买大葱……搞得我们每天都要往外跑，很辛苦的，太累

了！（非结构式访谈：平师傅）

（二）生产

在南厂盾构机生产中，采购部门购买到合适的型材后，下料工段划线组会按图纸在这些型材上做出标记。具体而言，下料工序分为两组：割焊组和汽床组。割焊组负责将大型板材裁剪成适合生产的大小与形状，工人使用的机器设备较大，而汽床组则负责对小型工件进行下料，使用的机器设备较小，操作也更为细致一些。经过下料之后的板材需在车间调度员处进行生产工序登记、工序分配与工票发放，至此，这些板材具有了自己的身份证。到这个阶段，板材将根据不同需要进入不同工序——用于机体生产的进入铆焊工段，而用于刀盘生产的则将进入机加工工段。

盾构机机体生产的最主要工序是火煸和铆焊。在火煸这道程序中，工人要将厚重的钢板精确地压成各种规定的弧度，而经由铆焊，一片片的钢板被牢固地连接在一起构成桶装。在机体内部或辅助件的钢结构生产中，焊工还需将不同规格的钢材予以焊接。盾构机的刀盘生产则需要在机加工工段完成。构成刀盘的大型工件是由二百镗、龙门镗铣床或是数控加工中心生产出来的，而刀盘或机体细小连接处的零件则是由铣床、镗床、车床等小型机床生产。

上述步骤完成后，有些重要部分需要经过无损探伤程序检查焊接品质，如若质量合格，则由装配组进行产品组装，最后经过油漆组上色，就可以验收出货了。南厂铆焊单元的生产中大量使用了外协包工队，下料单元与机加工、装配单元也酌情引入了包工队。这些包工队利用南厂的工作场地、使用南厂提供的原材料和工具进行生产。南厂盾构机生产工序流程请参看图 2－1，南厂容压分公司平面图请参看图 2—2。

二　工作日

成为袁姐的学徒后，我每日会抽一定时间帮袁姐车车工件、扫扫地，这样，我也慢慢和工人师傅们熟络起来。有些师傅路过铣床小组

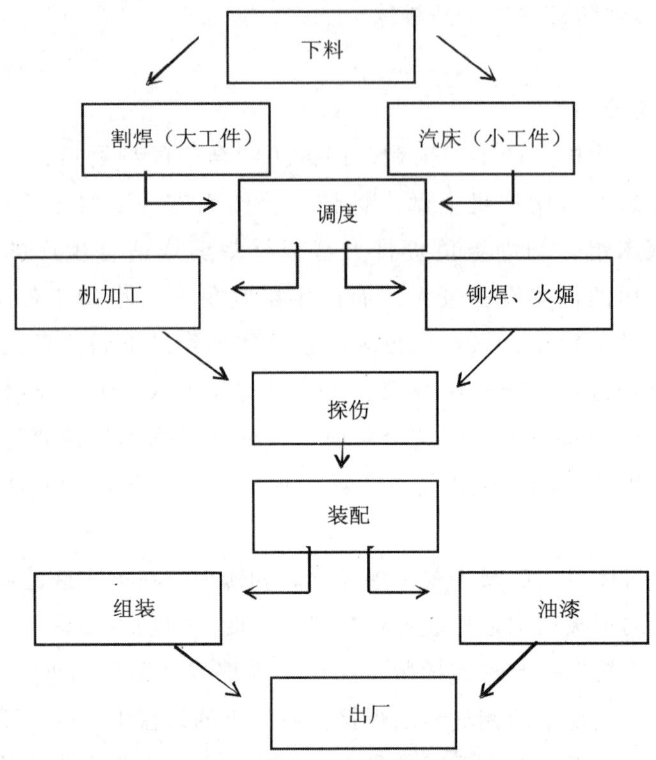

图 2—1　盾构机生产工序流程图

的时候会直接问我："我经常看到你在这里，你到底是来做什么的？"我就向他们说明来意，然后再加上一句，现在我是袁姐的徒弟。过后，路过的师傅总会加上一句："哦，你刚来的时候，我们都以为你是上面派来的特务呢！"我也就哈哈一笑，说道："难怪你们那时候不理我呢！"

机加工工段的铣床操作工共有 6 人：吉师傅是 1971 年进厂的技术能手，在进南厂前，他是下乡知青中的文艺骨干。到了南厂后，聪明的头脑和娴熟的技能使他很快成为领导依赖的技术骨干，在九十年代，他经常一个人同时操作四台机床。吉师傅是当下很少见的对劳动充满热情的工人，他喜欢研究新的操作方法，热衷于改良刀具，并且会把每一种新方法都记到"工作日记"中。袁姐是铣床小组唯一的女工。她八十年代初期进入南厂工作，父亲是东北人，而母亲是广东人，这使得她的普通话非常标准。尽管她经常劝导我，女人要以家庭为重，不要做这种

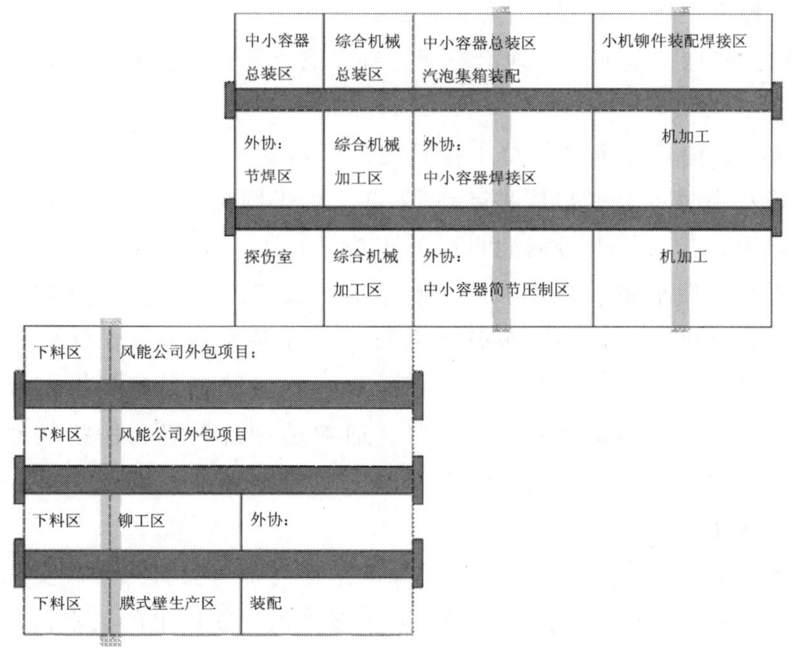

图 2—2　南厂容压分公司平面图

脏活和重活，但她工作起来头脑清晰、手脚麻利，比很多男工都要纯熟。周师傅也是七十年代进厂的老工人，他不太愿意说话，往往一脸严肃，他需要一个安静的工作环境以便沉浸在自己的工作中，他尤其不喜欢管理者在他操作机床的时候在旁边指指点点。罗师傅是一名五十多岁的老工人，他有些驼背、头发也花白了。罗师傅的家庭较清贫，每天要骑半个多小时的自行车才能赶到厂车出发站，而在下大雨或是刮台风的天气，这段路程需要将近一小时。罗师傅的旧工作靴据说已经穿了很多年——表皮已经磨得发白、鞋底也变得很薄，这样，他就可以把新的工作靴省下来当皮鞋穿了。陈师傅大概四十岁左右，他是从粤北山区来的农民工，他的妻子在其他工厂打工，他们夫妻俩要供两个孩子上学。陈师傅很少讲话，大多数时间，他都在埋头操作机床，他可以说是铣床操作工中最努力和最服从指挥的工人。最后一名工人是帅仔，笔者在厂的时候，他也是一名学徒工。帅仔的头脑不太灵光，他已经跟随吉师傅学习了三个月，但还没有掌握铣床操作技术。不仅如此，他的眼力件儿也不太好，最糟糕的一次是在南厂推行 6SK 生产时，上级要求工人把各自的机床粉刷一新，那几天，帅仔竟然眼睁睁地看着五十多岁的吉师傅吃力地爬到机床上前前后后地涂油漆，却没有上前帮忙，这让师傅们相当不满意。

那么，南厂工人的一个工作日是怎样度过的呢？该厂的规定工作时间是八小时：上午是从8点到12点，下午则是从1点到5点。但是在实际中，工人打卡后回到自己的工位上后并不是直接开始工作，而是换衣服、做早餐、烧开水、洗衣服等。袁姐在生活上很讲究，她的头发精心烫过，喜欢穿高跟鞋上下班，并且因为认为食堂伙食不够健康而自带早午餐。每天早晨，她都需要一些时间煮早餐和换衣服。金姐是一名车工，她也经常自带早餐，通常是一盒牛奶和一些其他的粤式点心，除此之外，她还喜欢喝茶——她通常是早上喝过几道茶以后才正式开工。

每天早晨，笔者要做第一件的事就是帮助师傅去打热水。实际上管理者为了节省劳动时间，在车间里安置多处供应饮用水的热水器，但是车间传言说热水器的水烧不开，所以几乎每两三个工人都有共用的烧水壶和暖瓶——大家接来自来水以后，会回到工位上各位烧水。除了打热水，有些工人会去洗手池洗衣服，他们一边洗衣服，一边聊几句天，谈话内容通常是抱怨管理者、工资低。所有人进入工作时已经15分钟以后了。

快到中午的时候，袁姐就会把她提前准备好的午餐放在电饭锅里加热。袁姐很会做饭，她的菜店总是很丰盛——蒸鱼、叉烧、排骨，她每天都能换出新花样。因为南厂下午1点就要开工，工人会把午饭时间缩短到10—15分钟，至于剩下的午休时光，是车间最为丰富多彩的。袁姐、吉师傅会和车间办公室的人打扑克，而镗床的黄师傅和小车床组的阿金喜欢踢毽子，钳工张师傅则在自己办公室中开辟了午休场所。

南厂的容压车间机床林立、大块头的半成品到处堆放着，这使得工人很容易藏身去做工作以外的事情。大多数工人在工作一段时间以后喜欢站起来走一走，男工会串岗、抽烟、聊天，女工则会搭伴去一趟厕所。说起串岗聊天的，有几位铆焊师傅很喜欢来到小机床工作组聊天。有时我走过几台机床后，就会突然遇到几个师傅或蹲或坐在地上笑谈。钳工张师傅在车间的外号是“马佬”（猴子的意思），那是因为比起躲在机床后面聊天，张师傅更喜欢在车间到处跑。如果恰巧遇到了工段长或班组长，他也不闪躲，还是该干什么就干什么。

除了串岗聊天，工人工作的时候还会干些其他的事情。例如，张师傅喜欢放音乐，白师傅每天都在车工件时戴着他的老花镜看报纸，镗床的黄师傅喜欢和同事讲笑话或读一读《水浒传》，钻床的侯师傅无论何时都在耳朵里塞着耳机，袁姐干活时则喜欢吃些花生这种小零食，看娱乐报纸。在我帮她操作机床的时候，她也总是说：“不着急，慢慢来。累了就歇一下！”工人之所以能够在操作机床的同时做其他事情，是因为机床操作最重要的步骤是调试，只要刀具按照图纸要求调试到合适的角度和走刀速度，剩下的工作交给机器本身就可以了。

下午四点四十五分，工人陆陆续续停下手中的工作。女焊工摘掉布满灰尘的帽子，打了一盆热水，就在车间里面洗头发；罗师傅先是把车床周围打扫一遍，然后弯下腰仔细擦拭他的另一双工作靴；黄师傅这时会过来和车床组的阿明、阿金讲讲笑话，打闹一番，然后搭伴等待下班打卡；袁姐则将身上沾满油污的工作装换下，穿回色彩亮丽的外衣；而陈师傅是机加工小组最经常加班的工人之一，他铣床上的工作灯一直亮着，机器的运作声也没有终止。为了供养老家的孩子上学，陈师傅总是比其他工人更勤力地劳动。

南厂工人的平常一天与其他所有制企业并不相同。笔者曾经在2013年6月专程去往位于惠市郊区的长风机械厂进行短期调研——这家企业同样生产重型机械，其老板曾经是南厂的总工程师。尽管这家企业并没有采取极为严格的手段对工人进行监控，工人在生产中也存在一定自由度，但是工人依然各自在工位上专注于自己的劳动。这是因为珠三角地区的私营企业中，工人往往来自于全国各地，一方面，他们的习惯、文化、喜好相差太大，很难寻找和建立共同话题，彼此之间觉得没有什么好聊；另一方面，大多数工人是来自经济水平较为落后的农村地区，他们做工赚钱的意识过于强烈，而不愿意把时间花在社会生活中。

南厂的工人师傅很多都有几十年的工作情谊，有些工人共同经历过七十年代的政治风浪，一起经历了八十年代的分房风波，大多数工人仍然居住在单位社区的福利房中，他们拥有相似的生活经验和文化习惯，喜欢吃相似口味的饭菜，爱好参与类似的活动。加之很多工人都是惠市的市民，教育、医疗等诸多福利使他们不愿为了多赚几份微薄的工资而放弃更丰富的工作生活。图 2—3 到图 2—6 在一定程度上反映了工人在厂中的工作生活。他们不仅会在厂房外洗自己的工作服，还会在车间外种一些蔬菜。

图 2—3　南厂容压车间外堆放的工人待洗的衣服

图 2—4　工人在车间外种植的蔬菜

图 2—5　南厂容压车间外工人种植的木瓜树

图 2—6　南厂容压车间外工人种植的南瓜

三　选择性放任

当笔者进入南厂容压分公司车间的时候，车间正在推行 6SK 管理。6SK 源于日本汽车制造企业的精益生产模式，意味“整理”“整顿”“清扫”“清洁”“素养”“安全”以及“健康”。很多改制后的国有企业通过推行这种管理方式而将工人置于受控制的位置（范璐璐，2011）。管理者希望通过新管理制度的推行改变工人闲散的劳动状态，然而，直到调研结束，我也没有看到工人劳动状态的改变。

在本节中，笔者将从工人的劳动状况与基层管理者的管理状况两方面对南厂生产中的放任现象进行描述和分析，并将这种放任状况同“文革”后工业生产中的放任状况进行比较，以便发现今天南厂劳动治理中的特征。

（一）劳动中的放任性："文革"后与今天的相似性

生产并不仅仅是完成生产工序这么简单。在以获取利润为目的的工业生产中，企业主正是在生产过程中通过对劳动进行控制以达到获得剩余价值的目的。布雷弗曼在《劳动与垄断资本》一书中指出为什么这种控制对于资本家来说是必要的（布雷弗曼，1987：56）：

> 人类劳动力的特殊能力并不是生产剩余的能力，而是它的有理智的和有目的的性质……然而，假如资本家是依靠人类劳动力的这种特殊性质和潜力，那么也是这种性质，由于它很不确定，向资本家提出了最大的挑战和问题……因此，对资本家来说，对劳动过程的控制权从工人手里转移到自己手里，就是非常必要的了。

对工人的劳动进行控制对社会主义国家中的工厂管理者来说同样重要。布洛维（Burawoy）通过对匈牙利一家重型机械厂和一家钢铁厂进行参与式观察认为，在国家社会主义国家，虽然劳动过程不具有“去技术化”的特征，但也是被严格控制的。他发现，工厂给工人设定的工时定额非常苛刻，而且工人一旦超额完成任务，工时定额就会被压缩。尽管社会主义工厂中的工人不会面临解雇威胁，但他们的工资很低，这意味着他们如果不努力劳动，生计就难以保证。而中国在计划经济时期采取了与苏联或东欧截然不同的劳动治理模式。裴宜理认为中国的劳动治理依赖于“情感动员”，也就是说在生产运动中，干部通过宣传工作、批评与自我批评等情感工作激发出普通工人的奉献精神，使人们在愤怒、恐惧、羞愧、激动等感情的唤起下，极高兴地参加到生产和工作中来（裴宜理，2001）。吴长青则认为，群众运动和劳动竞赛这些在“革命伦理”指导下，以革命意识形态和革命式动员为特征的生产激励方式虽然有效地提升了工人劳动积极性，但它也造成了工人忽视劳动纪律、生产工具遭到损坏等问题（吴长青，2012）。林超超在对计划经济时期的劳动竞赛进行研究时也发现，劳动竞赛虽然能够直接激发劳动者的生产积极性，但并不能有效地削减单位组织成员之间的体制内博弈行文，结果反而将国企生产送入了高增长、低效益的旋涡中（林超超，2013）。

动员式生产的效力确实难以长期维持。华尔德在对中国计划经济时期的车间生产和权威关系进行研究时发现，“文革”过后，工人工作积极性有了大幅下降，劳动纪律成了严重问题——他们迟到早退、对工作漠不关心、串岗聊天、做私人的事情或者干脆休息（华尔德，1996）。一名纺织厂的工段长说：

> 工厂中的节奏非常缓慢，工作效率很低。每天都有大量时间没有用在生产上……他们（工人）会抽时间去洗衣服、修自行车、睡觉。在这么大的工厂里找个不让人看见的地方睡觉是很容易的事……上夜班的人睡觉。他们有定额，但不想完成。（华尔德，1996：240）

而八十年代的南厂档案中也记载了相似的情况：

> 职工中主要存在如下的一些思想问题，妨碍着车间抓革命促生产方针的贯彻落实，妨碍着进一步发展大好形势：部分青年工人……把主要的精神都放到追求资产阶级生活作风上去，工作起来吊儿郎当，提不起劲头……（有些工人）工作时间三五个围坐一堆谈天说地，出勤不出工，出工不出力。[①]

南厂1978年的档案中则记载了这样的故事：

> 工段维修组的电工房经常围聚着一伙人，上班时谈天说地，打瞌睡、造私货……车间领导走来，他们便慌忙修饰，默不作声。当领导问他们为什么不干活时，他们便诸多“理由”，有的说：“班组工作做完了”，有的讲：“小休”，也有的“理直气壮”说：“因设备出现故障停工”。领导一走开，这伙人又哗然大笑，神气活现。这种状况由来已久，一直没能解决，并蔓延到其他班组，使整个工段出现了上班迟到早退，出工不出力，造私货，睡大觉，周游谈笑，班后学习寥

① “支持社会主义新生事物经验交流会材料之五：关于‘三结合’生产指挥小组的情况汇报”，1976年《南厂档案》。

寥无几，扯东说西歪风邪气……[①]

尽管情况没有那么夸张，但是这些记述与我在南厂车间所见确存在相似之处。甚至在我刚进入车间时，看到漆着“齐齐哈尔第一机床厂”的机床与无精打采地操作机床的工人，会突然有了一种回到计划经济时期的时光交错感。

劳动治理的放任不仅体现在工人的日常行动上，还体现在对工作的安排上。工作安排包括两个方面，一个是安排加班，另外一个是派工。哪名工人加班是由工段长或班组长来负责安排。机加工工段的派工则更有讲究。派工主要是由三个人进行：班组长负责日常派工；工段长会派一些技术难度高或者返修件和加急件给工人；最后是车间调度，派工并不是车间调度的本职工作，只有遇到非常特殊或紧急的工件，车间调度才会亲自派工。

对基层管理者来说，工作安排绝对不是一个令人愉快的差使。班组长孟师傅曾经是车床操作工，因为车间提拔年轻人而成了班组长，他对其他机床的操作技术缺乏了解，所以在班组内的威信并不高，很多工人都会拒绝他对工作的安排。比如说，袁姐往往会拒绝加班。有一次孟师傅要安排袁姐加班，袁姐毫不客气地说：“我一个月工资才1700元，我是低等级的工人，这些高等级的事情我做不了，你拿给别人做去吧。”孟师傅答道：“给你加班说明照顾你嘛!”[②] 结果袁姐来了一句：“谢谢你的照顾啊!”孟师傅继续说：“工资的事情，我已经替你说了很多次了，但是我说了领导也不听啊。”袁姐微笑着说：“那就没有办法了，你还是给别人去加班吧!”除了加班以外，对工资不满意的工人会拒绝做技术水平高的工作。另外，一些工人也不愿意去做急件——因为他们要把做到一半的工件卸下来，重新调配机床。而在2011年计件工资制度推行后，只要工人认为工时不合理，又无法通过协调提高工时的时候，就会说：“这个工件我做不了，你看谁能做就给谁吧!”为了不被拒绝，徐师傅在派工给老工人时会说：“哥！能不能帮我做下……”

---

① “依靠领导，发动群众，做好政治思想工作”，1978年《南厂档案》。

② 这是因为可以赚到加班工资。

工段长徐师傅以前是开镗床的工人，据说因为他和上面领导有关系，亦借着提拔年轻人的时机成了工段长，因为徐师傅对很多机床操作都是一知半解，所以工人也不敬重他。徐师傅派工讲求技巧，每次派工时，他都拍着师傅的肩膀，笑嘻嘻地说："师傅，能不能帮我做一些这批工件？"如果工人不同意，他还会想办法多磨一会儿。

在这三人中，工人最敬重的是刘师傅。刘师傅1971年就入厂了，在压力容器车间做了几十年的调度，对车床、铣床、镗床、钻床等技术都十分清楚，他与所有工人都很熟识，并且在罹患心脏病——在心脏上支了七个支架——的情况下仍然兢兢业业工作、公正处事并心向工人。所以只要是刘师傅派的工，基本上不会有人拒绝。

派工困难的情况在"文革"后也存在过，如同华尔德在对工人的访谈中提到："工人们还会拒绝去干某些工作，因为他们工资级别低。如果让他们去做某项需要很高技术的活，有时他们就会拒绝并且说：'让五级工去干得了！'这时有发生"（华尔德，1996：Z40）。这与今天南厂工人的推辞之言如出一辙。

工人对基层管理者的置若罔闻不仅体现在派工上，还体现在他们的日常举动上。若操作工在车间遇见工段长和班组长，他们依旧该聊天聊天，该喝茶喝茶，既不显得紧张，也不显得尴尬。工段长还是班组长也不会显露出任何准备管束和指责工人的神情——他们既没有兴趣向工人施加压力，也没有动力敦促生产。笔者进入机加工小组的第二天，袁姐就告诉我在车间要注意些什么。她说："你饿了就吃点零食，但是领导视察的时候就不要吃——他们也不会说你，但是还是会很尴尬的嘛！但是徐师傅他们是不要紧的，你该干什么就干什么，你吃东西他们也不会管你的。"

相似的状况在"文革"结束后也曾经出现过。实际上，在"文革"中后期南厂就已经出现管理者做老好人、不愿敦促生产的情况：

> 下面班子老好人还比较普遍，我们有没有决心把这现象扭转过来，要改变必须经过一番工作和斗争，如年前放假三天是四天的问题，有的（领导）听了很难听的话都不出声（有人说我们刮了一天），现在问题不是群众，而是在中层领导中，有的还阳奉阴违。又

如我们交任务，有些任务是重了一点。铸钢的班子是一团和气的团结，和稀泥的团结……①

罗丽莎在八十年代对杭州纺织厂的研究则发现，尽管班组长的任务是确保工人完成他们的生产定额，以及督促执行新的规训措施，但是班组长“对她管辖的工人的劳动显示出令人吃惊的漠不关心……她不仅不强行执行这些规训措施，反而嘲笑这些措施”（罗丽莎，2006：179）。

基层管理者在生产过程中的无所作为并非是国有企业一直以来的特征。以班组长和工段长等基层管理者为核心的“工作班组制度”曾经是计划经济时期的重要生产组织制度之一，而工人对基层管理者的依附构成了计划经济时期车间权力关系的重要特征之一（华尔德，1996）。然而，无论在“文革”结束后还是在现今，基层管理者在生产中显然丧失了重要性，他们对管理显得特别没兴趣。

（二）“文革”结束后的纵容性放任

“文革”结束后生产中的放任情况与当时的政治经济具有非常大的关系。在“文革”期间，很多工业企业的管理制度被彻底推翻、工厂领导被打倒、原材料和工具出现短缺、生产被政治斗争所打断，劳动纪律甚至提不到议事日程上来（华尔德，1996）。工人经历“文革”后，习惯上不愿意听从指挥。罗丽莎认为工人在“文革”中发展起来充满热情的思想，介入到权力和权威的实践中……激进地质问权威以及政治化日常生活对于他们来说成为了一种常识”（罗丽莎，2006：166）。工人的反叛意识显然是造成生产放任的原因之一，但更重要的是，管理者对工人行为所表现出的纵容姿态。

华尔德发现，“除了在周期性的生产运动中外，工厂领导并没有多大的兴趣去督促对工人施加压力。就违反劳动纪律所制定的惩罚措施基本上形同虚设”（华尔德，1996：235）。在阅读档案期间，笔者也发现了南厂在“文革”后期出现的“老好人”现象——以至于八十年代初期，厂内

---

① “学习”，1971年，《南厂档案》，第1卷。

开始对班组长进行轮训以“提高班组骨干管理水平，教育各级骨干，彻底克服老好人主义，实行严格管理、严格要求”[①]。

华尔德认为“文革”结束后，管理者对工人的纵容首先是源于前者在“文革”时期的糟糕经历：“1966 年至 1968 年的群众斗争大会上，大批工厂行政领导遭到批判，成年累月地被关在临时凑合出来的禁闭室里，之后又被降职到车间从事体力劳动。”对政治运动的恐惧使得这些管理者即便回到了曾经的职位上，也不愿意加强对工人的督促，呈现出对劳动纪律不闻不问、听之任之的状态（华尔德，1996：231—232）。

华尔德访谈到的一位曾经代理厂长数年的干部说：

> 我就知道有些工人每天露几回面报个到，之后就骑车走了。这个问题非常严重。你又没法惩罚他们。“文革”后干部不敢惩罚工人。工人是革命的。如果干部惩罚了他们，下次运动来就会倒霉了……谁也不想挨斗之后再被送到农村劳动。（华尔德，1996：233）

另一名在厂长办公室工作的职工说：

> 领导干部不敢将生产搞得太好，不敢抓得太紧。他们宁可去抓革命，因为那个比较安全。如果他们不敢去抓生产，也就同样不愿意去抓工人不迟到，好好干活。（华尔德，1996：233）

南厂的情况也是如此，“文革”结束后，领导既没有权力也没有能力去督促工人。1972 年就已经进入南厂的罗师傅告诉我：

> 领导对生产上不积极、不卖力的人也没有太大办法，只能说说这些人，听不听就是他们的事了。这就靠你（工人）自己去感受了，如果你自己能够过自己这关，那么这就无关痛痒，如果你很看重这个问题，就自己去改。有些人就是不改，领导也不能拿他们怎么样。（访谈：罗师傅）

① “惠市重型机器厂创建‘六好企业’规划”，1983 年《南厂档案》，（长期）第 6 卷。

最后，领导本身也没有遵守劳动纪律，他们在工作上同样表现得散漫。一位汽车厂的金属工在华尔德的访谈中说："七八年之前，工人上班迟到、经常请病假、工作时间溜走、干活拖拉、上班中午去买东西，等等。领导根本不在乎。领导自己也没有章法，只知道去开会。"（华尔德，1996：235）

根据华尔德的描述以及南厂的情况，笔者将"文革"结束后这种在工厂管理制度被推翻，材料不足、任务不足的情况下，因企业各级领导故意对劳动纪律问题视而不见、置若罔闻，甚至姑息纵容而导致的生产中的放任现象称为纵容性放任。尽管有着相似的"放任"特征，但"文革"结束后的劳动治理逻辑与南厂今天仍然存在很大区别。

（三）选择性放任

如果说"文革"结束后中国工业企业中普遍存在"纵容性放任"，那么随着政治经济环境的变化，在市场竞争日益激烈的今天，纵容性放任成立的条件已然不复存在。实际上在2001年以后，南厂管理方为了更好地应对国际市场，提高产品竞争力，决定要扭转工人过于懒散、且工作生活纠缠不分的劳动状态。在2001年到2011年十年间，南厂推行过的、有档案记录的生产管理制度包括以下11条：

2001年，《员工行为守则》
2002年，《员工行为守则（修订版）》
2002年，《实行佩戴胸卡上岗管理和打卡考勤管理制度》
2002年，《车间岗位职责》
2002年，《科室岗位职责》
2002年，《主体生产车间员工绩效考核管理办法》
2005年，《员工行为守则（二次修订版）》
2010年，《6SK生产管理制度》
2011年，《计件工资制度改革》
2011年，《南厂容压分公司机械加工及装配岗位激励机制实施方案》
2011年，《班组综合绩效考核管理办法》

从这个意义上看，尽管笔者在南厂期间，工人的劳动状态与“文革”结束后存在类似之处，但是，两者的实质并不相同。随着在南厂田野时间的增加，笔者逐渐发现南厂生产劳动的另一面仍是由严格的管理控制所构成。今天的放任并不是纵容性的，而是选择性的。那么在今天南厂的劳动治理中，哪些方面较为放任，哪些方面又是严格的呢？

爱德华兹（Richard Edwards）认为工厂中的控制体系（the system of control）——也就是工厂中生产的社会关系——应该被看作三种要素相互协调的方式。这三种要素分别是：“指挥，或者说雇主指导工作任务的方法或机制，尤其是需要做什么、以什么顺序做、以什么精度来做、在哪个时间阶段来做；评估，或者说雇主对生产进行监督和评估的一套程序。其目的在于纠正生产中的错误或其他疏漏、估算每个工人的表现，以及识别哪个工人或哪组工人没有完成任务；纪律，或者说雇主用以奖惩工人的方法，其目的在于获得（工人的）合作以及迫使（工人）服从资本家对劳动过程的指挥。”（Edwards，1989：18）

从第一个方面来看，南厂管理方对劳动过程的指挥是相对缺乏的。从劳动过程的整体管理方面看，在计划经济时期，对生产任务进行指导的重任由生产计划部门承担，并通过“工票制度”“排序派工视板制度”对生产进行管理。而笔者在南厂车间调查期间，曾经遇到一名生产计划科的周师傅，并期待他告诉我现今的生产管理是如何进行的。然而，他却摇摇头说：“我不知道。”他的回应令人惊讶，生产计划科在计划经济时期曾经是南厂的核心科室，负责拟定生产程序、解决生产问题、安排生产时间、控制生产速率等。他怎么可能不知道生产是怎么组织的呢？

周师傅说：

> 生产计划的安排完全是凭经验判断的……以前生产计划科需要技术，现在根本没人钻研技术，领导觉得技术不重要，你看整个车间只有一个调度员——最忙就是他……以前我们还有工票制度，还能通过工票控制生产效率，现在，工票完全是没用的，只有几个工序名。生产到底怎么组织，我也不知道。（非结构式访谈：周师傅）

正如周师傅所说，与班组长和工段长轻松的步调相反，车间调度刘师傅天天忙得焦头烂额，他从不串岗聊天，从早到晚埋头处理桌上厚厚的工票、图纸和各种报表。调度员的工作本应是根据生产计划协助生产管理部门安排在车间的工作，并根据设计更改、物料供应或生产指令等方面的变化，协助工段长、班组长调整具体生产步骤。然而，南厂的调度员却是生产计划在车间层面的制订者、安排者和执行者，他不仅要与工程师和班组长共同研究图纸，而且要填写工票、制定工序、跟进进度，甚至还要参与派工。本应由生产计划科承担的所有工作几乎都压在调度员刘师傅一人身上。而生产部的领导却只知道来车间追进度，这使得刘师傅有时会与生产部的管理人员发生争吵。

从第二个方面来看，南厂管理者并没有对劳动过程进行严格的监督与评估。质检工作能很好地体现出管理者对劳动过程的监督状况，而南厂的质检工作显得较宽松。以压力容器车间的质量检查工作为例，工件的质量通常是由质检员进行控制的，机加工工作组的质检员是56岁的肖师傅，他曾是机床操作工，因工伤失去了左眼后成了质检员。生产过程中的质量检查通常是抽检，也就是等到工人将一批相同的工件全部做好，并上交工票和图纸以后，质检员随机抽取一些样本进行检查。对于那些非常重要且数量不大的工件才会进行逐个检查。而对于操作工来说，如果有些小工件在操作中出现了问题，通常会被直接丢掉。一旦被问起来，操作工会说："我放在这里的，结果不见了，不知道是谁拿走了。"质检员会因为这件事唠叨操作工几句或瞪他一眼，但除此以外，也没有什么惩罚措施——这么大的工厂丢一个小工件是没有人当回事的。当然，如果很大的工件发生了质量问题，操作工就逃不掉了。另外，每个工件都有一定的精度要求，有些工件精度要求会低一些，例如，长度控制在加减5毫米之间都没有问题。对于某些工件，有些轻微的质量问题并没有关系，质检员睁一只眼闭一只眼也就放过去了。但是对于精度要求很高的工件，就会严格一些。关于质量检查，肖师傅说："就看你信不信他们了，信不过，就一件一件查。一件一件检查这么多工件，你怎么做得完？"

从第三个方面来看，南厂车间的生产劳动缺乏纪律和制度的约束。尽管车间门口曾经张贴《6SK生产管理制度》，但是，并没有管理者监督和执行，笔者也没有见到哪个工人因为违反了这些规定而受到了惩罚。结果，6SK 生产管理制度只不过是车间翻新工作的代称，在推行该制度的半个月中，机床被刷上了淡绿色的油漆，而车间中的通道被刷上了深绿色的漆。尽管笔者在南厂档案中看到过几版相当严格的《员工行为守则》，但在车间调研期间，并没有看到哪里有公开张贴出来的劳动纪律。正如前文所述，基层管理者对于督促工人劳动或甄别哪个工人在劳动时开小差、没有认真遵守劳动纪律显得毫无兴趣，他们自己也经常违反劳动纪律。中高层管理者倒是愿意来车间视察生产，但他们有太多其他业务需要处理，并没有时间天天盯着工人。

结果是，南厂工人的生产呈现出较高的自主性。在缺乏工具的时候，他们自行到距离车间 400 米的工具房去取，或者跑到车间办公室找基层管理者索取；如果他们在生产中遇到了技术难题，就自行向其他工人请教——工人经常共同讨论图纸；如果工人完成了工件生产，就自行把工票交给班组长，再通知跟车工把工件搬运到仓库或半成品库。总之，在南厂容压分公司的车间，加诸工人身上的管理和控制并不严格，车间日常的生产过程较为放任。南厂工人的劳动成了自给自足的事情。

尽管南厂管理者对具体劳动过程呈现出放任的态度，但这并不意味着他们的工作压力很小。管理者完全没有闲下来，他们每日都要满头大汗地辗转于办公楼和车间之间，并不断对产品产出、产品质量与生产成本的变化予以跟进，并力图对这三方面进行严格的控制。

第一，南厂的产品必须在客户规定的交货期内完成，否则就要被罚款，这意味着管理者要对产出速度进行控制。2009 年以后，随着国家对经济的刺激，市场环境对南厂非常有利，2010 年压力容器车间的产值目标是一亿两千万元。2010 年，南厂获得的订单已经有五千万，足以做到 2011 年的上半年，并且已经开始跑 2011 年下半年的订单。2011 年，在笔者对南厂副总经理卢先生的访谈中，他说：

> 我们的订单很丰富！今年特别明显，尤其是我这一块（盾构机和压力容器），以往都没有这么多的订单（笑）。今年的订单半年已经超过了去年一年的水平了。今年市场形势大好，我们半年的生产超过了去年一年的产值。像我们现在，钢构、铆焊这部分，还有压力容器，去年都没有这么多。（半结构式访谈：卢先生）

产出控制上的困难与南厂承接了太多的订单有很大的关系，卢先生接着说：

产出很重要！南厂之所以一直做不大，主要是产出有问题。产品没有做出来，每个产品都拖拖拉拉、交不了货，这样经营部也不敢去接货。它往往就是说，所谓生产——如果你的产出比较顺利，很多东西按照合同来交，用户就愿意同你合作的。你总是迟着交不了货那肯定就有问题了。（半结构式访谈：卢先生）

对于南厂管理者来说，产出控制意味着无论如何都要按时把产品拿出来，赶工就成了常态。卢先生告诉我：

工人本身不是很快，所以像我们经常——例如五月份、六月份应付这个生产就专门动员员工，当然也得是他们自己自愿，动员他们（赶工），为了产出，希望他们能够快一点。方法我们一般还是和他们讲道理。我就说如果我们交货期迟了的话，我们可能就获得不了订单，没有多少订单的时候，你们的活肯定就少了，你们的收益也就少了。这个时候大家必须尽心尽力干，要动员，这个东西也是恩威并重，也要威严一点点，没有按期交出来，要扣罚你，就算我不扣你，你也没有奖励了。（半结构式访谈：卢先生）

确实，盾构机的制造周期通常是 4 个月，我在南厂车间的 8 个月间共经历了两次赶工：第一次是 2011 年 3 月铆焊工段的赶工，第二次是 2011 年 5 月整体车间的赶工生产。据工人所说，这样的赶工生产每年至少有两次，多的时候，四五次都有。

第二，管理者在装配环节对产品质量施加了严格控制。2010 年 5 月到 6 月期间，南厂没有接到一份订单，原因是在此之前，该厂产品因为存在过多的质量问题而被客户封杀了。为了重新获得客户的信任、树立南厂声誉，南厂董事长、总经理等高层亲自向客户赔礼道歉，并承诺未来一定要严抓产品质量，再也不出现类似的问题。在这次质量事故后，南厂成立了独立于生产部门的品质部，并为每个生产项目配备一名质量工程师和两到三名对不同工序——下料、铆焊、卷板等——进行监督的质量工程师。品质部部长邓先生告诉我：

质量问题太重要了！生产出废品，对他个人而言可能就是损失几百块钱，但是对公司的损失却是很大的，尤其会导致客户不信任你了，不给你订单了，这是巨大的损失啊……以前平部长是品质部副部长，可能跟他性格有关系，比较弱一点，下现场比较少，他是技术人才，有无损探伤三级资质——那是最高级，但是他不敢得罪人。我下到车间一见到这些问题就马上提出来，以前的时候太松了，松到离谱了。后来客户就彻底失望了，所以才成立品质部。总经理之所以让我管品质，是因为我敢管，我这个人有时候天不怕地不怕。（半结构式访谈：邓先生—1）

质量控制本应是在生产过程中进行，但是这在南厂难以达到，即便南厂专门成立品质部，也无法杜绝产品的质量问题。这令邓先生很担忧，他说：

质量不是检验出来的，而是在生产过程中形成的，不是靠最终检验的。一旦你发现指标超标了，损失就已经造成了，没用的……昨天我就去现场进行了检查，我经常去，但我不可能时时刻刻跟在工人后面啊！（半结构式访谈：邓先生—1）

对国有企业而言，工人对于身边随时站着质监人员极为反感，而劳动过程的抽检又不足以及时发现问题。在这种情况下，总体性的质量控制放到了装配环节——在这一环节，再细小的状况也会浮出水面。这时，有问题的工件会被发给工人进行返修或重做，在质量达标之前，产品绝对不能出货。有些工件会退回给它的生产者，工人这时要为其失误埋单——他不得不加班加点返修所有存在问题的工件；有些复杂的工件则要以“加急件”的形式交给技术能手修复或重做，直到质量完全达标为止。也正因如此，机加工小组每天都会收到这种“加急件”。

第三，管理者还对生产成本进行了严格控制。增加利润、控制成本可以说是南厂管理者在企业经营中最为关注的问题，“全员参与，掀起合建2000新高潮，增收节支2000万”大大的红色横幅在2011年间一直悬挂在车间门口的墙上。该问题还得到南厂直接上级——惠市国资委的严格监督，南厂原总经理欧阳先生告诉我：

> 南厂每年要把年度预算上报，包括经营目标、利润、成本。甚至人工成本他们也要进行控制，整个南厂的工资总额是要报惠市国资委预算、通过他们批准的。（半结构式访谈：欧阳先生–2）

总的来说，南厂的成本控制主要包括两方面：一方面是劳动力用工成本，也就是对工人工资总额的控制；另一方面是对材料成本，也就是对采购过程进行的控制。

改革开放、单位制解体后，南厂管理者就使用“价值”和“成本”来考虑问题，南厂原董事长孙先生一再强调：

> 作为一个管理者，有一个内在规律始终不能逃避，交易成本一定是企业的关键。劳动力作为资源配置，企业一定是要花钱购买的——不管是以什么形式，只要劳动力要花钱买，就有成本的问题在里面。不管你承不承认，我们现在是在搞市场经济，就要用“价值”来考虑问题。（半结构式访谈：孙先生）

成本控制有三种方式：第一种是控制工人基本工资的增速。这种工资控制方式是最为简单的，在实际操作层面上看，就是不给工人长工资。从2001年到2011年十年间，南厂的工人仅仅长过三次工资，第一次是2004年，第二次是2006年，第三次是2010年。直到今天，南厂还有一些工人的月工资是在2000元以下的。第二种是采取新的生产模式。借助珠三角地区发达的劳动力市场，南厂从2001年开始引进成本低廉的外协包工队入厂生产，这样，企业就能够在不增加正式员工、无须缴纳额外社会保险的情况下提高产量；第三种方法是对材料采购进行限制，通过比价制度防止采购员与供货商进行背后交易。

经过上文的论述，我们可以发现，尽管今天南厂工人的劳动状态看上去与“文革”结束后似乎有相似之处，但背后的治理逻辑却是不同的。笔者将南厂这种劳动强度松弛、劳动纪律散漫、劳动管理放任，即对劳动过程缺乏控制，但却对产品产出、产品质量以及生产成本等生产结果进行控制的劳动治理逻辑称为选择性放任。

小结

20 世纪七十年代与改革开放三十年之后的南厂，其劳动过程存在某些相似之处，即劳动过程劳动呈现出放任的特征：工人在生产中具有较高自主性，基层管理者的指挥工作经常被有意无意地忽视、劳动过程的评估也并不严格、工人显然也不愿意严格遵守劳动纪律。但在过去的三十多年间，劳动治理逻辑同样发生了实质性的变化：“文革”结束后，管理制度被彻底推翻，干部的糟糕经历让他们不敢管也不愿意去管工人，这种“放任”是纵容性的。三十年后，企业已经建立了完善的管理制度，《员工行为守则》也在不断翻新，然而，这些制度并未发挥相应的效力。在这种情况下，管理者转而对生产结果进行严格控制：如果生产速度不够快就赶工生产；如果质量出现问题就不断返修；如果生产成本过高就限制支出。从这个意义上说，这种放任是选择性的。

南厂劳动治理的延续和变化似乎并不支持“趋同论”的假设，在激烈的市场竞争面前，国有企业的劳动治理逻辑并没有变得与私营企业或外资企业愈加相似。虽然无论在南厂的档案记载中还是在工人的言说中，我们能够确认管理者在推行现代企业管理制度时的抱负，也看到他们对私营企业和外资企业的羡慕与学习，但治理的结果似乎是难以把控的。传统的劳动状态仍然具有生命力，生活与工作在车间中的混杂至今仍然存在。在第三章中，我们将看到管理者推行了哪些现代企业管理制度，而在第四章中，将会看到工人是怎样积极地与这些管理制度做斗争，以保卫其传统的劳动习惯与劳动权益。

这种争斗呈现出了市场社会主义的矛盾状态：效率与合法性之间的矛

盾。一个融入了全球市场竞争的企业，怎么能够不关注生产效率的提升与利润的积累？而作为社会主义的国家、依靠工人阶级的企业又怎么能够剥削工人呢？恰是效率逻辑与合法性逻辑的冲突，使得种种车间斗争得以可能，而经由这些斗争，“选择性放任”的劳动治理逻辑得以形成。

第三章　现代企业制度与车间权力结构的变化

笔者发现南厂目前的生产过程与“文革”结束后存在相似之处，然而在相似的表象下却是实质的根本性改变。1993 年中国共产党十四届三中全会提出为了建立市场的资源配置的基础性作用，应该建立“产权清晰、权责明确、政企分开、管理科学的现代企业制度”[①]，1999 年十五届四中全会中，该制度被再次强调。1994 年，南厂成为全国 100 家建立现代企业制度的试点企业之一，2000 年，南厂作为广东省现代企业制度的百户骨干企业继续加大向现代企业迈进的步伐。[②] 为了达到现代企业制度的标准，2000 年南厂开始推行新的管理制度，这些新制度的推行对工厂劳动治理的变化产生了重要的影响。

一　企业决策方式的改革

2000 年以后，南厂推行了一系列新的领导班子议事规则，这些规则将管理权力集中到企业的最高管理层手中，而基层管理者和工人被排斥到管理决策之外。最重要的是，在这些制度的规定下，即便关乎工人利益与车间生产管理的制度的建立或废除，也是由几名高层管理者单方面讨论决定的。

（一）《总经理办公会议》制度

“为加强管理，提高工作效率”南厂在 2001 年推行了《总经理办公

---

① “中共中央关于建立社会主义市场经济体制若干问题的决定”，1993 年 11 月 14 日。人民网：http：//cpc. people. com. cn/GB/64162/134902/8092314. html。

② “关于下发我省 2000 年建立现代企业制的百户骨干企业名单的通知”，2000 年《南厂档案》（永久）第 1 卷。

会议制度》，该制度的重要性在于将权力集中在企业高层手中，此后，南厂的重要决策都是通过总经理办公会议制定的。

该制度赋予总经理以极大的权力：

> 总经理办公会议由总经理召集，是总经理在出资公司生产经营管理工作中，对认为需要提交经营班子研究决定的问题而召开的工作会议……办公会议不定期召开，由总经理根据需要决定。办公室根据总经理的指示，负责将会议的时间、地点、主要议题提前通知到会人员，参会者要确保依时到会，因特殊情况不能出席的，要在会前向总经理请假。

除总经理外，该会议的指定参会人员为副总经理和职能部门主管，参会的管理者不仅会讨论“生产经营、技术开发、市场拓展的组织、指挥、协调问题及相关决策；阶段性经济运行、财务运作状况的分析、总结及相关工作部署的调整性决策”，还会讨论“公司的年度经营计划和投资项目方案；公司的发展规划；员工激励制度、工资分配方案；内部机构调整；基本管理制度”，并最终形成决议，由总经理提交董事会决定实施。

（二）《董事会办公会议》制度

董事会办公会议主要是对在总经理办公会议上提出的重要决策进行讨论并安排推行。董事会办公会议的列席人员为董事会成员、财务总监和其他可通知列席成员。需要经由董事会讨论的问题包括：

1、公司经营计划、新产品开发和投资方案；

2、公司固定资产出售的处置；

3、公司对外担保的资金额；

4、审查批准公司总经理提出的公司内部机构调整、设置方案；

5、审议公司中产其发展规划、年度运营计划、收益运用计划，制定公司年度财务预算、决算方案，利润分配方案和弥补亏损方案；

6、审议公司生产经营的重大问题及事项，制定重要的规章制度；

7、审议公司员工工资、福利、安全生产以及劳动保护、劳动保险等涉及员工切身利益问题。

南厂的董事会成员包括总经理、副总经理、党委书记、党委副书记和总工程师。可见，参加总经理办公会议的成员与董事会成员几乎是重合的，所以由总经理办公会议讨论通过的决议往往都能够通过董事会办公会议的讨论。2001 年，南厂召开董事会办公会议 16 次，并在该会议上敲定了各项现代企业制度改革内容。

（三）《党政联席会议》制度

在《总经理办公会议》，南厂的很多决策是以党政联席会议的方式进行讨论的，而新《党政联席会议》则着重对于南厂人事任免进行讨论决定。党政联席会议的参加人员为党委书记、副书记，董事长、副董事长，总经理、副总经理，纪委书记，工会主席，党委委员。需要由该会议研究决定的事项包括：

1、公司董事会体内董事的任免提名建议；

2、公司外派监事会职工代表监事的任免提名；

3、公司领导班子成员人选提名的建议；

4、公司中层党政领导班子成员任免奖惩；

5、公司工会、共青团等群众组织领导班子成员的任免建议；

6、公司中层领导干部的违纪、违规处理；

7、公司副总经理、副书记、纪委书记、工会主席退休建议。

南厂《党政联席会议》的商讨内容是人事任免，实际上党政联席会议的参加者同总经理办公会议、董事会办公会议是重合的。而工会主席从来未有在该会议上为工人争取过什么权益。

（四）《南厂中层班子议事规则》与《中层领导班子成员谈话制度》

南厂中层班子指的是部长以上的管理人员，中层领导班子既包括经营领导班子，还包括党政领导班子。《南厂中层班子议事规则》规定中层领导班子的议事制度为“领导成员办公会议”和“党政领导班子联席会议”。前者规定“领导班子每月最少应召开一次本单位业务办公会议，出席人员为党政领导成员或扩大至相关的业务骨干，会议内容一般为分析存在的主要问题，研究相应对策；总结上月工作，提出下月工作任务，确定工作目标和要求；研究决定本单位重大事项。领导成员办公会议可根据工作需要临时召开。”后者规定“党政领导班子最少每季集中召开一次联席会议，以便互相了解，互通情况，配合处理内部出现的问题，传达上级指示和布置党政工作主要任务等。”需要提交领导成员办公会议讨论决定的事项为：

1、年度工作计划和工作总结；

2、年度资金费用预算，经济指标以及工作发展规划的制订和调整；

3、重大经营订货合同的签订；新产品、新技术项目的立项开发等；

4、员工奖惩办法和内部重要管理制度的制定；

5、重要的改革举措，内部机构的设置、调整和科以上管理骨干的任免，以及员工违法违规行为的处理等。

除此之外，南厂还建立了《中层领导班子成员谈话制度》以“加强对集团公司中层领导班子成员的思想沟通、联系和指导，及时了解中层领导思想、工作状况……指出存在问题、差距，提出要求，完善监督约束机制。”据该制度，在“领导成员工作变动、职务升降、退休；领导成员受到表彰、奖励或批评、处分；领导成员在工作中打不开局面或遇到困难；领导成员对上级指示执行不力或有令不行，有禁不止；发现领导成员在勤政廉洁、思想作风存在问题或群众对领导在这些方面反映较大；班子团结协调存在问题等”情况下，需要同集团公司领导进行谈话。

在 2000 年之前，尽管南厂的管理决策同样是由高层管理者通过办公会议决定的，但并未通过制度化的方式赋予最高管理者决定权，也没有明确地将其他所有人排除在决策之外。而 2001 年后，管理者认为工人和基层管理者无须知道这些制度制定的原因，更无须参与决策，他们作为企业的人力资源配置，只需要按照制度设计被配置到生产过程中，遵从政策规定、执行上级的命令指示就足够了。在以上制度设计下，南厂管理者建立了一套基于“法理”的制度程序，将权力“合法地”垄断于以董事长和总经理为首的少数高层管理者手中。如同刻意密闭的组织黑箱，这些制度使工人和基层管理者难以知晓和质疑与他们利益息息相关的决策。

二 劳动用工制度的改革

南厂现代企业管理制度的施行一方面在于推行了一系列管理班子议事

规则将权力集中在高层管理者手中，另一方面在于通过劳动用工制度改革进一步剥夺工人和基层管理者的权力和权利，进而将他们置于被监督、考核和评价的位置上，当然，最终目的是更高效地将其纳入到企业的整体资源配置中去。从2000年开始，南厂基于对德国SEA公司，以及与其有业务往来的私营企业的劳动用工制度和劳动治理逻辑的学习，推出了一系列与劳动治理方式有关的规章制度。

（一）雇佣关系的变革

尽管九十年代南厂也曾经响应政策号召施行“减员增效、下岗分流”，但是九十年代中后期的劳动合同制与减员增效并没有改变南厂雇佣关系的实质。1998年南厂减员583人，其中325人办理离岗退养，131人办理调动、辞职，实际下岗职工仅有137人，而下岗职工中的58人被安排再就业，所以真正的下岗工人仅有79人，而此时南厂的职工总数是4146人[①]。

如果说诸多国有企业在九十年代经济情况较好的情况下，是出于政治上的考虑，试图通过安排职工“下岗”以符合“现代企业制度”的要求（Hurst，2009）。那么2000—2003年的下岗一方面是因为南厂作为广东省“建立现代企业制的百户骨干企业”之一，需要按照政策要求开始进行改制[②]，另一方面则是因为南厂的经济状况确实很糟糕。时任南厂董事长的孙先生说：

> 当时对南厂的普遍的关心是什么呢？南厂会不会破产……我们确实有一个月工资都发不出了，所以普遍觉得能够拿到钱走人就很不错了。这种情况是客观的，不是我们刻意营造的。我们要倒贴银行好多利息，你就是这个状况，养活不了那么多人了，开门会议就给大家讲清楚，反正饭也没得吃了，你们看着怎么办。（半结构式访谈：孙先生）

---

① “改革稳妥地向深层次推进，下岗分流，减员增效收到了明显效果”，1998年《南厂档案》（永久）第2卷，全公司共减员527人，减幅为10.4%。

② “关于下发我省2000年建立现代企业制的百户骨干企业名单的通知”，2000年《南厂档案》。

在经济情况的倒逼下，南厂开始进行减员分流。在2000—2002年间，南厂共减员2349人①，该厂的职工总数从2000年的3835人减少到了2003年的1486人。而且，被安排下岗甚至解雇的职工不仅仅是工人，还包括基层管理者，甚至某些中层管理者。

更重要的是，这次下岗是管理者对雇佣关系进行彻底变革的强烈信号。南厂管理者认为有一种情况需要改变，即“我们有的员工观念上仍然停留在计划经济阶段，有的自怨自艾，未能振奋精神把自己作为一种有用的资源投入到企业的目标追求中去”。在2001年职代会上，南厂董事长说：

> 市场经济的一条基本原则是等价交换，对于员工来说，就是要用自己的诚实劳动来换取合理的报酬。在市场经济体制下，干多少活拿多少报酬是合理的，那种少干活多拿报酬，不干活也要拿报酬才是不合理的。既然现在是实行市场经济体制，就应按照市场经济的原则或“游戏规则”办事。

“下岗”一直以来被看作国有企业生产关系发生根本性转变的标志，意味着工人“主人翁”身份的丧失、雇佣劳动力身份的建立（佟新，2002；Blecher，2002；Chen，2003；刘爱玉，2005）。谈起下岗，南厂大部分工人说“那时候想走的走不了，不想走的却不得不走”，工人无法决定自己的去留，也就意味着他们不仅不再享有权利，而且丧失了权力，成了被企业摆布的人力资源。

（二）工资制度的改革

2000年，南厂“为了按照劳动法和现代企业制度的要求，将企业对员工的报酬规范化，进一步体现员工在各个岗位上的劳动价值”，而“参照惠市劳动力市场的指导价格”制定了全厂的岗位工资标准②。在此之

---

① 其中，2000年减员分流1287人，2001年775人，2002年287人。

② “务实管理基础，狠抓经济效益——在南厂第十九届五次职工代表大会上的报告”，2001年《南厂档案》（永久）第10卷。

前，南厂实行的是全浮式计件工资制度，这种工资制度为管理者带来了很多麻烦，时任总经理的欧阳先生说：

> 计件工资的弊端在于庞大的统计系统，算起来非常复杂。岗位工资的好处在于没有很庞大的结算系统，它也有一个涨工资的机制，按照考核办法一级一级上来。（半结构式访谈：欧阳先生—1）

对于管理者来说，简单的工资体系更能契合市场要求，降低交易成本、提高资源配置效率，正如欧阳先生所说：

> 作为管理者，有一个内在规律始终不能逃避，交易成本一定是企业的关键。劳动力作为资源配置，企业一定是要花钱购买的。工时定额考核的管理成本是非常巨大的，我当时算了一下，一搞70多个人就进去了。这种工资体系的资源配置效率很低，天天为工时吵得不可开交！不宜和市场接轨，劳动力的价格应该是双方契约定下来的，你别搞那么多麻烦的。（半结构式访谈：欧阳先生—1）

市场化的契约关系需要将劳动力的价值清晰化和规范化，在这个需要下，南厂推行了岗位工资制度。岗位工资的计算方式极其简单，仅由岗位工资与加班工资两部分组成。不同岗位的工资标准则是南厂根据市劳动力市场的该工种工资水平结合企业自身情况制定①。南厂工人曾经享受的各种津贴被悉数取消了②。

在南厂基层推行岗位工资制的同时，高层领导实行了年薪制，而董事

---

① “主体车间岗位工资实施方案”，源自2001年《南厂档案》（长期）第3卷。

② 包括“夜餐津贴、上下班交通费、清凉饮料费、独生子女保健津贴、房租补贴、住房公积金、劳动模范荣誉津贴等待遇按集团公司有关规定执行。工种津贴和高温保健费及其他专、兼职岗位补贴，纳入岗位工资标准内，不再单独发放。”源自“主体车间岗位工资实施方案”，2001年《南厂档案》（长期）第3卷；“各单位按集团公司有关工资分配方案或内部分配方案规定每月发放员工的收入（指工资总额组成项目及部分非工资性项目的收入，下同）以及其他一次性奖励等发放数，均必须全部列出，随同员工月工资发放表一次性办理发放。”源自“关于重申做好员工收入发放和缴费工资（工资总额）审核、登记工作的管理规定”，2001年《南厂档案》（长期）第3卷。

长的年薪则直接由市国资委机电工业资产经营公司计发，2001年董事长年薪为7万元[①]，2006年则涨到28万元。在2006年，工人平均年工资为2万元，基层管理者平均年薪为3万元。在车间，那些拿年薪的与拿岗位工资的人被区别开来，是否拿年薪成为工人判定一个人是否是“领导”的标准。

（三）绩效考核制度的确立

此次岗位工资同过往八级工资制度的区别不仅在于对各种工资外津贴、奖金、福利的取消，更重要的是严格的考核制度。在职代会上，管理者强调了这次岗位工资的不同之处：

> 我们希望广大员工明白，新的岗位工资制实施的前提条件是严格的考核，切不可以为是走回头路，用以前“干多干少一个样”、“干与不干一个样”的陈旧观念来对待工作……如果经过考核工作的质和量没有达到要求，那只能少拿点报酬……只有严格按制度实行严格的考核，工作才有压力和动力，才会出效率和效益。[②]

绩效考核制度分为《主体生产车间员工绩效考核管理办法》《集团公司职能部门员工绩效考核管理办法》和《集团公司经营部门员工绩效考核管理办法》并下发《岗位职责》作为绩效考核的依据之一。在生产车间，从生产岗位和辅助生产岗位人员、后勤服务岗位人员到管理和技术岗位人员全被纳入到了考核体系中。也就是说，工人要由工段长来考核，而工段长等基层管理者也要受车间主任，即南厂副总经理的考核。

生产工人绩效考核内容包括：工作技能、履行职责和工作态度、工作效率、工作质量、劳动纪律、安全生产、工艺操作规程和设备管理等八项。基层管理者考核内容为履行职责、岗位性质、组织协调、执行计划、

---

① “关于南厂产权代表2001年度基本年薪确定的通知”，2001年《南厂档案》（长期）第3卷。

② “务实管理基础，狠抓经济效益——在南厂第十九届五次职工代表大会上的报告”，2001年《南厂档案》（永久）第10卷。

工作预见性和解决问题能力、工作主动性和协作精神、工作效率、工作质量等八项。其中，每一项下设五个等级，分别对应五个分值，以机加工工人工作效率考评为例的考核标准如表3—1：

表3—1　　机加工工人工作效率考评表

等级	1—优秀	2—良好	3—满意	4—较差	5—不满意
行为表现	非常出色	比组织期望水平高	达到组织的期望	比组织期望水平低	不符合组织期望
评价标准	明显快于上级领导或主管给定的计划完成时间，且达到质量要求，有提高工效的办法	稍快于上级领导或主管给定的计划完成时间并达到质量要求	能按时按质完成上级领导或主管交给的工作任务	明显慢于上级领导或主管给定的计划完成时间。不懂得如何提高工效	小、慢、差、废的综合体现者，经提点和帮助也难以改进
分值	120	100	75	50	20

该制度规定每月工人由其上级工段长进行考核，而工段长则由生产部长或该级别以上的管理者进行考核，并于计发工资前公布考核结果，并据此调整员工工资。2002年间，根据考核结果，有20名员工被降级处理，而在其后，几乎每个工人都因为各种原因被扣罚工资或降级。

（四）《员工行为守则》的推行

除了绩效考核，南厂还于2001年重新制定了《员工行为守则》[①]，并于2005年对《员工行为守则》进行二次印发，又于2006年新增设了两条守则[②]。2001年制定的《员工行为守则》将员工违反守则的行为分为A、B、C三类，并作为执行纪律管理的依据，具体请见表3—2：

① 南厂1995年曾经制定过《员工行为守则》，但是一直都被束之高阁。

② "关于印发《员工行为守则》的通知"，2005《南厂档案》（短期）第11卷。

表 3—2　　违反《员工行为守则》的三类行为及处罚方法

	表现	处罚
A 类行为	每月迟到三次；上班五分钟内未进入生产；上班时间吃早餐；串岗、睡觉等……	每次罚款 50 元，从工资中扣罚；2 次 A 行为，降一级工资。
B 类行为	旷工 1 天、早退、代人打卡、消极怠工、不服从安排、打击报复他人等……	每次罚款 100 元，并降一级工资；2 次 B 行为，降两级工资；3 次 B 行为，解除劳动合同。
C 类行为	旷工 15 天、打架、工作渎职造成公司重大损失、恐吓威胁上司、打击报复造成恶性后果、违反计划生育等……	解除劳动合同

尽管《员工行为守则》“适用于与南厂建立劳动关系的员工”，但是在管理者口中，员工指的其实是一线工人和基层管理者。实际上，守则规定员工的行为应该由上级监督，但因为基层管理者也处于被监督的位置，他们大都自顾不暇，所以实际上对守则进行监督实施的是中高层管理者。

新出台的《员工行为守则》每类行为后面都加有一条“其他应列为此类的行为”，这一条使得将对职工各种行为进行定夺的权力交给了中高层管理者。在《员工行为守则》实施初期，对于工人工作的时候是否需要穿厂服、毛巾可否挂在机床上、可否在操作机床时吸烟、工作期间可否坐着，管理者也会以《员工行为守则》为由进行干涉和控制。但与此同时，管理者的行为并没有受到工人的监督与约束。

三　车间权力结构的变化

南厂的决策都是由高层管理者设计和制定，中层必须成为企业制度的忠诚执行者，而其他人都成了被考核者。这些规章制度在拿年薪的管理者与拿工资的被考核者之间划定了一条泾渭分明的线，南厂的现代企业制度试图严格地限制权力僭越的可能性。上述这一系列管理制度的出台旨在扫除旧有制度残留、割计划经济时期的尾巴，将工人与基层管理者塑造成为完全依据制度、服从于更高管理者的工资劳动者。在这些制度的制定和推行下，南厂车间的权力结构和基层行动结构也在被重塑。

（一）基于庇护关系的派系结构

在计划经济时期，国有工业企业中的权力结构是基于庇护关系的派系结构。“庇护法则”源于戴慕珍对中国农村地区国家干部与群众之间发展起来的庇护主义的研究（Jean Oi，1985；Jean Oi，1989）。她认为，在计划经济时期，大队领导能够影响个体农民们的收入机会、消费品、稀缺品和集体福利，进而造成农民在经济上依附于他们所在的生产集体和大队领导。工业企业中的“庇护关系”指的是工人与领导之间的“上下级的施恩回报的关系”（华尔德，1996：192）。华尔德认为，国有工业企业中产生了一种从党委自上而下，由混杂着个人忠诚、制度角色、物质利益各种因素组成的交织密集的施恩回报关系网络。在这种网络中，积极分子通过对领导的忠诚，以交换各种福利和提拔机会，而这种纵向的庇护关系使派系结构非常容易出现。李猛等人认为，派系结构是单位内基本的利益结构，亦是单位内基本的行动结构，并被不断地再生产出来。只要领导之间存在分歧和不满，他们就会各立山头，甚至导致几乎是公开的斗争。群众也不存在华尔德所说的同时面对任何领导的积极分子，隐藏于积极分子表象下的是他与某位上级领导的派系关系。当单位领导准备贯彻自己或上级的意图时，除了按正式权威途径组织成员行动外，更重要的是通过交换、许诺、命令等方式动员自己的派系力量，依靠他们来实现目标。这样，便构成了“上下延伸、平行断裂”（李猛等，1996）的权力结构（车间中的派系结构请参看图 3—1）。在这种结构中，中高层领导、基层领导和工人三者互相需要、互为依赖。中高层领导需要通过各种途径动员在组织各等级中自己派系的力量来达到自己的目标，这使得他们更容易贴近群众。中高层领导对群众拥护的损失意味着他可能会输给竞争对手。“文革”时期，南厂铆焊车间的党支部书记因为曾经在晚上爬到吊车上看工人有没有提前下班，被群众说他“阴损”，其竞争对手正是利用这点，在“文革”时期发动群众，在他脖子上挂了“牛鬼蛇神”的牌子进行批斗。

南厂在九十年代中后期，尽管存在较为明显的派系斗争现象，但是这些领导对工人却是很好的——下级是要去争取和拉拢的对象，而且提干的时候需要考察候选人的群众基础。结果是，尽管中高层之间存在矛盾，但他们对一线工人都保持着一定的尊重。

2000年以后，南厂总经理是由董事长任命的，这使得南厂最高管理者的意见基本能够保持一致。中层管理者亦不再是从车间提拔的，而是聘用经由党政联席会议提名、并有研究生学历的职业经理人，这切断了工人和基层管理者向上流动的机会，导致纵向派系结构的瓦解。在这种情况下，即便是不同管理者意见不合，但缺乏基层管理者和工人的支持，派系结构也不再能发挥作用了。

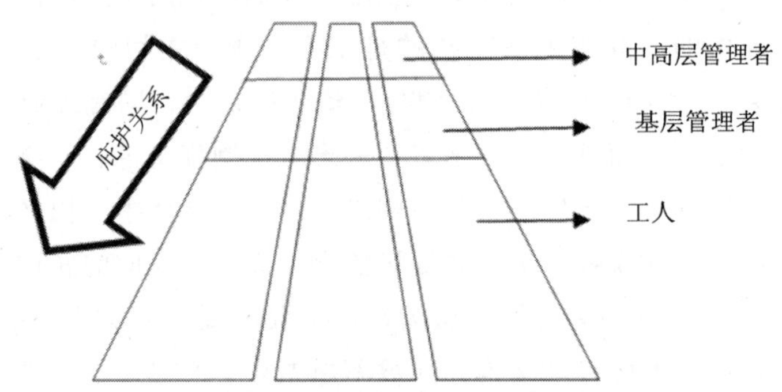

图3—1 基于庇护关系的车间派系结构图

（二）二元分化的车间权力结构

南厂现代企业制度推行后，车间中诸如工资发放、劳动纪律、生产指令等权力完全集中在中高层管理者手中，而工人与基层管理者需要严格按照上级要求行事，成为被监督和考核对象，笔者将这样的权力结构称为二元分化的车间权力结构。在这种结构下，基层工人与各级管理者的关系较为对立，而基层管理者则处于之间的夹缝位置（见图3—2）。

1. 工人与中高层管理者的关系

国企工人欢迎怎样的管理者？蔡禾认为国有企业职工对价值理性权威的认同水平较高，这样的领导处理问题公正、以身作则、有良好的道德品质、关心下级的生活和困难、不谋私利（蔡禾，2001）。对于南厂工人而言，他们心目中的好领导不仅要有力挽狂澜的能力，而且要心系群众、平易近人。甚至，管理者与群众关系的好坏，是工人评价管理者的重要标准。现代企业管理制度推行后，一方面，管理者与工人的收入拉开了距离，另一方面，各项规章制度的出台强化了车间内的等级关系。这使得工

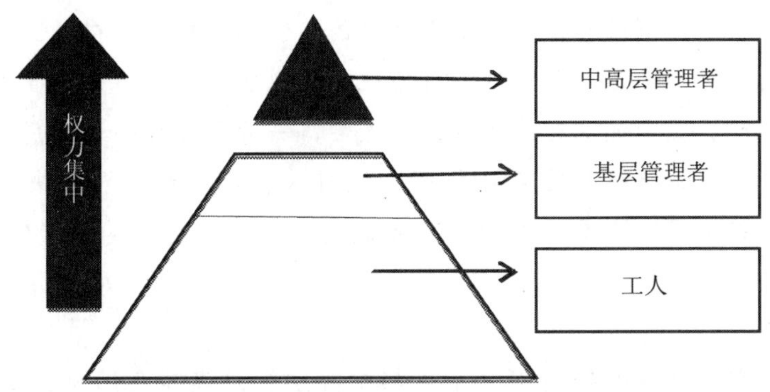

图 3—2　二元分化的车间权力结构图

人对中高层管理者感到既失望又反感。

2007 年，南厂搬至新厂区后，车间与办公楼在空间上被远远隔开。一方面，这种空间结构强化了工人与管理者之间的等级差距；另一方面，工人去办公楼找管理者反映问题变得很不方便，客观地减少了工人与管理者之间的交流与互动。当然，管理者经常去车间去视察和组织工作，但是，这并不会拉近劳资双方的距离，恰恰相反，这反而显得管理者无时无刻不在监视工人劳动。正因如此，在车间，工人总是会躲着管理者。

有一次，笔者跑到仓库去拿东西，恰好碰到钳工张师傅，便同他和仓库保管员珍姐聊起天来。笔者饶有兴致地和他们介绍进厂时的安全生产培训，张师傅乐了，说："他有没有说见到领导要走远一点？啊哈哈哈……"张师傅接着说："告诉你，领导一眼就能看出来——看他走路的样子，像吃人一样!"接着张师傅就站起来学了一下，这时候，珍姐说："但是张立能不是这样子，他是这个样子的（站起来学他走路）！哈哈……"张师傅接下去说："快要死的样子！"然后转过头来告诉我："张立能是她们部长。你还有很多官要认识，一年认识不了这么多领导。"

管理者表现出的傲慢姿态也令工人感到反感——即便管理者也是无意的。吉师傅一直都是积极分子和骨干工人，但他说自己不喜欢现在的领导，他告诉笔者：

我在南厂三十八年了，总觉得钱是现在多了，但是"人"已经不见了。以前领导人性多一点，和我们关系好一点。不像现在的领

> 导，板起这个脸孔，我们都很反感的！我们现在如果在沙园遇到了以前的领导，都是很要好的，打招呼啊。现在的领导不是，看见都不想打招呼。就是说现在的领导没有人性，一天到晚都……不想给他打招呼！老的领导也觉得现在的领导没有人性。见到工人应该尊重人家嘛！打个招呼也不用力气，现在连个招呼也不打。（非结构式访谈：吉师傅）

可见在新制度的推行下，工人与中高层管理者难免日渐疏离并心生藩篱。

新制度推行后，中高层管理者将各项管理权力收归手中，并参照规章制度对工人进行了严格的考核，这导致他们与工人之间的社会距离和心理距离迅速扩大。此后，工人眼中的基层管理者不再是对自己进行庇护、和蔼可亲、关心下级的家长式人物，而变成了自以为是、不尊重工人、傲慢冷漠、严厉苛刻的“官大人”。国有企业中的劳资双方变得心生藩篱、日渐疏远。

2. 工人与基层管理者的关系

工人对工段长、班组长等基层管理者既感失望又无奈。工人的这种态度首先是因为现任的班组长的技术水平不够好。吉师傅在八十年代曾经做过班组长，他告诉我：“以前的班组长技术都是很好的。起码你工作上、生产上比人家做得快、做得好，你才能说服人家嘛！尤其是低级的工人，你要教人家怎么做。你要比他们高级一点才行。现在的班组长技术太糟糕了——当时领导要提拔年轻人嘛，就提拔了他们。”而现任班组长显然做不到这一点。机加工班组长孟师傅是车床操作工出身，他对其他机床并不了解，所以经常受到工人嘲笑。另外一个很重要的原因是，现在的基层领导已经没有能力也没有胆量为手下的兄弟们代言了，本书第五章会着重分析这一情况。

工人最不喜欢的基层管理者是工时定额员。改革开放初期，南厂推行计件工资制度的时候，工时定额员就是车间中最遭工人反感的人。很多有能力的老技工都拒绝承担这份工作。领导曾经希望车间调度刘师傅做工时定额员，刘师傅说那份工作随时都可能被人打的，自己心脏已经支了 7 个支架，如果心脏病发作，谁能担起这个责任？吉师傅也拒绝过做工时定额员的请求，他说：“这份工作不好做。面对着下面的工人，你给得少，工人肯定有意见，你给得多，领导有意见，工时是没有办法给准确的。”不管多受欢迎的人，只要成为工时定额员，立刻就成了工人的对立面和敌人。操作工从来不会给工时定额员好脸色——如果工时定额员在机床边站得太久，操作工就会极不耐烦地驱赶他，如果工人得到的工时不合适，他们一定会和定额员吵架、甚至动手。

3. 基层管理者的尴尬处境

对于什么样的基层管理者才算合格，管理者同工人的意见极其相左。南厂副总经理卢先生说：

> 班组长的工作一个是小组内部派工，其二是和生产部接头、接触。例如我们生产部每月或每周布置新任务的时候，都会叫他们来，派给他们哪些活、怎么干，来了材料，组织也要负责接收……我们要的小组长是能够主动地接任务、按时按量地完成任务。但是，班组团结也很重要，如果你跟我斗气、我跟你斗气，出现这种情况就把班组长撤掉，因为这个班组长根本就没有能力来领导这个班组。（半结构式访谈：卢先生）

但是对于工人来说，班组长应该是劳动中的领导者、工人意见的上诉者、工人的庇护者，但是班组长不应该管制工人。在工人看来，基层管理者只有两种：“帮着工人的”和“不帮工人的”，若他们帮着工人，就是好的。

基层管理者对自己的地位也感到尴尬和无奈，生产任务要通过班组长下压，工人的不满要通过调换班组长来解决，上级的怨气也是经常冲着班组长或工段长来发泄。他们不敢庇护工人、不敢顶撞上级，因为他们是由上级进行考核、任命的，但他们也不敢扣罚工人，因为扣罚工人会导致派工上的困难，甚至手下工人怠工。不仅如此，以往工段长和班组长还有向上流动、被选拔到更高管理岗位的可能性，但是现在他们几乎不可能受到提拔——工段长以上的管理者都要具备一定的学历条件，这些是现任基层管理者不具备的。加之基层管理者的工资水平也非常低，他们对于中高层管理者愈发不满，并身处尴尬的境地。

（三）基层行动结构的变化：从自我消解结构到自我聚合结构

自我消解的行动结构意味着，在权力纵向分化和利益不一致的情况下，人们彼此成为彼此利益获得的阻碍。在张兆曙的研究中，他发现，当相互牵制的行动普遍发生于多个互不相关的具体问题上时，意味着单位成员之间缺乏"固定群体的稳定共识"，从而无法实现不满情绪的结构性积累，最终使单位成员丧失了与决策者的博弈能力（张兆曙，2012）。而自我聚合的行动结构则意味着，在权力高度集中的情况下，被管理者的处境（状况）愈加趋同，彼此成为彼此利益获得/对抗权力的支持（条件）。现代企业制度改革前南厂车间内以庇护关系为基础的派系权力结构造就了自我消解的行动结构，而在目前南厂车间二元分化的权力结构下，基层利益情况趋向一致，工人与中高管理层的对立加剧，基层管理者和与中高层管理者的冲突增加，则促进了不满情绪的自我聚合。

1. 计划经济时期：利益竞争与自我消解的行动结构

不同于总体主义、集团政治主义的分析，华尔德给予共产党政权的稳定基础以"社会网络"的解释。在"社会主义社会契约"（Lee，2007）与"组织性依附的情况下"（华尔德，1996），单位承担了重要的资源分配责任，并且是个体获得生活资料与各种机会的唯一途径。

综合后续单位制研究者的分析，我们可以认为在计划经济时期，人们虽然也存在各种各样的冲突和不满，但却没有形成"不满情绪的结构性积累"（张兆曙，2012），更不用说导向集体行动，这是与以庇护关系为基础的派系结构有很大关系的。

一方面，工人中积极分子与非积极分子之间的分裂"制造了一个结构性的障碍去阻止有组织的工人反抗"（华尔德，1996：276）。华尔德认为积极分子和非积极分子的身份地位差异是共产党社会的工厂里最具政治重要性的社会结构分野，"工人的这两个派别的关系打上了'我们'和'他们'之间油水不相容的深深的印记"（华尔德，1996），两者之间的政治、社会鸿沟甚至引发出了公开的对立，甚至暴力。

吉师傅长久以来作为南厂机加工工作组的骨干分子也曾有过不愉快的经历，他曾告诉笔者：

你还没有来社会上，很多事情你不知道的。社会上的事情很复杂，工厂里也特别复杂。很多时候，你根本就没有做什么事情，但是别人也会中伤你，因为他们妒忌你，很多人都有妒忌心的……我的一个同学，以前我们是一个班的，下乡的时候在一个生产队，我是宣传干部，他是普通农民，到了工厂，他做热加工——锻工，我做冷加工——开机床，我知道他嫉妒我，要在背后整我。后来他给我写了一封信——他不好意思直接和我说，他信里写了以前是怎么整我的。他说很对不住我，希望我不要放在心上。后来，他退休后给我说，"哎……我们上学的时候，你是班干部，我是普通学生，我们下乡的时候，你是队里的宣传干部，我是做农民，我们到了工厂，你做冷加工，我做热加工，你还是好过我。"我说，我自己做得好，也不是我自己想的，是领导提拔我、看得起我，是领导选的我，这就是机会了，这些机会我都赶上了，而且我也肯干，我从来不偷懒，也不去计较钱多少，反正领导给我干，就是信任我，我自然就会好好干……（非结构式访谈：吉师傅）

新制度推行后，中高层管理者将各项管理权力收归手中，并参照规章制度对工人进行了严格的考核，这导致他们与工人之间的社会距离和心理距离迅速扩大。此后，工人眼中的基层管理者不再是对自己进行庇护、和蔼可亲、关心下级的家长式人物，而变成了自以为是、不尊重工人、傲慢冷漠、严厉苛刻的"官大人"。国有企业中的劳资双方变得心生藩篱、日渐疏远。

无论骨干工人还是普通工人对这种分野的认识都很清楚，工人们会相互竞争以获得领导的青睐，这使得他们的不满情绪针对的往往是彼此，彼此的利益诉求是相互牵制和抵消的。

另一方面，从更高层面来看，单位职工的利益是由其所在集体[①]进行组织并向上传达的，然而不同组织的利益经常是相互竞争与彼此消解的。作为资源分配单位的国有企业，某个集体利益的增加或造成其他集体利益的减少，个体利益不是以阶级或阶层为基础进行组织，而是以集体、单位

① 如班组、工段、车间、部门等。

为基础进行组织的，冲突也是发生在派系与法团之间的。例如，计划经济时期，班组之间通常是竞争性的关系，机加工的徐师傅告诉笔者：

> 以前我们是要评先进班组的，那是有奖金的，有一百多块啊，要整个班组一起去评。先进班组有个一二三等奖，评选要很多指标：生产纪律、产量、质量等。评选的时候各个班组聚在一起，大家开会领导来评。那个时候争议是班组之间的，我这个班组任务完成得怎么样，尤其是劳动纪律怎么样，如果你的班组被人盯到有旷工，有违反劳动纪律，或者早下班，以前还有违反了计划生育的，那你们肯定就没份了。其他班组肯定都盯着你的！（非结构式访谈：徐师傅）

张静对职代会的研究显示，“基层成员通过行政所辖干部转达利益诉求，同时接受他们的行政管理”（张静，1995），在这种结构中，纵向的领导关系得到了加强，而横向的团结则受到了破坏。这种结构“客观上限制了民众需求的提升——从分散的、福利性的需求提升为普遍的、权利配置的需求。”（张静，1995：205）

2. 现代企业制度推行后：利益共识与自我聚合的行动结构

现代企业制度的建立使得积极分子与非积极分子之间的差别消失了，基层管理者与工人之间的庇护关系不复存在，一系列旨在剥夺基层权力的举措使得车间基层职工的生活、工作状况愈加趋同：

第一，各种福利津贴的消失。福利津贴的消失不仅使工人不再享受特殊工种津贴和营养餐，班组长的管理岗位津贴也随之取消。车间医务室和救护车的取消同时危害了生产工人和车间管理者的工作安全。

第二，相对过低的工资水平。工人和基层管理者工资水平差距的缩小，基层工作者工资水平与中高层管理者年薪差距增加是南厂收入状况的两个趋势。笔者在南厂车间调研期间，无论是骨干工人、普通工人还是基层管理者都在抱怨自已的工资低。

第三，生产者在生产中地位的下降。不仅工人需要严格遵守《员工行为守则》，基层管理者的自由也受到严格限制。不仅工人会受到管理者扣罚，基层管理者也常常被抓。工人的意见不被管理者所重视，而班组长为工人反映的意见亦不再为管理者所重视，班组长自身的意见同样不被管理者理会。中高层管理者在车间显得一家独大，其他所有人只需按令行事。

工人之间的利益共识是建立在利益共同受损的基础上的，任何人对权力的抵制亦会有助于其他人免受其难，例如若有的工人在车间吃零食，其他工人也可以此作为自己吃零食的借口，并认为法不责众。另外，尽管工人和基层管理者之间的利益存在诸多不一致，但是他们对中高层管理者的态度却是一致的，这也使得基层管理者成为整个车间生产中最为倦怠的环节。

在这种情况下，“积极分子——非积极分子”分化逐渐不再重要，彼此曾经存在的结构性冲突逐渐消失，骨干工人和其他工人变得相互同情；基层管理者亦不再承担基层利益组织者的角色，他们不愿配合中高层管理者，对生产置若罔闻。笔者在南厂的这段时间，工人和管理者处于利益上的零和状态中：工人认为自身利益下降的一定是因为管理层的腐败或者管理者窃得工人的劳动成果所致；生产问题一定是源于管理层的决策失误，他们要为各种失败承担最大的责任；效率低下一定是管理层的责任，除了他们，无人需要为生产而担忧；若个别工人工资过高，一定是管理者偏心所致；但凡有争吵，一定是管理者的错。而管理者也并不重视工人的劳动，一旦工人抱怨工资太久没有涨时，他们就回应：大家努力工作，企业得到发展以后，工资自然就涨了。而工人看到的结果却是，企业在不断发展，产品越来越多，工人的工资依然没有变化。二元分化权力结构的客观结果是工人和基层管理者对中高层管理者的诟病，这种结构是工人对企业诸多管理制度进行共同抵制的基础。

小结

本章讨论了在现代企业制度的推行中，南厂通过对企业决策方式和劳动用工制度的一系列改革，将车间权力垄断在中高层管理者手中，而基层——无论是基层管理者还是工人，都处于被管理、被控制和被考核的地位。

通过与计划经济或者说现代企业制度改革前状况的比较，可以看到在这些改革措施和规章制度的推行中，车间权力结构从以庇护关系为基础的派系结构转化成为二元分化的权力结构。派系结构不仅制造了工人群体内部的分化，还制造了各个集体之间的分化。个体的利益诉求以集体为载体，通过班组长、工段长或车间主任等向上传达，这使得车间的矛盾和冲突是以纵向的法团主义方式进行组织的，而不同群体和单位之间的利益是相互矛盾和彼此竞争的，这使得基层职工很难形成一致的利益，也不会形成统一的行动与管理者对抗。而在二元分化的权力结构下，基层职工的生产生活状况逐渐趋同，派系冲突不复存在，与此同时，他们与中高层管理者的权力差距逐渐拉大。工人利益共识是建立在他们对利益受损的共同体验上的，这在客观上形成了自我聚合的行动结构。在二元分化的权力结构下，无论是工人还是基层管理者，都开始认可一种利益增减的零和状态：中高层管理者权力与利益的上升一定是建立在自己权力与利益减少的基础上。

现代企业制度的推行有两个深刻内涵：其一是生产关系的根本性变化，这意味着国有企业从“全民所有制”企业转变为“国家所有制”企业，即从生产资料全民所有制转变为生产资料的国家所有制，以更好地适应市场经济的需要。其二是通过推进制度的明晰化与规范化，对企业内的权力结构进行调整，以改变生产中的关系，解决人浮于事、效率低下等问题。现代企业制度的推行深刻地影响了国有企业车间内的权力结构，而这构成了南厂车间中各方博弈的基础。讽刺的是，分散的权力结果带来的是管理者权威的保持，但现代企业制度推行后，在集中的权力结构下却是管理者权威的丧失。

选择性放任的生产体制是在现代企业制度在国企大力推行的预料之外却情理之中的结果。为了实现提高企业运行效率、快速获得利润的目的，现代企业制度改革要求由受过培训的职业经理人对生产进行管理和控制，这种组织结构使得权力高度集中在中高层管理者的手中，由他们来制定企业目标和生产方式。对结果的片面重视要求生产组织和管理尽量简单化，这种由规章制度定义的简单化意味着除了几个进行决策的中高层管理者以外，其他人成为完成目标的工具。管理者对工人的忽视使工人感到不满和愤怒，管理者给予基层管理者的压力又使他们感到不满。

车间权力结构的转变是选择性放任生产体制的结构性基础，亦是工人、基层管理者和中高层管理者三方博弈的基础。与日俱增的经济和权力差距令工人和基层管理者意识到他们与高层管理者之间的经济、身份与地位的鸿沟。不满以各种各样的方式表现了出来，并形塑了南厂选择放任的生产体制。

第四章　国企工人的道义观念

陈峰（Feng Chen）在对国企改制和工人抗争进行研究时认为，集体下岗、更苛刻的工作条件、管理层腐败都有可能引起工人的集体行动（Chen，2003）。但显然并非所有国企工人都会选择集体抗争。李静君（Lee，1998）在研究中发现，国企工人的经验是碎片化的，有些工人的体验是被社会主义所背叛（Socialism Betrayed），有些工人的体验则是社会主义转型了（Socialism Transformed），还有一小部分工人的体验是被社会主义解放了（Socialism Liberaterd），从这个意义上看，那些依然留在国企的工人面对转型时的反应恰恰是“集体懈怠”（collective inaction）——这种懈怠意味着他们既对劳动没有兴趣，也对反抗没有兴趣，他们似乎没有动力去进行任何行动。在九十年代，他们既没有像下岗工人那样为了生存奋起抗争，也不像初从农村来到城市的农民工那样奋力工作，他们像被突来的转型冲昏了头脑、像陷入了茫然、又像在等待着什么。但是，上述研究放到今天都值得质疑。

时光荏苒、白驹过隙，更深刻的改革如期而至。现代企业制度与车间权力结构的剧烈变化深刻地影响了任何一名国企工人的生活和工作境遇。那些历经国企改革依然还留在生产车间的工人们是如何面对这种深刻的社会变迁？他们将默默地接受改变？会奋起抵抗？还是以他们的方式改变其所面临的生活和工作境遇？总之，国企改革后，工人的行动逻辑是怎样的？他们的行动又是怎样形塑了国企劳动治理逻辑？

要探讨这些问题，我们需要从三个方面入手进行分析：首先，我们需要了解南厂工人在市场转型前的工作境遇；第二，我们需要了解市场转型、国企改革到底使国企工人的工作境遇发生了怎样的改变；第三，我们需要了解国企工人的道义观念，以判断他们对这些转变的认知和体验，以及他们对未来的要求。通过这三个方面的分析，我们才能够定位工人的行动取向——是无奈地接受企业的安排，是走向集体行动，还是以其他方式改变车间劳动秩序，获得他们所希冀的工作生活方式。

一　国企工人的光辉岁月

（一）工人在生产中的地位

华尔德将计划经济时期中国工业组织中的权威关系称为“新传统主义”（华尔德，1985）的，而李静君进一步将这种劳动体制称为“组织性的依附”，即工人在社会上和经济上依附于企业，在政治上依附于党，而在人身上依附于上级领导（Ching Kwan Lee，1999）。布洛维则毫不客气地批评了华尔德，认为“新传统主义”观点存在三方面的问题：

第一，在没有对经济材料进行收集的情况下，他就宣称“新传统主义”模式适用于分析所有社会主义国家；第二，华尔德深受意识形态影响，认为资本主义企业中并没有被庇护关系、任人唯亲所左右。实际上，美国的工厂体制比社会主义时期的匈牙利工厂更接近他对中国的描述；第三，华尔德并没有将导致“新传统主义”的社会、政治、经济力量系统化。

他认为，华尔德其实只是描述了国家社会主义下“官僚专制主义”体制的特征。在官僚专制主义体制下，管理者垄断了消费品，并使用这些消费品去奖励那些积极分子，这些积极分子会更加积极地投入生产，他们为其他工人设立了需要奋力追赶的定额，或者负责监督普通工人（Burawoy，1992：31—33）。但实际上，“组织性的依附”并不必然带来“官僚专制主义”，这是因为以下三个原因：

第一，“短缺经济”使得工人必须被赋予较高的生产劳动自主性。相对于市场经济，计划经济被称为“短缺经济”，在这种经济情况下，生产资料的短缺是常态。工业生产企业总是面临难以按时、按量获得生产资料的情况，生产者不得不通过“强制性替代”解决短缺经济带来的问题（科尔内，1986）。在这种情况下，生产总是需要面临时不时地改变，这要求工人具有很强的随机应变以及即席创作的能力（Burawoy，1985）。南厂属于国家核心工业生产部门，既要进行“多品种、小批量”生产，又能够对成套设备进行生产的工厂，其生产任务门类繁多、产品种类多样，上有氢弹上天所需装置，下有核潜艇必备零件等。在这种情况下，工人必须在生产过程中被赋予高度的自主性以应对不断变化的生产条件与产品要求。比较常见的情况是，工人要大胆打破僵化的制度规则，进行技术改造，以提高生产效率。例如一个人同时操作几台机床，而更极端的例子是，在六十年代初期，南厂为了摆脱生产困境、完成上级交代的任务，用辊压机来压镐头，结果虽然极大地提高了生产效率，却弄坏了好几台辊压机。①

在计划经济时期，南厂提出了“一切为生产服务”的口号，而工人在生产中处于核心地位，每一名工人都被希望成为技术多面手，并被鼓励进行技术创新。管理者在生产中并不处于比工人更高的地位，他们要帮助工人解决在生产中遇到的问题，与工人共同商议对策，听从工人提出的建议，并满足工人在生产中的需要。在这种情况下，工人养成了自觉的工作习惯，作为生产的主体主动投身于生产，并在生产中进行自我控制。

第二，毛泽东时期通常使用的通过群众动员来进行生产的策略要求工人产生自发的热情以及志愿性的劳动（裴宜理，2001；Lee，2002）。其一，这种动员方式讲求培养工人的“主人翁”的意识，而批评劳动为了赚钱养家的旧式思想。其中，一条最常见的标语就是“以厂为家”，这意味着工人要拿出对家庭一般的责任感来对待工作和工厂。其二，推广“鞍钢宪法”，打破工人、干部和技术人员之间的界限，讲求“两参一改三结合”的工作方式。“相信群众”“依靠群众”“关心群众”“动员群众”得到了强调，而官僚主义、命令主义以及对工人的“管、卡、压”成为被批判的对象。南厂原办公室主任陆女士告诉我：

> 我们在这方面（两参一改三结合）还真是做了成绩出来，都有事例的，特别是当时重型厂生产条件不够，有些产品大，设备不够，自己要做设备，自己做设备当中都有工人参加，做出来的设备就很符合生产要求。我们那时候会很形象地说是“蚂蚁啃骨头”了，就是小机床加工大零件吗！在重型厂，两参一改三结合贯彻得是比较好，所以外宾来了，我们不是宣传那些空洞的，都是有事例的。人家听了才会很感兴趣。（半结构式访谈：陆女士）

① “1962 年大事记”，载 1962 年《南厂综合档案》卷首大事记。

其三，因为不少干部是从车间中的普通工人中被提拔起来的，他们也不好意思采用强制命令的方式对待他们曾经的工友以及师傅。

（二）工人工资与福利

华尔德认为，计划经济时期的中国工厂奉行的是“毛泽东式的禁欲主义”，以政治动员、复兴革命精神等方式鼓励工人生产积极性，而排斥班组奖金和物质激励。并认为在“文革”后期，长期停滞不前的工资与生活水平，以及长期的物质短缺使得工人不再愿意积极工作。他认为，从1957年到1977年，国有工业中的平均实际工资下降了19.4%（华尔德，1996）。

低水平的工资收入是否令工人感到不满？这个问题是笔者在老工人口述史中问得最为频繁的问题，大多工人表示，他们之所以并没有因为低工资而感到不满是因为所有人的工资都差不多，尤其是干部的工资也不高：

> 车间里的干部都不错的，工资嘛也和工人差不多，差也就差个几块几毛钱的，有些同时进厂的人，做干部的工资还没有去做工人的高。那时候基本都是平均主义嘛，大家拿的钱都差不多，干的工作也都差不多，很多工作干部、党员都要带头干的。（半结构式访谈：苏师傅）
>
> 那个时候呢，你干部也好，工人也好，工资都不高，大家都差不多的，干部不会因为你是干部就能怎么样怎么样，所以大家都没什么区别的。新中国成立前我的父亲是在一个兵工厂工作的，抗战的时候迁到内地了，我家里五兄妹就回乡下老家了。那时候很苦的，跟解放后比起来，肯定是比不了的。所以解放后我很满足了，现在也很满足，虽然比不了那些公务员的退休工资，但我也满足了。（半结构式访谈：谢师傅）
>
> 干社会主义啊，希望给社会搞好了，以后就幸福了，作为一个目标，第二个我们领导带好头了，从中央的，困难时期毛主席、周总理都不吃猪肉啊，都少吃啊，中南局的书记——陶铸跟着我们厂，跟我们到饭堂去慢慢吃，他老婆住在我们厂跟我们一起干活……车间干部也下来，他每一个星期起码有一天两天是跟工人一起，甚至住到单身

宿舍，了解单身汉的情况，党委书记住到我们宿舍过……（半结构式访谈：平师傅）

工资反而有些工人高过干部，当时很多不愿意做干部的，工人提拔上去做干部，初期是以工代干，到一定时候就转正，转正的时候给个表给你填，你愿不愿意，有的思想想不开，我做回工人，不做干部。（半结构式访谈：唐师傅）

此外，计划经济时期国企工人的身份地位还与计划经济时期城乡分离的户籍制度有关。1958 年正式实施的户籍制度，不仅阻止了人口的自由流动，并且使城乡居民在就业和福利待遇上面临巨大差别。农村居民很少有机会成为国营企业职工，而一旦成为国营企业职工，就意味着获得了从摇篮到坟墓的保障，以及超出其他农民的福利待遇。单位福利的分配主要有三种形式：最重要和最普遍的一种是以单位为基础的集体消费。蔡禾将此称为“身份报酬性资源”，即“一个人只要被招进工厂成为固定工，他就有了几乎不能剥夺的享受一系列资源的权力”（蔡禾，1996）。例如医疗报销、单位设置的教育、饭堂、文体设施、福利房等，只要是南厂的职工，就有权利享用。1958 年，南厂曾经从农村地区招收大量工人，很多知青也借此机会重返城市，黄师傅告诉我与农村相比，优越的工厂生活使他感到极为满足：

我当时从农村回来，觉得在工厂已经幸福很多了。农村知青一个月就几毛钱，现在厂里都是几十块一个月，当然好很多了，也不用日晒雨淋了，环境好很多，干活也开心很多，也有东西学嘛，开机器。但那时候也很累，一回家就倒下睡觉了，但就是觉得挺开心的，累也愿意。（半结构式访谈：黄师傅）

无须讳言，作为国有大厂，南厂职工一直都是在体制中获益的群体。他们的福利待遇不仅远高于农村户籍人口，而且高于集体企业和地方国有企业的工人。工人告诉我，在七八十年代，当时要进南厂如同现在考公务员一样困难。一直到了九十年代，南厂内部的资源分配规则以及工人在车间的地位都没有发生本质的变化。

二　国企工人境遇的变化

“城市中居于再分配体制中心的行政单位、事业单位和国有单位属于典型的单位”（李路路，2002），单位向其成员提供了在社会、政治、经济和文化生活中所必需的资源。正因工人在福利保障的获得上依附于单位，相比其他社会群体，国有企业工人拥有更多的福利资源。而国企的公司制改革意味着国有企业不再是承担社会职能的单位，而是所有权和经营权相分离，自主经营、自负盈亏的企业法人。为了在激烈的市场竞争中生存下去，国有企业不得不变卖固定资产、转变经营策略、削减员工数量、剥离社会福利，单位制随之迅速解体。对于普通工人，这意味着曾经优越的社会地位与劳动者尊严也伴随着这场剧变被抛弃了——他们从骄傲的共和国长子、工人贵族迅速跌落为挣扎在社会底层的薪金劳动力。

（一）福利保障方面的变化

国企改革后，南厂工人获得了基本社会福利，但是，不再享有以往的“身份报酬性资源”。一次下班前，我和几位准备回家的师傅聊起他们以前的生活和工作，几位师傅七嘴八舌地说：“以前什么福利都有，现在什么都没有了。以前过年过节有电影看，八月十五有月饼发，外地职工呢，就组织吃饭和跳舞。到了年尾，就开游园会，春天的时候还有春游。工人退休的时候，领导还会开个欢送会，请大家一起吃点东西什么的。”有的工人说：“肥皂都不用我们自己买，还有交通费、小孩子上幼儿园也有补贴。”女工也赶快插嘴说：“那个时候女工很受照顾的，什么卫生纸、妇女用品从来不用自己买的，三八节的时候，女工还有半天假。现在，什么都没有了！”还有工人说：“现在就给你一千块钱，什么都全包，连高温补贴都没有了。”我说，那些东西要不了多少钱的，一千块钱都买一大堆了！工人都表示，那不一样啊！领导对工人表示关怀的那份心意没有啦！

除了种种“身份报酬性资源”，南厂也不再向工人提供基本的公共服务。首先是，南厂附属学校交归街道管理，灯光球场不再使用，最后，南厂车间配备的厂医也被解雇了。学校、球场这类与生产确实无关的公共服务已经改由街道、社区予以提供，工人对此并没有任何意见或抱怨。与此相比，厂医的取消令很多人不满意：

钳工钟师傅患有癫痫病，他说自己有一次发病，全身无法控制地抽搐，结果把头撞到了机床上，流了很多血。还好被其他师傅看到，赶忙找生产部要了一辆车，把他送到了附近的医院。他说："我们这里根本打不到出租车，如果那辆面包车刚好正在被使用，我还不知道会怎么样，能不能活下去都说不定。"类似的紧急事件南厂还有过。袁姐告诉我，外协包工队的一名铆焊工不小心把自己的脚给割穿了，另一名工人背着他绕着车间转了大半圈不知道怎么办才好，其他师傅又是手忙脚乱地帮他们去生产部借车，这才送到医院。袁姐说，如果厂医在的话，就可以先给他的伤口包扎处理一下，再送到医院，这些工人也不会这么慌了。

现在，车间办公室仅有一个急救箱，里面放着创可贴、纱布、胶带、碘酒、红药水等最简单的包扎用品。这些医疗产品仅能处理割破手指这样的小伤，根本无法应对上述工伤。工人告诉我，配备厂医体现了领导对员工生命安全负责任的态度，但是现在的管理者"只想赚钱，不管工人死活"。但管理者并不这么认为，当工人反映车间安全措施做得不好时，他们回应说："工厂就是生产单位，搞这些干什么？不要面面俱到！"

（二）工资收入方面的变化

南厂改制对工人利益最直接的损害体现在他们的收入情况上。在改制的过程中，南厂普通技术工人的工资水平在2001年后，仅随着惠市最低工资慢慢增加，与全市职工平均工资以及本厂管理者工资距离则越来越大。惠市与南厂职工工资具体变化请参看图4—1：

表4—1　惠市最低工资、职工平均工资与南厂普通职工工资变化（月）

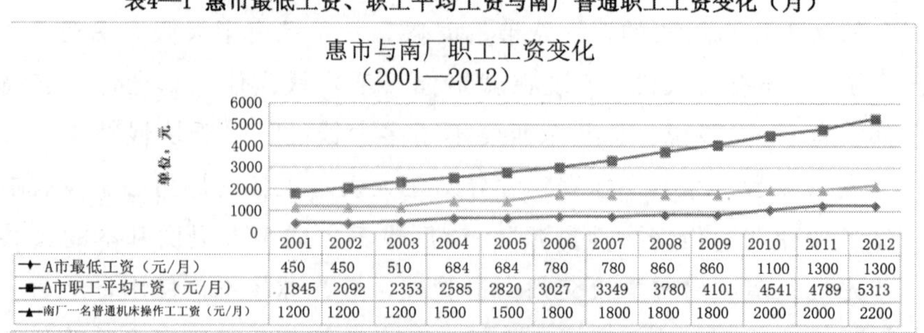

	2001	2002	2003	2004	2005	2006	2007	2008	2009	2010	2011	2012
A市最低工资（元/月）	450	450	510	684	684	780	780	860	860	1100	1300	1300
A市职工平均工资（元/月）	1845	2092	2353	2585	2820	3027	3349	3780	4101	4541	4789	5313
南厂一名普通机床操作工工资（元/月）	1200	1200	1200	1500	1500	1800	1800	1800	1800	2000	2000	2200

一方面，南厂工人的收入水平低于其劳动力的市场价格。经常被私营

机械厂老板请去指导技术的吉师傅告诉我：

> 珠三角这个地方啊，工厂很多的。什么中山啊、顺德、东莞那边很多工厂的，西江、番禺、南沙那边都有机械厂。南厂自己本身就养了很多私人厂，而且很多都是以前南厂人开的，或者南厂人有股份的。到了东莞啊、番禺啊这些地方，月工资四五千块钱，可这里工资才一千多块钱——我的收入还算是很好的了，一般（工人）都是一两千一个月。以前更糟糕，有人（月工资）一千都不到。（非结构式访谈：吉师傅）

我也曾问过管理者，南厂员工工资为何比私营厂低这么多？南厂前总经理欧阳先生说：

> 我经常这么给员工说，你们不能这么算。你虽然一个月工资收入只有两千多，但是你有五险一金呀，这些都要不少钱的。私企工作的那些人没有这些的，所以他们拿到手的工资比你的多。实际上，你算进去这些收入，你一个月工资也有三千多，和他们基本上不相上下。（半结构式访谈：欧阳先生）

管理者的说辞并不能说服工人，这是因为，一方面，2008 年以后，私营厂也为工人缴纳五险一金了；另一方面，南厂工人工资不仅低于技术工人，还低于部分非技术工人。“年薪两万，手慢脚慢”是钳工张师傅的口头禅，这句话在南厂车间流传甚广，被工人广泛引用。所以，每当他以一副玩世不恭的样子说完这句话时，在场的工人都会心地大笑起来。张师傅对这句话的解释是：

> 我在南厂工作三十九年了，现在月工资就是两千多，扣完了保险，两千都不够。现在茶楼的服务员，包吃包住，一个月工资 1800—2300 元。连保姆的月工资都有 1500 元了，我们工资连保姆都不如，我的技师资格证有什么用?！嫌钱少，慢慢干了……（非结构式访谈：张师傅）

另一方面，南厂工人同管理者的收入差距也越来越大。2006 年的时候，南厂普通工人的年薪只有两万元左右，而董事长的年薪则是 28 万，加上年终绩效奖励，其收入在三十万元以上，其他中层管理者的年薪则在十万元以上。尽管管理者年薪是按照惠市国资委规定的薪资标准制定，而且管理者年薪与普通工人收入的差距比外资企业和私营企业的同类差距要小不少，但这种收入差距仍然引起了怨言。张师傅是对此怨言最大的工人之一，这是因为在九十年代，他的月收入就已经接近了三千元，他说自己曾经接受过香港某电视台的采访，在采访中，南厂原厂长对记者说："这位师傅，他的工资一个月三千多，比我的还多！"

一名机加工师傅谈到厂内的工资差距时说：

> 工资低，两千多块钱，我们做得多也没得升。你做得多，领导就分得多。这帮领导当了十年，每年的年终奖，就是你的工资的四倍这么多，你说工人还有什么斗志？（非结构式访谈：汪师傅）

管理者很了解工人对工资差距逐渐加剧的不满，但对此也感到无可奈何，南厂前董事长孙先生告诉我：

> 工人说，你们这些头儿，工资很高啊，什么什么的。实话给你说，我在南厂一年就是二十来万，但是人家市场上有人请我八十万一年的，我也觉得我亏了，但是我不可能跟国资委说我这个工资亏了，有人工资是 80 万，还有人是 100 万呢！（半结构式访谈：孙先生）

（三）工人车间权利的受损情况

除了在福利保障和工资收入上的损失，国企工人还丧失了平等参与生产的权利：

一方面，工人时刻受到前者的监视和考核。2002 年，在未经讨论的情况下，南厂管理者出台了一套极其严苛的《员工行为守则》，这敲响了车间生产管理制度改革的钟声。随后，工人开始处于严格的劳动控制之下，吸烟、上厕所、坐凳子、吃东西等行为被严格控制。

谁来监督《员工行为守则》的执行呢？原则上讲，工人的劳动表现应由工段长和班组长进行监督与考核，但是，大多数基层管理者并不认为严格的劳动控制对于提高生产效率有任何帮助，他们认为，这些禁令反而会削弱工人劳动积极性，结果，他们对执行监督职责毫无兴趣。结果，分公司经理、质量部长、生产部长，甚至公司董事长和总经理等中高层管理者成为劳动纪律的真正监察者。很多工人在《员工行为守则》推行时期，因为难以改变长期工作习惯——有的女工站太长时间觉得累，就自己坐了下来，一些男工会忍不住向嘴里塞根香烟——进而受到扣罚工资的惩罚。

另一方面，工人从“主人翁”跌落为被企业配置的人力资源。2001年以后，南厂工人的铁饭碗被打破，成为与企业三年签一次用工合同的“合同工”。2008年1月1日《劳动合同法》施行前，“合同工”的身份是高层管理者威胁工人最有力的方式。在车间办公室工作的文秘阿香告诉过我：

> 以前（2008年以前），如果有人顶撞他（某位高层管理者），他的原话是：‘你们不干，有的是人干！到火车站一拉一车！’很多工人都被威胁过。（非结构式访谈：阿香）

最后，工人对自身工资收入的发言权也被取消了。计划经济时期，尽管八级工资制和调资升级的比例、类型都是由国家确定，但是在车间层面，具体哪名工人能够升工资，需要在班组、工段和车间经历多次讨论和公示，工人对工资收入的分配拥有一定程度的发言权。2001年以后，工人的工资完全由管理层决定，而2011年，新任管理者更是设计了一套极其复杂的计件工资制度，并拒绝将工资计算公式告知工人——其目的是让工人在无法预测自己实际收入的情况下，以更快的速率、生产更多产品。新工资制度出台伊始，工人就清楚了管理者这番用意，并借助“合法性建议”制度向管理者提出意见——下料工人阿才就曾经向管理者写了两封建议信。可是，大多数的建议并没有被采纳，有些工人说管理者“搵我们工人蠢”，有人说管理者“吃人不吐骨”，还有工人比较乐观，大笑着告诉我：“没钱伤心，有钱担心，哈哈……”笔者曾问他：“有钱你还担什么心？开心还来不及呢！”他狡黠地说：“有钱会被管理者惦记上，你说担心不担心？”

三 国企工人的道义观念

（一）文化、传统与道义观念

波兰尼（Polany）认为，社会灾难首先是一种文化现象，而非经济现象。“导致退化和沦落的原因并非像通常假定的那样是由于经济上的剥削，而是被牺牲者文化环境的解体”（波兰尼，2007）。波兰尼进而认为：

> 经济过程为这种毁灭提供了工具，并且经济上的劣势几乎是不可避免地会使弱者以防屈服就范，但其毁灭的直接原因并不在于经济因素；而在于对体现其社会存在的制度设置的致命创伤。（波兰尼，2007）

波兰尼认为“市场”与劳动力的商品化就是对社会构成毁灭性破坏的制度设置。他认为，“将劳动与生活中的其他活动相分离，使之受市场规律支配，这就意味着毁灭生存的一切有机形式”（波兰尼，2007）。

要创造一个完全自发调节的市场经济，就必须把人类与自然环境转变为纯然的商品，要足够铁石心肠地对待各种悲剧行为，而这必然会造成社会和环境的毁灭。波兰尼认为，人们拒绝像旅鼠那样前赴后继地走向悬崖、自赴死地，当不受限制的市场所产生的后果昭然若揭时，人们会抵制它——无论是通过工人运动、社会主义运动还是法西斯主义。在波兰尼的分析中，“道德”与“文化”的被放在了极为重要的位置——如果自然和人的神圣性不容被侵犯，人们不会坐视不管。

波兰尼的观点被后来的劳工研究者继续深化和发掘。在对全球劳工运动的研究中，希尔弗（Silver）反对将正在“被消解”的工人阶级的抵制看作“历史性替代运动”（Castells，1997），或是将其看作“残余的濒危物种”（Zolberg，1995），她认为研究者应该像关注新的工人阶级形成的早期迹象一样，关注这些工人所引起的“反冲抗争”运动（希尔弗，2012）。她将这类工人抗争称为“波兰尼式的劳工抗争”：

> 波兰尼式的劳工抗争，我们指的是劳动对扩张到全球的自我调节的市场的反冲式抵制，尤其是由那些正因全球经济转变而被消解的工人阶级和那些曾经从已经建立起来但正在被自上而下抛弃的社会契约中获益的工人们所进行的反冲式抗争。（希尔弗，2012：25）

行将逝去阶级所发出的悲鸣也能够掀起工人运动，而这种“反冲式抗争”往往是在传统道义的感召下——而不是纯然的经济剥削下发动的。正如汤普森（E. P Thompson）的发现，英国工人阶级的行动是在其卫斯理宗的宗教传统、农民的传统滋事习惯、生而自由的观念和雅各宾派意识的感召下滋生，而阶级也是在小酒馆、主日学校和各种俱乐部的活动中逐渐形成的。总之，汤普森不认为英国工人在工业革命时期的反抗斗争仅仅是对生活条件恶化做出的反应，与费边社知识分子不同，他更加强调传统、意识形态和社会组织形式的重要性，强调非经济方面在阶级形成过程中的重要作用（汤普森，2001）。

道义传统与抗争的关系同样被斯科特（James Scott）所强调。在他的笔下，东南亚小农的剥削与反叛并不仅仅是食物和收入——也就是说经济和物质的问题，而是一个文化和道德的问题，一个关于农民的社会公正观念、权利义务观念和互惠观念的问题。斯科特发现，东南亚小农对食物短缺的恐惧产生了“生存伦理”，传统的制度、文化和社会安排都尽力为农民提供生存保险。这使得小农的公正观和剥削观在于，剥削者对他们产品的哪些索要是可以忍受的，哪些是无法忍受的。“精英阶层或国家对农民的索要，一旦侵害了农民的基本需要，便毫无公正可言了”（斯科特，2001）。而东南亚殖民地时期，殖民者带来的“北大西洋的资本主义”和土地、劳动力的商品化对农民的生存安全带来了巨大冲击，这引发了后者的反叛。

如果“自由”是英国工人所坚持的道德，“生存伦理”是东南亚小农的道德，那么国企工人所坚持的公正观是什么呢？陈峰认为是生存伦理与对腐败的痛恨。他认为，国企下岗工人在面对生存危机和管理者腐败时，就会走上街头，发动抗议（Chen，2000）。但显然，这种道义伦理并不适用于依然在职的国企工人：一方面是因为生存伦理对于任何人来说都是最后的底线；另一方面是因为即便遭遇管理者腐败，南厂工人也没有走上街头、进行抗议。我们必须在国企工人的实际工作生活中去认识他们的道义观念。

（二）国企工人的道义观念

国企工人的道义观念在很大程度上是来源于毛泽东时代的传统。这一传统包括以下三方面的内容：

第一，尊重工人。工人会从很小的事情上判断领导是否尊重自己，除了微笑打招呼，领导的穿着打扮、是否愿意倾听工人的意见，都被视作对工人尊敬与否的判断标准。笔者在做口述史研究的时候，就有老工人说，其实工人的要求并不高，你叫他一声“师傅”，他就满足了，就是这声“师傅”让很多工人心甘情愿地加班加点劳动。时至今日，南厂工人依然很在意管理者来车间时对工人的态度。那些不把工人放在眼里的领导，一句话都不用说，就已经把所有人都得罪了。原总经理欧阳先生因为以前来车间视察工作时经常很严肃、皱着眉、瞪着眼，并对工人出言不逊，结果导致工人对他极为不满。

一次笔者正藏在铣床后写田野笔记，张师傅突然拍了我肩膀一下，我被吓得跳了起来。他乐得大笑，说：“你怕我什么？又不是欧阳（南厂原总经理，后来被撤职）。”我笑道：“欧阳我也不怕，对了，我最近没在车间见到他。”张师傅说：“他来了啊，你没有看到啊？”我说没有。张师傅接着说：“他来了，工人都没人理他啊！他见了工人赶忙笑着点头、打招呼，也没人理他。”袁姐看着张师傅似笑非笑地说：“我看见你跟他打招呼了哦！”张师傅赶忙说：“我才没有理他，他以前看工人都是这样（张师傅做出皱着眉、瞪着眼的样子），现在看工人就笑着点头（张师傅又做出笑着点头的样子），也没人理他。铆焊工人那边说他以前是疯狗，见人就咬，现在是流浪狗了。”这引发工人一片哈哈大笑声。

工人希望自身的劳动获得尊重是与计划经济时期所宣传的“劳动光荣”价值观一脉相承，即便工人的收入相比以往获得了增长，如果管理者对他们不予尊重、甚至表示出蔑视，都会引起工人的不满情绪。

第二，互惠与交换观念。“社会主义社会契约”源于学者对东欧社会主义的研究，意为社会主义国家的工人在政治上保持沉默，以换取广泛的福利待遇以及一个宽松的工作场所（Pravds，1981）。但在中国，社会主义社会契约的内容在于工人以对上级的忠诚来交换他们对自己的庇护，也就是说，工人认为管理者有要求工人配合工作的权利，但也有关心和照顾工人的义务。在计划经济时期，这意味着工人会配合领导的要求，领导则相应地重视工人的需求和利益，适当增加单位福利，或让工人有利可图；而在今天，这意味着管理者应该尽可能地减少工人的损失。这种互惠不仅能够以正式的方式进行，也能够以非正式的方式进行，这种互惠发生在工人与基层管理者之间，也发生在工人与公司管理者之间。在这种互惠中，管理者向工人“放水”这种看似触犯规则的行为是被接受的，而严格的管理制度是不受欢迎的。举例而言，在南厂推行计件工资的时期，如果工时定额员坚持过于严格的工时设定，很有可能会招致工人的辱骂甚至打架；而基层管理者如果完全听命于上级领导，直接将上级意志强加于下级，则会导致手下工人的反对；在现有工资水平下，如果高层管理者严格制止基层管理者向工人放水，亦会导致工人的不满。今天的南厂工人认为，国有企业应该允许工人以配合领导的工作来交换适当的关照和制度弹性，过于严格、不近人情的管理控制并不为工人所接受。

图4—1 南厂管理者办公室中的毛主席像

第三，平等观念。南厂工人认为自己与管理者在经济上、政治上和身份上是平等的。这种平等观念与国有企业的性质有关，工人告诉我，如果是私营企业，企业本身就是老板的，肯定是他说怎么样都可以，老板的收入是工人的几十、几百倍都能接受。但是国有企业，企业既不是工人的，也不是管理者的，后者只是承担临时代管的角色，所以两者的身份应该是平等的，领导没有权利对工人颐指气使。况且，企业管理者退休以后的养老金并不比工人高多少，更不用提有好几名高管一退休就进了监狱——他们的境况还不如普通工人。

从这个意义上看，当管理者凌驾于工人之上并随意对其发号施令时，会引发工人的不满；管理者在要求自身和要求工人上的双重标准同样会引起不满——南厂管理者以严格的规章制度要求工人，自己却迟到早退、用公司的水洗私家车，这曾令工人极为反感。当平等观念折射到经济问题上，公司管理者与工人收入差距过大、管理者对工资制度的欺瞒、管理者对工资的变相克扣都会引起工人的不满。

（三）剥削的标准

剥削概念的核心思想是，一些个人、集团或阶级不公正、不合理地从其他个人、集团或阶级的劳动中获得好处，或者从牺牲其他个人、集团或阶级的利益中获得好处（斯科特，2001）。尽管剥削的概念看似客观，但是何为“公正”却是一个主观、道德的问题。尽管我们知道，马克思的劳动价值论提供了关于剥削程度的理论基础，但是这并不一定是被剥削者的知觉和判断。我们应该从实际行为者的价值标准出发，才能得出他们关于剥削的认定。

南厂工人对剥削的认定是根据他们的道义观念得来的，这包括以下两个方面：第一是过于严格的劳动纪律。在“文革”时期，管理规章制度、上级对下级的严格要求曾经被称为“管、卡、压”——严格的规章制度是为“管”，对工人进行各种为难是为“卡”，利用身为上级的权力强迫工人做他们不愿意做的事情是为“压”。“管、卡、压”被批判为资产阶级对无产阶级的专政和剥削，并且受到坚决打击。在计划经济时期，南厂也不断地对“管、卡、压”进行批判和反对。至此，“剥削”二字的意涵就与管理者对待工人和管理劳动的方式联系起来。

但凡推行诸如不准在机床上挂毛巾、不准边吸烟边操作机床、在操作机床时不准坐下等严格的劳动纪律，且由企业管理层亲自监督执行，这种劳动治理方式必然会被工人认作是“剥削”，并引起极大的反抗。很多工人宁可任由管理者扣罚，也不去遵守这些纪律。

第二，单纯的低工资不一定被工人看作剥削，但想方设法克扣工人工资一定是。对国家社会主义持批判态度的理论家们认为，在计划经济时代，国家是在剥削工人的剩余价值，但是当笔者问及工人“你们每天都要干那么多活，周末也不休息，工资却很低，有没有觉得自己受了剥削”，所有人都持否定态度。例如，吉师傅就曾肯定地回答：

> 没有，大家工资都是低，大家都差不多。那个时候，我可能比你高一级两级，但一级的差距才有7元，有的时候是10块钱。那个时候升级也是很少的，不会全部都能升级的，升级面都只有百分之几的样子。你升不了了，也就是说没你的份了。那个时候，通常是班长认为做得好的人拿下了，名额有限，没得升肯定就有点怨言了，你埋怨一两星期你就没话说了。（半结构式访谈：吉师傅）

在市场经济时代，当管理者高收入建立在工人低收入的基础上时，会被工人认为是剥削。例如，一名车工师傅在谈到收入差距时说：

> 领导就是想方设法剥削工人的钱！不管搞不搞计件工资，他们都拿年薪，部长以上的都拿很多年薪，工人搞什么工资制度，工资都一样低……

南厂工人认为是他们的劳动使管理者发了财，例如，镗床的黄师傅曾说：

> 钱都是工人给他们赚来的！所以我给你说，（管理者）后面都有利益驱动，每个工人都是给剥削的。那些老板一开始都没有资金的，都是靠工人生产出来的产品后，他们才会有钱。珠三角的企业家一开始资本都是很少的，工人给他们生产了产品，他们才发了财，但是工人挣到的钱很少。（非结构式访谈：黄师傅）

这种剥削观念是来自于计划经济时期的政治教育，例如袁姐曾说：

> 离心机，这么小一个就多少多少万了，医院什么的都会买的。一个马达有什么东西呢？很多万的。你以为我们做这么多的活干什么？给他做出来装备去卖钱的嘛。那利润肯定是从我们身上剥削过来的嘛！以前都是这么说的，一个工人生产出的真正价值是70块钱，但是拿到手才7块钱给你嘛！（非结构式访谈：袁姐）

还有工人认为这种剥削从改革开放后就逐渐开始了。操作镗床的阿牛说："从改革开放一开始，我就知道他们要使劲从工人身上榨油水了。我们就是给他们榨油水的。"

这种剥削观意味着，工人非常清楚他们在市场经济中的地位与处境，并对此感到不满。然而，工人尽管不满，大多数情况下也很无奈，只有在管理者与工人的收入差距已经很大，但仍然想方设法克扣工人工资时，怒火才会被点燃。

（四）物质、道义与反抗的关系

很多引致南厂工人抵制的事件都是看似微不足道。例如，有工人在看《惠市日报》时，报纸上写着惠市夏天要发清凉饮料，一百块钱，然后有工人拿着报纸找总经理说应该给工人钱，结果被总经理甩了一句："谁说给你找谁要去，报纸卖你就找报纸拿去。"之后，镗工孟师傅不惜花费大量时间，通过电话告状、上访、拦截市领导等方法，终于获得了正式的政策文件，使工人们获得了绿豆汤和100元的高温补贴。

工人还在车间不断传述新年利是的故事。某一年春节返厂上班时，容压公司的新任车间主任既没有在车间放鞭炮，也没有给工人包50元一份的利是，结果招致车间工人罢工——所有人都拒绝开动机器。新任车间主任慌了，赶忙找财务给工人包了利是，直到下午，工人才陆陆续续地开动机器。

这两起事件都令管理者感到不理解，工人为什么不把宝贵的时间用在劳动和赚工时上，而是用在计较这些蝇头小利中呢？汤普森曾说，在传统主义的生活方式中，人们并不是生来就想要赚越来越多的钱，而只想过他习惯过的生活，并为此目的赚必要的钱。农民、未圈地的村庄中的农业工人、城市手工业者和学徒，并不仅用金钱来衡量其劳动的回报，所以他们反抗周复一周的受纪律约束的劳动（汤普森，2001：412）。

激起南厂工人愤怒或反抗的并不是金钱本身，而是对其作为劳动者尊严的亵渎以及对社会主义道义观的违背。正如工人所看重的绿豆汤和50元的利是，它们所代表的都不是劳动力的价格，而是在车间中流传已久的传统和道义，是国家对劳动者的关心，是劳动者地位的体现。工人说自己大费周折地索取清凉饮料和高温补贴，并不是因为那值几个钱，而争的就是“心意”。他们说，国企改革前，这些福利他们都是有的，而国企改革后，他们的工资收入已经很低了，如果管理者连几毛钱一碗的清凉饮料还克扣的话，就是“吃人不吐骨”，忍无可忍的。而50元钱的利是，袁姐告诉我：“50元钱，没多少，但这是一份心意了。这是广东这边的传统，不给这份利是，工人肯定不会开工的。”

那些工人认为最不合理和不公正的行为会引发他们的抵抗，而过于严格苛刻的劳动纪律和随意克扣工资这些工人眼中的剥削行径一旦出现，就会在车间引发抵制行为，招致激烈的劳资冲突。

小结

社会主义体制的嵌入性对工人的影响是多方面和多层次的，本节从历史与文化的层面分析了当下国企的车间政治与过往的毛泽东时代有着怎样的关联：

第一，南厂工人曾经在计划经济时期有着他们最为辉煌与难忘的经历。无论是短缺经济下的生产对技术工人的依赖，还是毛泽东时代的群众路线和政治动员方式，还是车间中管理者和工人之间的私人联系，都赋予普通工人以地位和尊严。除此以外，南厂因属共和国第一机械工业部直接管辖，工人的福利待遇也高于地方国有企业和集体企业工人，更不用和农民相比。无论从哪方面看，在计划经济时期，南厂工人都曾是工人贵族。

第二，市场转型后，无论从物质利益还是从身份地位上看，南厂工人都经历了滑铁卢：他们不仅丧失了形形色色的单位福利，其工资水平从

2001年到2011年的十年间，与惠市职工平均工资相比，增长幅度也极为有限。此外，他们曾经在车间享有的与管理者较为平等的地位也被彻底推翻，成为受控制的工资劳动力。

第三，国企改革之前所延续的计划经济传统塑造了国企工人的道义观念，他们注重自己作为劳动者应有的尊严，并善于从微不足道的小事上判断领导对自身的尊重；他们依然持有“社会主义社会契约”下的互惠和交换观念，认为，自己忠诚的工作应该换来上级对自己的家长式保护；他们认为自己在经济上、政治上和身份上与管理者应是平等的，管理者不应凌驾于工人之上并随意对其发号施令。这种道义观念也塑造了工人对剥削的看法——他们的剥削观念是极其具体的，过于严格的劳动纪律与随意克扣工资一定会引发他们的怒火。南厂对现代企业管理制度的推行正是点燃了工人这两把怒火，进而招致了工人的抵制。

第五章　国企工人的抵制逻辑

一　南厂工人的抵制行动

2002 年伊始，随着南厂现代企业制度的推行，南厂采用了岗位工资制度，并配合工资制度施行《员工行为守则》，以期严格管理并达到提高工人的劳动生产率的目的；2011 年伊始，南厂新任领导班组推行了计件工资制度，配合以复杂的工资计算方式，以期达到工人彼此竞争、主动找活干的目标。然而，在推行这些以管理控制为目标的制度过程中，一种看似“放任的”生产模式却被生产出来。“选择性放任的生产体制”的形塑与工人对这两个阶段推行的管理制度的抵制有重要的影响，我将在这一节中呈现出南厂工人在岗位工资制度时期对《员工行为守则》的抵制与在计件工资制度时期围绕工时定额的争执。

（一）针对劳动纪律的激烈抵制

《员工行为守则》于 2002 年的推行标志着南厂强化对工人管理控制的决心，在规章制度推行之初，南厂总经理、副总经理、车间主任、生产部长和质量主管都亲自严格查处各类违规行为。因守则规章细致入微，意图在于扭转国企工人长期以来的散漫习惯，所以南厂基本上所有工人的利益都受到了影响。几乎所有工人都曾因操作机床的时候坐了凳子、吸了烟、在车间吃早餐，或将毛巾搭在机床上而被处罚。

吉师傅曾经是下乡知青，1972 年返城后就进入南厂的三机车间工作，因其过人的技术水平和喜欢钻研学习的性格，他一直都是机加工工段的骨干，还在 80 年代时做过班组长。吉师傅能够操作四种机床，分别是滚齿机、插齿机、立式的铣床和卧式的铣床，吉师傅一直都以同时操作四种机床为荣。但是 2002 年南厂进行组织调整之后，吉师傅的机床被摆放在车间不同位置，这使他不得不在车间里走来走去。有一次吉师傅在和别人聊天的时候说道："哪有老总干这个的？天天自己来车间抓人。"结果该话传到了领导耳朵里。后来，画线工阿萍告诉吉师傅，总经理想整他，让他做事小心一点。吉师傅做事原本就积极主动，听到阿萍提醒就更加小心，结果，一年过去了，管理者也没有抓到吉师傅把柄。到了第二年，吉师傅被管理者以"串岗""工作效率低"的名义进行了处罚，而且将他评为年度最差员工，并在车间公告栏里进行批评。吉师傅因此极为生气，他说："我有一个同学，做了南厂的副总，给老总说我绝对不是那样的人，说我的技术水平很高、工作认真努力，但他就是不听。人们见到这个公告都笑了，纷纷说：'开四台机床的人还工作效率低！'我当时很生气，但还是努力工作，你越说我不行，我越做给你看，不能让你得逞！"吉师傅的不满传到了车间的每个角落，直到 2011 年工人还在谈论这件事情。

袁姐与管理者的过节是一件不大的事。袁姐与阿珍关系好，常一起结伴上厕所，一次袁姐和阿珍在上厕所回来的路上正好遇到了前往车间视察的老总，老总看到她们有说有笑，很是生气："你们这是在逛大街啊？这么悠闲！"并以违背《员工行为守则》为由降了袁姐的工资，不仅如此，此后升工资的时候便再也没有袁姐的份，甚至她连南厂的物价补贴都没有拿到。这件事情袁姐逢人便说，所以基本所有工人都知道了这件事并为她不满。袁姐告诉我："人们当时都说，我和阿珍的事情很简单，去个厕所怎么能够这样呢？但是没有人敢顶撞他，谁敢说呢？还是保自己的饭碗吧！"此后，袁姐就表明了自己的态度和立场："不是工人不爱劳动、不愿意工作，反正每天 8 个小时在这里了，不干活，也很无聊，开开机床，反而没这么无聊。我平时干活一直挺好的。但是你把工人的心都伤透了，心都凉了，谁还给你干活？我明说了，以后我再也不加班了，姓孟那个（班组长），让我干活我肯定拖他的，放在这里，我慢慢做了，我管你呢！！"

开车床的宁师傅与赵师傅坐同一班次的厂巴回家，第一班加班时间结束时（通常是晚上 10 点左右），厂巴座位是不够的，许多工人不得不站 40 分钟回家，而这对工作到晚上 10 点的工人来说是非常辛苦的。宁师傅与赵师傅的解决方法是在下班打卡十分钟前，宁师傅跑去厂巴占位，而赵师傅则负责排队打卡。某次宁师傅占位的时候恰巧被查岗的管理者发现，管理者走过来问："你怎么这么早就上车了？谁帮你打卡的？"宁师傅当场就被吓怕了，供出了赵师傅，结果两个以早退和替人打卡为由各降了两级工资。

车工阿丽则因为晚上看图纸打瞌睡而被惩罚。大概在晚上八九点的样子，她看图纸的时候有些打瞌睡，盯了她很久的一名管理者便走了过来，问她是不是在偷懒，阿丽说，自己是在看图纸，不是偷懒。管理者拿来图纸，看看说："这么容易的图纸需要看这么久吗？"阿丽听后很不服气，便回了一句："嫌我慢你来做啊！"这句话显然激怒了管理者，随后，就以偷懒为由降了她一级工资，阿丽的工资后来一直没有变过，一直都是每月 1800 元。

2010 年 11 月 23 日的早晨，惠市的天气已渐渐变凉，阿金照旧慢慢热着她的牛奶和糯米鸡。阿金虽在惠市出生长大，但她的父亲是北京人，母亲是天津人，每天早晨打热水回来的路上，笔者都悄悄绕到她的机床边和她聊上个把小时。《员工行为守则》的确曾经得到过坚决执行，阿金告诉我："别说聊天，连坐凳子都不行。这些都是工人争取来的……"相同的话我已经从袁姐、张师傅、吉师傅、阿香、刘师傅等众多工人那里听到过。那么工人对《员工行为守则》的抵制是如何开始的呢？

在南厂，工人的集体抵制总是以个别工人脾气爆发、其他工人喝彩围观为起点的。2007 年之前，上班时间是禁止吃早餐的，而质量部长却发现魏师傅一边排队打卡一边吃早餐，部长走上前去说："以后不要再让我看见你这里。"魏师傅脾气一下就上来了，说："我以后继续这样！！我饿，就要吃！！现在还没有上班打钟，怎么不能吃？"说完这句话魏师傅就走了，走了一下，他又倒回来，指着部长的鼻子："我不是怕你才走，我费事睬你！早餐我想什么时候吃，我就什么时候吃！！"因为是上班时间，工人都聚集在打卡机附近，加上魏师傅的嗓门很大，围观的工人也很多，当他脾气上来后，在场的工人都跟着起哄，部长只好退缩，而所有人如同胜利般哄笑起来。之后，工人的胆子明显都变大了。

开钻床的侯师傅是机加工的中坚力量，承担着大量工作。一次，他在钻一个很大的工件的时候用凳子垫着工件的另一头，结果被管理者误解为坐着凳子工作。管理者说："如果再让我看到这里有凳子就罚钱了。"当时，侯师傅已经因为一些小事被扣过几次钱了。他这次彻底愤怒了，大声开骂说："我打你个……（脏话）！"这名管理者以前经常抓工人纪律，并对很多工人进行过罚款处罚，已经被不少工人所厌烦。这时候，宁师傅在旁边大喊："打他！他抓过我早餐！"侯师傅很壮实，管理者则相对矮小，侯师傅一路把他逼退到车间的墙边，大声喊："我抓住他的裤腰带，抓上机床，铣他一刀！"袁姐也在围观的人群中，她立刻跟了一句："你自己可以钻他了，干吗拿我这里铣他啊？"引得围观人群哄堂大笑，管理者趁机躲开了。

此后，工人们都不怕被抓罚款了，也不再忍耐脾气，形形色色的抗议方式都出现了。侯师傅采取了停工的方式进行抗议，拒绝派给他的一切工作，这让班组长非常头疼。阿金则是怠工，她说："例如这个零件 2 个小时可以车完，但我就给你车 8 个小时，反正损失的不是工人。你让我损失 20 块，我让你损失 20 万，看谁损失大！"张师傅则是每天在机床上夹十块钱，有些好心的管理者提醒他："你不要抽烟了，等某某来了又要说你了！"张师傅就指下机床灯泡的位置，说："钱拿出来了，这里！"阿香说："哪里有压迫，哪里就有反抗！工人最后都说，你想扣钱就扣钱了！反正我们扣一次就十块钱，工人不给你干活，你损失就大了！你看谁损失严重！肯定领导怕了！说什么'到火车站一拉一车！'那你拉去呀！（在场的工人全部大笑）你拉来的工人什么都不会，还不是要老工人教？那些出工伤的全是外面的年轻工人，而且他们技术也不好，做出废品，损失的也是你。"侯师傅补充说道："第三跨那边第一部机床的阿巴就和他（某管理者）吵架了。他说要炒他，后来阿巴就在那里讲价，说'你给我两万我就走！'哈哈……其实阿巴应该拿三万补偿的，但是他说给他两万就走。嘿嘿嘿……反正那些人都无所谓了，他说怎么样就怎么样，反正人家都不想干了。现在的人很愿意给他炒的，阿巴说，你炒我，我立刻就请你吃饭。"工人们告诉我，后来管理者一到车间，所有人都用愤怒的眼神盯着他们，这确实令管理者有些害怕了。

逐渐地，几乎所有工人都不再遵从《员工行为守则》，管理者也不敢亲自到车间来监控工人，修订了两次的《守则》最终被束之高阁。工人对《守则》的成功抵制增加了他们的信心，此后，诸如此类的劳动纪律都难以在南厂得到成功推行。2011 年，南厂试图推行 6S 现场管理办法，但该管理办法直接演变成了车间机器的漆新和大扫除，关乎劳动纪律的条目完全没有得到执行。

（二）围绕计件工资的持续争执

除了通过《员工行为守则》对工人行为进行管理控制之外，计件工资制度是企业对工人劳动进行控制的最为常见的手段。在《员工行为守则》推行失败之后，为了对生产过程进行更好的控制，使工人“自觉地”投入生产，南厂压力容器车间的管理者于2011年1月在机加工工作组全面推行计件工资制度。

“按件计算的工资，正如马克思所观察到的，‘会一方面朝个体性发展，就这点来说是自由、独立以及劳工的自我控制；但另一方面，却造成他们之间相互竞争’。”（布若威，2005；马克思，2004）即便是在社会主义国家，计件工资的不确定性仍然能够令工人陷入自我剥削与群体分化中，哈拉斯基（Haraszti）通过自身在匈牙利一家拖拉机厂的经历分析道：

> 收入的不确定性是使工人陷入对自己进行剥削的一种机制。不确定性是工资支付的所有结果中最主要的驱动力量……以强迫性与依附性行为特征的单价成为独立于计件率的副本……不确定性是计件工资的最大魔法。（Haraszti，1978）

在西方国家，工会对于计件工资制度都是极其抵制的，因为计件工资能够在最大程度上破坏工人的团结，在工人之间制造出基于技术水平、性别、年龄、肤色的竞争与分裂，但是对于企业管理者来说，它却是控制生产过程、提高劳动效率的极其有效的方式——这有可能是通过“强制”逻辑进行的，也有可能是通过“霸权”逻辑完成的。

但与上述西方国家的情况相比，一方面，计件工资制度在南厂的推行并没有引起工人的分化，而是造成了工人与管理者之间喋喋不休的争吵，使得管理者对生产过程的控制仍然难以进行。另一方面，计件工资在南厂的推行并没有遭到工人的抵制，而是受到了工人们的欢迎，因为他们已经准备好了应对策略。

2011年1月，南厂压力容器车间开始试行计件工资制度，为了防止工人了解计件工资制度的具体计算方式并因为工时问题和管理者进行争吵，管理者制定了一个极其复杂的工资计算方法（如表5—1）[①]，并且没有在车间公布这一工资制度。

然而，操作工的以下三种做法使得管理者通过计件工资制度控制生产过程的目的难以达到：

表5—1　　南厂2011年出台的计件工资计算方法

机器操作工月工资 = 基本工资 + 超额工资 其中基本工资 = 该工人原有岗位工资 = 工人每月需要做够174个工时才可以拿到的工资 超额工资 = 单价（12.37元）×个人系数×超额工时 其中个人系数 = 基本工资 ÷ 该工段上月平均工资 该工段上月平均工资 =（上月该工段总工时 × 单价12.37元）÷ 该工段参加计件工人数

1. 吵工时

实际上计件工资制度一旦推行，围绕该制度的争吵就立刻开始了，这些争吵包括单价计算是否合理、工人系数的设定是否合理、班组的工资基金是多少，但是争吵最为激烈和频繁的是每个工件所需的工时。

经验丰富的吉师傅和车间调度员刘师傅都曾经被邀请做工时制定的工作，但是他们都予以坚决拒绝，南厂在八九十年代曾经实行过计件工资制度，在他们的经验中，工时定额员的工作吃力不讨好。南厂机加工工作组的工时定额员阿龙是一名对各种机床都比较熟悉的开立车的老师傅，他直接向生产部负责，依照八十年代流传下来的一本《工时定额标准手册》对各个工件的工时定额进行计算。因为年代久远，该书与机床实际操作情况非常不符，故而被工人们戏称为“天书”。

根据“天书”计算出来的工时引起了工人的广泛不满，不满主要集中在工人调试机床、换刀头、装卸工件、取工具以及中途喝水、上厕所的时间都没有加到工时定额中，这使得生产某个工件的实际时间远远超过了它的工时定额。在计件工资的推行中，几乎每个操作工都要求工时定额员

① 南厂的计件工资制度对每一个工件规定了一定的工时定额，工人该月完成的工时则等于这些工件的工时加总。

给自己加工时。要求加工时总是从晓之以理开始，操作工会不厌其烦地向工时定额员分析为什么某个工件的工时定额是不合理的，例如，铣一刀需要多少时间，一个工件需要铣几刀，有哪些额外时间没有被考虑，某个工件的实际操作时间应该是多少。如果工时定额员接受操作工的分析，他会给这个工件增加工时，但是工时定额员通常都会拒绝操作工的提议，所以晓之以理、动之以情的探讨总是会发展成为激烈的争吵，甚至发展成为扭打。如果工时定额员始终拒绝操作工的要求，那么操作工就会找到班组长来解决问题，如果班组长无法为工人解决这个问题，争吵会继续引到工段长身上。单个工人要工时往往不如几个人一起要更可能成功，所以当一名工人因为工时问题和工时定额员或班组长争吵起来的时候，总是会引来附近工人围观并借此机会说出自己的要求，有一次，袁姐看到划线工阿萍在与班组长和工艺师齐师傅讨论工时问题，她也走了过去，大声对他们说："这样制定工时行才怪！我的那个铁板……"虽然，袁姐没有去直接声援阿萍，但是借助阿萍事件给管理者施加压力，并在与管理者争论的时候彼此支援，这无疑增加了工人讨价还价的能力。阿萍和袁姐你一言我一语把孟师傅和齐师傅说得尴尬地笑了，最后，工艺师齐师傅笑着说："确实是这样，你们都有道理。"之后，齐师傅就和孟师傅去办公室讨论如何给袁姐和阿萍加工时了。

要工时的技巧在计件工资制度推行前就已经在工人之间流传。为了要到更高的工时，工人会将工时定额员给的工时吵高一点，之后再找班组长要一点，然后再找工段长要一点工时，这样一来二去，工时就会比原定增加许多。

2. 藏业绩

藏业绩在所有推行计件工资制度的机械工厂中都很常见，机器操作工并不会将自己某日的所有产出悉数上报，而是会隐瞒一些，留待未来再上报，布洛维在《制造甘愿》中写道：

> 1975 年时限制产出额度不必然是一种限制产量的形式，因为操作员通常都会产出超过 140%，把超出的部分留作下次无法赶工时的'业绩'。实际上，就算是轮到轻松的工作，操作员也会拼死拼活地做，以便为接下来几天藏一些业绩。老练的操作员遇上自己熟悉的机

械时，贮存一星期的业绩根本是轻而易举的事（布若威，2005：192）。

南厂工人也有一整套藏业绩的策略，在计件工资制度推行之前，机械操作工已经做好了准备，一次聊天中，操作小车床的平师傅告诉我：

> 你不可以做得太快，一直超额。如果你这个月超额很多，下个月也一直超额，那么下下月他们一定会削减你的工时定额的。你干吗把自己弄得这么辛苦？差不多过得去就可以了！计件速度很不容易控制，做得太快，他们会改工时定额，做得太慢，你工资又拿得少，所以要控制好时间，速度要居中。（非正式访谈：平师傅）

他接着说：

> 而且你不要把所有工票一次上交。例如，你今天多做了一些，明天不想这么累，你就先藏一些不要上交，算作明天的产出，那你明天就不用这么辛苦。你总有些时候体力好，有些时候体力差，不可能一直都这么平均。但是，不要藏那些正式的工票，尤其是急件。有一些工件是返工修补的，计划调度那里没有这些工件的存底，藏这种工件，他们（管理者）也不会知道。（非正式访谈：平师傅）

南厂工人藏业绩一则用于平衡自己的劳动强度，为自己留出休息的时间；二则防止自己超额过多，管理者提高工时定额；三则用于故意扰乱管理者对自己（生产）的控制。

> 有一次，工段长徐师傅走到袁姐的机床旁转悠——他之前交给了我们一批铝条，现在想要看看生产进度。工段长走到袁姐身旁问："你这样一天能铣多少？"袁姐瞪了他一眼，说："你知道你今晚吃多少饭？"工段长愣住了，很尴尬不知道说什么，在袁姐机床边站了一会儿就走掉了。快下班的时候，我发现袁姐本来已经铣了6打铝条，但是外面只有4条，我问袁姐："铝条怎么就只有这么几根了？你不

是已经铣了很多，剩下的呢？”袁姐乐了，说：“剩下的我都锁到柜子里藏起来了。”我问：“藏起来干什么？又没有人偷。”她说：“下班之前，徐师傅肯定要到我这里看我做了多少。我就不给他知道。”我问：“为什么啊？他知道就怎么了？”袁姐说：“他当然不能怎样，但是我凭什么让他给控制呢？我就不让他知道我现在的工作情况！我明天会再多放出来一些，到时候他肯定会想，咦？昨天还是这么多，今天怎么又这么多了？他肯定不知道是怎么回事，我这就是要玩玩他！”

南厂几乎每个工人都在藏业绩，这使得工件的完成是按照工人的步调和节奏，而不是完全按照管理者的意图。原本旨在提高生产率，却被工人巧妙地破解和利用了。

3. 拒任务

对于南厂的工人，在计件工时推行的时期，工时是最重要的。在两种情况下，机器操作工会拒绝任务，第一种情况是在不改变工时定额的情况下，管理者给操作工增加了额外的工作。一次工时定额员给钳工的工时过于紧张，导致钳工拒绝为铣好的铝条磨去毛边。在上级的压力下，工时定额员不愿给钳工加工时，就要求铣工在铣完铝条后自己把毛边磨去。当工时定额员在要求罗师傅这么做时，罗师傅很生气地说：“这些工作是钳工的，不是我们的，我的工时已经很紧张了，我这样走刀做一条最快能够40分钟，你再让我去钳，我根本完成不了嘛！”工时定额员阿龙也不甘示弱地说：“你的工时定额本来就有很大水分，是可以压缩的！”两个人就这样争执不下。一旁的袁姐恰巧在铣同一批铝条，她觉得自己也会面临同样的问题，所以赶忙走上去支援罗师傅。她眼睛睁得很大，对阿龙解释：“不是我们不愿意给你做，我跟你讲——钳工都是接受过专门的培训才能够上岗的，都要有上岗证和专门的技术水平证书的，不是谁随随便便就可以做的。你别以为这个容易磨，我们没有学过钳工，这些铝条这么软，我们一使劲，磨过了，这个宽度就不对了！符合不了标准，你说这么多条，谁来负这个责任？如果你拍拍胸膛说，一旦出问题你负责任，那我们绝对会干！反正上面追究下来的时候，我们就说是你一定要我们做的。”袁姐的话隐含的意思是，如果阿龙一定要他们磨毛刺，那么不好意思，他们一定会搞破坏，而这个责任铁定是工时定额员的。阿龙显然害怕了，他最后给钳工加了工时，而铣工则无须做磨毛刺这些额外的工作。工人们得到了一个皆大欢喜的结果。阿龙走后，袁姐转过头嘿嘿笑着对我说："他要是真敢让我们磨，我就给他磨坏。我就跑到那台机器那里一个人慢慢磨，一磨就给他磨一天！我就一直占着那台机器，谁都别想用！到最后一大堆人在那里排队，我就说是阿龙让我们做的，我就说我又不是钳工，我怎么知道怎么做，我就只能做这个速度。一天不行，我占两天，你看他最后怎么办！"

拒绝任务的第二种情况则是工人认为工时定额过于紧张，而工时定额员又拒绝给他们加工。2011 年 7 月份，因工伤休假 10 个月的工时定额员阿鹏回来，阿鹏早在九十年代就是南厂压力容器车间的工时定额员，曾经多次因为工时问题和工人大打出手。阿鹏上任得到了生产部门领导的大力支持，在他上任前，班组长和工段长都保有修改工时定额的权限，而他上任之后，工时定额员只对生产部经理负责，班组长和工段长曾经尝试为工人要工时，但也以失败告终。阿鹏上任没多久，平师傅就开始埋怨："定额扣了三分之二啊！以前一个小时的，现在只给二十分钟！不愿意跟他吵，跟他吵你更堵得慌，更郁闷啊！要是这样，还不如岗位工资！"之后，大多数机床操作工的处理方式是，工时定额员或班组长拿工票来，工人先看看工时定额，如果能接受就做，接受不了，就说："这个时间我做不了，你们发外包了。"这样的结果就是工人经常性的停工，小车床和铣床有几个工人有时什么都不做，在车间一坐一天。

尽管不是组织性的罢工，拒任务也令管理者感到大伤脑筋。汽轮机车间就是因为机床操作工对工时定额和工资不满而怠工，导致尽管转子和气缸完成了生产，但因为小配件生产速度过慢而无法出货，进而影响汽轮机订单的完成速度。压力容器车间的问题尽管还没有这么严重，但是，工人并没有像管理者预期中那样，在计件工资制度下去主动地找工作，而是出现了更多拒任务的情况。

管理者认为在计件工资制度下，工人会为了提高收入而努力赶工，但是实际上，大多数工人并不认为月收入越多就越好。较为理想的状况是，他们在付出与以往一样劳动的基础上，收入相比以往得到了增加。决定工人劳动速率的并不是工时定额，而是工人对自己月收入的期望，很多工人不愿意为了提高工资而令自己疲于奔命——对于女工和五十岁以上的老工人而言更是如此。管理者制定这么复杂的计件工资制度，原本是希望工人无法估算他们的月工资，进而通过辛苦工作来应对计件工资的不确定性。然而，事与愿违的是，当工人认为计件工资过于不确定，而工时定额又无利可图时，他们宁可将大把时间用在与管理者的争吵中。结果，尽管工人生产积极性比岗位工资时期高，但劳动生产率并没有达到管理者的预期，车间的频繁争吵也持续了下去。

（三）行动策略上的代际差异

南厂压力容器车间主要有三批工人，第一批是七十年代入厂的老工人，他们大多接近退休，已经在南厂工作四十年左右；第二批是 1991 年入厂的工人，他们大多四十岁左右，已经在南厂工作二十年左右；第三批则是近期入厂的年轻工人，但机加工工段目前只有 11 名年轻工人，他们大多仅在南厂工作了两年左右[①]。

老一代工人大多已经五十多岁了，他们有自己的住房，孩子也已经长大成人，有了不错的工作。以吉师傅为例，他的老伴已经退休了，目前又找了一份兼职，加上退休金，她的月收入有四千多元。吉师傅的儿子在一家装潢公司做经理，每个月的工资有好几万，并且非常孝顺，经常给吉师傅买这买那，这使得吉师傅的生活很宽裕。袁姐已经四十八岁了，她的老公月收入四千元左右，儿子在航空公司工作，月收入超过六千多元，加之最近她终于买到了经济适用房，一家人的生活也不困难。张师傅的老伴则是医生，据说收入水平很高，张师傅经常戏称自己是被老伴养着的，在家里没有地位。总之，这一代城市工人所处的生命周期，所面临的经济压力已经不大。

老一代工人大多数在 1971 年入厂，经历过毛泽东时代，亲身体验过南厂和工人的辉煌，故而对现代企业制度改革后的劳动治理现状最为不满。他们大多数已经在南厂工作了将近四十年，企业如果解雇他们，需要支付巨额赔偿，所以老工人也不担心自己被解雇。这样，他们成为南厂最敢于表达不满、最热衷于破坏规则和最不服从劳动管理的工人。他们的抵

① 南厂人都自嘲："南厂就是个培训学校，年轻人来一年，学会技术就走。"

抗方式主要是争吵、停工、发牢骚和拦截厂领导：因为工作经验丰富，他们在与上级的争论中总能获胜；因为经济压力较小，所以他们是停工抗议的坚定的支持者；因为工作年限较长，他们与企业管理者较为熟识，所以敢于直接拦截厂领导，表达不满。但与中年工人相比，老一代工人的行动较为温和：因为他们年龄较大，所以不会和管理者发生直接的肢体冲突；因为畏惧政治性的处罚，他们也不会主动组织或领导停工。

中年工人大多在20世纪九十年代入厂，年龄主要在四十岁左右。中年工人的分化较大，大部分工人是南厂子弟，出身于南厂技工培训学校，也有一些是农民工。前者已经在南厂工作将近二十年，他们身体强壮、技术优良、经验丰富，正值当干之年。他们赶上了单位的福利房分配，子女也能够享受惠市的义务教育，但在生命周期的这一阶段，还须承受较大的生活压力。尽管如此，他们对未来的预期却很乐观，一方面是因为他们的子女接受了高质量的教育；另一方面是因为他们自身在城市已有住房，父母的生活依靠养老金就足够，他们没有什么后顾之忧。相比起城市工人，农民工的境遇就显得糟糕一些，尽管他们同样享有三险一金，但因为没有本市户籍，其子女仍在老家读书，父母也完全由他们赡养，他们的经济压力相对更大。

中年工人因为承担了较重的生活负担，在他们认为较合理的工资制度下，往往工作较为勤奋。但与老工人相比，他们更难忍受经济上的剥削，他们尤其反感管理者变相克扣工资的行径。这些工人因自身的技术水平、市场价值和工作年限，并不担心被企业解雇——他们既可以获得补偿金，又可以在市场上获得其他的技术性工作。中年工人比老一代工人更心直口快、年轻气盛，当新的劳动治理制度违背了他们认可的道义，并伤害了他们的利益，他们会以更直接的争吵、甚至威胁、打架来发泄心中的不满，小范围停工的组织者也往往是他们。但中年工人群体分化较大，有些工人在劳动中确实存在偷奸耍滑的现象，他们通过向基层管理者献殷勤获得更有油水的工件，所以中年工人的抵制活动很容易被瓦解。

新生代工人大多数在2006年以后进入南厂，年龄主要在二十岁左右，既有惠市本地人，也有外来农民工。厂方希望以新生代工人替代不服管教的老工人，然而，这批工人的流动率却使他们难以担当这一使命。2010年机加工工段招收了三十名新工人，两个月以后，只剩下五个人——而南厂的实习期限是三个月。新生代工人的父母往往仍在工作，但这些工人也到了该成家的年龄，他们对经济收入和未来发展有着更高的追求，而不在乎职业的稳定性，跳槽的频繁程度也使其招致了缺乏企业忠诚度的名声。

安琪是新生代工人中较为少见的、在南厂工作得较为稳定的工人，从他身上，我们能够看出暂时还留在南厂的新生代工人的心态特征。安琪毕业于职业技术学校的数控机床专业，在学期间，他曾经在南海丰田的汽车零件厂做过一年的学生工，因实在难以忍受丰田零件厂的工作条件，而跳槽到南厂工作。他说：

> 那边的人精神真是太紧张了，根本没有停下来的时间。像我以前上晚班的时候，要从晚上八点半上班到早上八点半，有的时候是八点半以后才下班，一到（早上）四五点我就快睡着了。那时候有一次机器坏了，然后整一班人在那边围着修理了一整晚，那一个星期就这样子，每天八点半下来，早饭也没有时间吃，太累了！下班回去了倒头就睡，睡到下午五点多，然后吃饭，吃完就再回去上班，太累了！每天都是这样子，如果富士康的话就更恐怖，没有停的时间。你别说娱乐，你连睡觉都不够。而且那种工作，就想机器人一样的动作，实在是太无聊了，没有什么好想的，脑子不用动，人会崩溃。然后（我）就干不下去了。日本的企业就是——当时我们刚进去的时候，它就说，只要你们愿意干下去，它让你干到退休也可以，它不介意你在那边干几十年，它也不管你年纪什么的，只要你能干下去就可以。他说是那样说，但是那里的人员流动是很大的，基本上没有一个月是固定的。（半结构式访谈：安琪）

相比在丰田汽配厂的遭遇，他对目前的工作状态感到满意，他说：

> 在这边，很多东西都要你自己去摸索，反而能够学到东西。自己去摸索会有意思一点。因为我是一个比较怕无聊的人，每天我都想自己找一些东西出来干一下这样子。每天坐着，除非是休息在家，其实在家觉得无聊也就睡了，要么就是玩一下，反正如果坐着那样就不习惯，就是总是想要找出来一些东西干一下。（半结构式访谈：安琪）

南厂的新生代工人在技术学校多是学习数控机床，但他们的数学水平、看图分析能力和实际操作经验不足，为此，他们需要跟随老工人学习三个月到半年的时间才可以独立操作。也正因如此，他们对技术并不熟悉，就算对生产管理有些意见，也毫无话语权，因为在厂时间较短，他们也不敢顶撞管理者。当我问安琪，南厂的工时定额是否合理这样的问题，他回答：

> 像现在管理者的做法，也很奇怪，你做得太多太快的话，他又说要减（工时定额）。不过，这也由不得我管，那些都是师傅去吵的。要是我去跟他们讲（工时），他们肯定会想，一个新人肯定是你的能力问题吧！（半结构式访谈：安琪）

在师—徒关系中，新生代工人不仅学到了技术，还学到了师傅们的观念。有一次，我经过车间中心阿明的200镗床旁，顺道和他聊上几句，阿明讲着讲着开始抱怨车间的环境差，他说：

> 领导看问题的角度不一样，根本没有站到工人的角度上！你看这些烟这么大的，你跟他讲，他们也听不下去！以前在旧厂时，就比较重视这些，烟尘大就想一些办法来解决。现在的领导好像没有一点那种关心啊、关怀啊！一味地让你们工人干活、干活。（半结构式访谈：阿明）

这时候，阿明原本闷不作声的徒弟很大声地插话附和道：

> 他们看问题的角度不一样，根本没有站到工人的角度上！你跟他讲那些话，他们也听不下去的。你看这些烟这么大的！

当然，像安琪这样对南厂工作表示满意的新生代工人非常少，大多新生代并不满足在南厂的工作。例如，24岁的质检员阿勇就不想继续在南厂工作。阿勇是学习数控钻床出身，但因为容压分公司的数控钻床一直存在故障，他就被安排做了质检员。但是，质检员的工资比钻床操作员要低一倍，这使得阿勇认为自己的才能无法施展。他对我说："只要找到比南厂工资高的工作我就走。"他顿了一下，说："师傅总是说南厂留不住人，这也怨不得我们，主要是因为现在的社会就是这样，我们自己也没办法，人在江湖，身不由己啊！"

与老工人不同，新生代工人一旦对南厂的工资水平和发展前景感到不确定，他们就会直接辞职。他们的高流动性虽然没有直接改变南厂的劳动治理现状，但却使管理者意识到，用新生代工人替代老代群和中年工人是不可能的。

表5—2中分别列出了南厂的三代工人的代际特征、心态特征和抵制策略。

表5—2　　南厂工人的代际、心态与抵制表现

	年龄	入厂时间	代际特征	心态特征	抵制表现
老一代工人	50多岁	20世纪七十年代	城市户口、孩子已工作、在惠市有房子，经济压力小	排斥现代企业管理制度，敢于表达不满、热衷破坏规则和不服从劳动管理	争吵、停工、发牢骚、拦截厂领导等
中年工人	40岁左右	20世纪九十年代	分化水平大，孩子正在读书，经济压力大	技术水平高，有人偷奸耍滑，有人难以忍受经济上的剥削，年轻气盛	争吵、威胁、打架、停工和组织停工
新生代工人	20岁左右	多为2006年后	即将成家，对收入和未来发展较重视	技术水平低，缺乏话语权，观念受到老工人影响	辞职

二　投机式抵制

当人们遭遇到不满的时候会以各种各样的方式进行抵制。最难以察觉，同样也是最为安全的抵制形势是非政治性且非集体性的。斯科特（James Scott）在对东南亚小农的反抗行动的研究中认为，因为促使大规模农民起义发生的环境相当稀少，而且当他们真的起义时，又总是被轻易地镇压，所以农民反叛其实是很少见的。但是，农民通过日常反抗与从他们那里索取劳动、粮食、税收、租金的那些人进行持续的争斗。这种争斗的武器包括行动拖沓、假装糊涂、虚假顺从、小偷小摸、装傻卖呆、诽谤、纵火、破坏等。这种斗争形式表现为个体的自助形式，避免直接地、象征性地与官方或精英制定的规则相抗衡，进而很少为抵制者带来危险。日常反抗意味着小农对统治阶级的“霸权”并不买账，并对各种剥削手段产生着边缘性的影响（斯科特，2007）。

潘毅在对深圳打工妹的工作与体验进行研究时，提出了关于抗争的“次文体”。并将尖叫、梦魇和痛楚作为个体的叛离，并认为抗争的可能性正存在于意识与无意识的交界，“梦魇和床上经验的重复，可以解读为坚持斗争以及对斗争自由的不懈追求”（潘毅，2007）。这种次文体与“弱者的武器”或“隐藏的文本”存在相似之处，即都是未被书写的个体日常抗争形式，但对抗争者的能动性存在高估的可能，其行动的针对性、政治性和组织性都大打折扣。从这个意义上看，日常反抗可以被看作最为个体化和非政治化的反抗。

与此相对，人们对不满的最有力的表达就是社会运动。社会运动，以潜在社会网络和使用产生共鸣的集体行动框架为基础，并发展出对强大对手保持持续挑战力的斗争政治事件的斗争政治被称为“社会运动”（塔罗，2005），其集体性和组织性而展现出的力量和政治效果是日常反抗所不具备的。

对工人而言，罢工比旷工、偷窃、怠工、毁坏机器等抗争行为，具有更为直接和强烈的政治效果。因为，罢工既是一种文化表达方式，也是一种为改变经济和政治关系而可以进行的努力。在罢工中，人们会利用各种文化和符号，为其明确的利益和目标展开有组织、有计划的活动。所以，罢工即便只是基于经济要求，以一种有秩序、非暴力的方式进行，也具备独有的政治特征（裴宜理，2001：8）。当然，不同的罢工从集体性和政治性上也存在很大差异，地区或行业的总罢工，无论在集体性和政治性上都甚于跨厂罢工，而跨厂罢工则甚于单一工厂内的罢工。

南厂工人的抵制行为既不同于明显的集体行动，也不同于隐晦的"日常反抗"，南厂工人的行为有三个特征：第一，南厂工人对现代管理制度的抵制是毫不隐晦的，他们与管理者之间的冲突是明显易见的；第二，南厂工人的行为亦是谨慎和机会主义的，他们没有采取组织性的和集体性的抵制行动，而是各自利用不同机会、乘间抵隙地给管理者的劳动治理设置障碍，使其在不至于惹祸上身、触犯政治雷区的同时，对其不认同的管理方式进行抵制；第三，工人的抵制行动尽管缺乏组织，却表现出了一致性的特征。他们在行动上相互配合、在情感上彼此支持、在观念上相互认同、在信息上共享沟通，共同对新的劳动治理策略进行抵制。我将南厂工人这种利用各种机会，策略性地以不服从、怠工、停工、争吵，甚至威胁等方式来干扰、抵制和破坏管理控制，与管理者对抗的行为称为"投机式抵制"。

如果我们以参与者之间的关系和抗争行为的影响来界定工人反抗行为的差异，根据图5—1工人抗争坐标体系所示，横坐标表示参与者之间的关系，参与者之间配合程度越高、组织程度越高、参与者数量越多，抗争行为的集体性越高，反之个体性越高；而纵坐标表示工人反抗行为的影响，权力斗争越激烈，其政治性越高，反之，非政治性越高。笔者将笼统意义上的集体行动作为参与者之间关系配合和权力斗争激烈程度的中位点上作为对标标准，那么工人的抗争行为可以置于这个坐标体系的四个象限内：各种类型的罢工因组织程度较高、权力斗争较为激烈而处于第一象限；而日常反抗和抗争次文体因其参与者之间配合程度低、缺乏明显的权力斗争而处于第三象限；个人的上访和抗议行为因权力斗争激烈、但缺乏联合性而处于第四象限；而周雪光和李静君笔下的集体懈怠（collective inaction）尽管存在一定的集体性，但激烈程度有限而处于第二象限。"投机式抵制"与集体懈怠存在一定的相似性，即这种抵制行为尽管缺乏组织，但存在一定的集体性，但因其冲突比集体懈怠更激烈，目标也比集体懈怠更明确，故而在政治性上要略高于集体懈怠，这样，"投机式抵制"也位于工人抗争坐标图的第二象限。

工人的力量决定了他们可以运用的抵制方式。怀特（Eric Wright）将

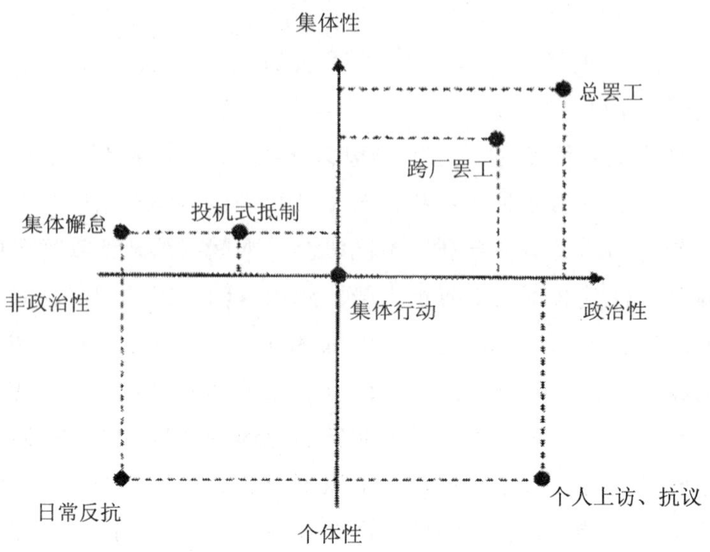

图 5—1　工人抗争坐标图

工人的谈判力量分为组织性力量和结构性力量，组织性力量是由于工人集体组织的形成而产生的各种形式的力量，其中最为重要的就是工会和政党（Wright，2000；希尔弗，2012），工人组织的存在能够克服工人群体之间的分裂，克服个体工人力量不足的情况。南厂工人在对新管理制度感到深恶痛疾时，不是没有考虑过罢工、集体行动等抵抗方式，但他们可资利用的组织资源极其匮乏，这种想法很快就被放弃了。

很多学者都发现随着市场改革的进行，企业不再通过群众动员或政治运动的方式进行生产，国企党委和工会在生产中的作用被削弱了，而管理权力随之兴起。曾经负责组织这些动员活动的党委和工会也在一定程度上丧失了原本的功能，这使得老工人感到很不习惯，车间调度刘师傅就讲：

> 我们整天除了交党费，什么都没了。以前每月都有党组织的活动，中央、党委发文件就有上课，现在什么都没有了。以前上课不觉得麻烦，至少觉得自己是个党员，需要有点觉悟，现在不组织活动，就没有觉得自己和普通工人有什么不一样了。我现在都忘了自己是共产党了，就知道交个党费。（非结构式访谈：刘师傅）

即便如此，党组织、工会和管理者之间的协作关系并没有被破坏：以往，是工会和管理者支持党组织的工作，现在是党组织和工会支持管理者的工作。党组织最为核心的工作仍然继续着，只不过方式已经与以往大不相同。

以往，党组织需要负责动员和组织生产，而今天，党组织以两种方式对生产管理进行辅助：第一，党委书记和企业管理者在任职人选上的兼任。例如，南厂的董事长也是集团党委书记，而容压分公司的负责人——南厂的副总经理，同时又是容压分公司的党支部书记，这意味着，党组织和管理方在各项管理和工作中必然相互支持；第二，处理好群众关系，以防止工人的行动对生产造成阻碍。这意味着，书记会对工人的思想动态和行动进行监督，一旦察觉他们的行为出现异常，或发现工人存在集体行动的倾向，就会立刻动员管理者找工人进行谈话、做思想工作，将可能出现的集体行动化解在萌芽状态。南厂的几次停工事件，都是通过思想工作的方式被迅速化解了。

工会在中国的性质并不是如同西方国家的工会那样是由工人选举、工人缴纳会费资助的、以组织工人与企业进行劳资谈判的独立组织，而是“中国共产党领导的职工自愿结合的工人阶级群众组织，是党联系职工群众的桥梁和纽带，是国家政权的重要社会支柱”[①]。即便如此，市场转型后，工会的功能还是发生了急剧的转变。在计划经济时期，工会的功能主要是组织劳动竞赛、组织职工活动以及发放福利保障用品，时至今日，工会除了每月收取会费，春节前发给工人每人100元过节费以外，从未组织过任何活动，而南厂车间工会也随着现代企业制度的建立而取消。在南厂，无论谈到工会的福利功能，还是工人权益保护这个话题，工人都会说：“工会是没用的。”确实，出任南厂工会主席沈女士曾经就任财务总监，在其年龄足够退居二线时被调任为工会主席。沈女士经常打扮得很时髦，她烫了头发，画着精致的妆容，穿着高跟鞋和套装裙，当她在车间巡视的时候，没有工人愿意向她反映任何问题，他们也知道她只是一个快退休、而没有实权的花瓶。沈女士本人也认为工厂就应该踏踏实实搞生产，不应该花精力去组织工人活动，但是，她自己却对到处开会去旅游很感兴

① 见《中国工会章程》总则。

趣。在一次访谈中，她很是兴奋地向我们炫耀了她刚刚在哈尔滨参加的全国重型工业产业工会会议，并借机在东北旅游了两天，她说明年的会议将在武汉召开，她就有机会去湖北玩一趟了。对工人而言，这种没有用处的工会极大地打击了他们的自信心，沈女士在车间的“绚丽出场”总能让工人感受到自己有多么寒酸和无助，工会与他们的距离是多么遥远。

组织资源的匮乏使得工人不可能通过有组织的罢工等方式达到利益诉求。实际上，笔者在南厂期间，工人们曾进行过这方面的尝试。在计件工资阶段，机加工工人曾经进行过短时间的停工，但是停工参与者周师傅认为这样做解决不了问题，他说：

> 小车床那边昨天很多人都罢工了①，我也罢工了，但是他们还是不提高工时定额。归根结底就是大家心不齐！你几个人停下来是没有用的，要大家一起，所有人都停下来才可以，有人干有人不干就不行了。我们没有组织者——没人敢组织，组织者会被弄掉的。我们不像外国，我们没有工会。（非结构式访谈：周师傅）

下料工人曾经因为不满吨位单价进行过时长为一星期的怠工——他们白天怠工，晚上拒绝加班，成功地迫使管理者将下料切割的吨位单价从120元/吨涨到150元/吨。② 但是参与怠工的积极分子阿发对这个结果并不满意，他说：“我们本来说好了一整个月都不加班的，但是说句实话，我们下料的人还是缺少团队精神。很多人都是为了自己，他们就认为多加一天班就多赚一天钱，大家本来说好了的。但是后来有一两个人加班，后来那些人就跟着加了……作为一个集体，如果没有团队精神一定是没有用的，一下子就让人给打破了。”

---

① 南厂工人习惯上将故意停工称作罢工。

② 下料班组在计件工资实施初期，即2011年1月的吨位单价为200元，结果是工人的月工资非常高，有些工人的月工资到了6000元，这令管理者大为恼火，管理者在没有得到工人同意下将2011年2月的吨位单价调到120元，结果导致下料工人的工资大幅度下降，很多工人月工资只有2000元，甚至低于岗位工资时期的工资水平，这引发了下料班组工人的全体不满，他们要求管理者提高吨位单价。下料班组原计划通过一个月的怠工将吨位单价提高到180元，但在管理者软硬兼施下，很多工人很快就停止怠工。

南厂的铆焊工人也曾进行过不到一周的怠工，但很快也在管理者的思想工作下结束，当我问及谁是组织者的时候，几乎所有的铆焊工人都回避这个问题，不愿意多讲。总之，南厂工人组织资源的完全匮乏使得以集体的方式来争取利益风险过大，根本没有人愿意充当组织者的角色。

集体行动需要团结一致的行动，但组织资源的匮乏使得南厂工人极其容易被分化，这样，集体行动的产生基本是不可能的。这样，南厂工人在面对他们所反对的管理策略时，采取了风险更小、集体化程度更低的抵制方式。那么在投机式抵制中，工人的博弈能力源自何处呢？工人博弈能力的第一重来源是其拥有的国企工人身份。张静分析国有企业管理者权威为何受到较多限制时说：

理论上，国有企业属于公有，不是厂长个人的，所有人都有权分享共有财产的受益，都有权分享资源和待遇的分配。……即便是家长，也没有权力‘不承认’家庭成员的分享资格，因为这份产业是‘公共’集体性，并不能一个人说了算。（张静，2001）

而南厂前董事孙先生谈起为什么国企工人比其他工人更难管理时说：

因为国企到目前为止你还是欠这些工人的……这个很简单，你计划经济的时候没有给够他嘛！你少一块！以他的年龄，在前面这些年（计划经济时期）工资拿得太低了，他现在的工资和刚刚来的年轻人是一样的，所以他觉得自己是亏了的。你只有付给他这一块以后，你才可以完全按照市场的方式来做。（半结构式访谈：孙先生）

2003 年，公司与工会签订了一份《集体劳动合同》，其中规定南厂不得随意解雇工人，也就是说 2008 年《劳动合同法》出台之前，南厂工人的雇佣也很有保障。而到了《劳动合同法》实施后，国企更难解除与工人的劳动关系了，这是因为南厂工人动辄有二十年以上的工龄，企业辞退工人需要支付高额赔偿。南厂生产部长刘先生告诉我：

真的要把工人抛到社会上去没有那么简单的！首先，你能不能证明工人违规？为什么工人出工不出力了？他们怎么样出工不出力了？你凭什么说我出工不出力啊？你怎么去界定它呢？如果你不能证明工人违规，你就需要对他进行补偿，按照工龄、工资算的。除此以外，还要经过社保局、劳动局、人力资源部审核同意，有很多手续要办的！哎呀，麻烦去了……多一事不如少一事，不和谐！（半结构式访谈：刘先生）

可见，国企工人身份具有三重意涵：第一，工人是国企这个大家庭的成员，理应享受主人翁的待遇；第二，国家在计划经济和下岗分流时期对其有所亏欠，作为弥补，他们理由受到特别照顾；第三，他们受到政策法规更为严格的保护，企业不能随心所欲地解雇他们。结果是工人知道只要自己在原则问题上不违反重要的法令法规，不犯政治错误，管理者就不会拿他们怎么样。

工人博弈权力的第二重来源是珠三角地区蓬勃发展且急需技工的劳动力市场。从南厂工人劳动力市场讨价还价能力上看，珠三角地区市场经济发育较早，进而造就了一个繁荣、有活力的劳动力市场。在总体失业率较低的情况下，工人很容易在市场上找到工作，这会增加工人的市场谈判能力。从这个意义上来看，珠三角地区整体劳动力市场状况是有利于技术工人的。从 80 年代开始，南厂就开始为技术工人的流失而苦恼（丘海雄，1992）。南厂管理者曾经以解雇威胁那些不服从管理的工人，但是这些工人表示："南厂不要的工人，全部给私营厂要了。现在外面很多开私营厂的，都是以前南厂的人。你不怕工人流失，哼！你整走一个，人家私营厂要一个。"今天，南厂被工人戏称为"技术培训学校"，意思是南厂根本留不住工人，年轻工人一旦跟师傅学成了手艺，就离开南厂，去往工资收入更高的私营企业或外资企业。在这种情况下，南厂留住工人唯恐不及，这也增加了工人与管理方博弈时的能力。当南厂工人与管理者吵得不可开交时，他们最厉害的招数就是冲着管理者大喊："你炒了我吧！"这总能使管理者败下阵来——因为工人知道管理者不会解雇自己。

工人博弈权力的第三重来源是其本身的技术水平。红火的产品市场使得南厂需要马不停蹄地生产盾构机械，而技术工人是生产主力。2002 年以后，南厂的订单状况很是喜人，2011 年南厂压力容器方面生产目标是二千万，而盾构机方面的生产目标则是一个亿。在这种情况下，南厂的机加工、钳工、焊工都是缺乏的，车间大门上常年张贴着招聘广告。

总之，尽管管理者总是试图贬低工人劳动在生产中的重要性，但无论是劳动力市场状况还是南厂的产品市场状况都并不支持他们的想法和做法——实际上，工人不配合会对生产造成很大损失。这也使工人认

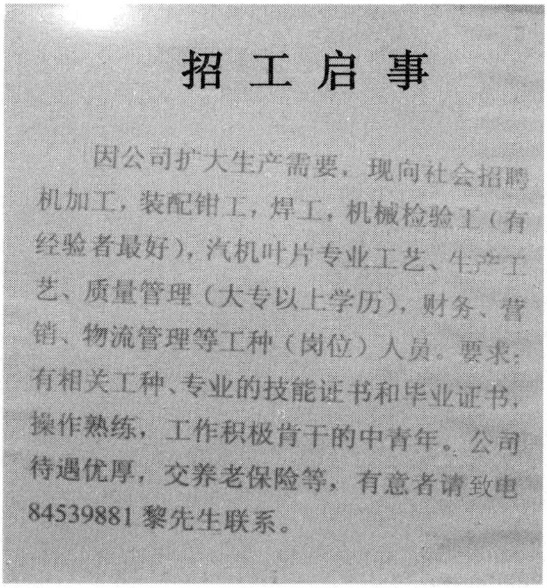

招 工 启 事

因公司扩大生产需要，现向社会招聘机加工，装配钳工，焊工，机械检验工（有经验者最好），汽机叶片专业工艺、生产工艺、质量管理（大专以上学历），财务、营销、物流管理等工种（岗位）人员。要求：有相关工种、专业的技能证书和毕业证书，操作熟练，工作积极肯干的中青年。公司待遇优厚，交养老保险等，有意者请致电84539881黎先生联系。

图5—2　南厂大门上的招工启事

识到，在特定的时期，运用投机式抵制来谋求自己的利益是事半功倍的做法。

三　抵制中的一致性何以可能

尽管“投机式抵制”与罢工等抵制方式相比，集体性程度较低，但是工人之间的联系比“日常反抗”紧密。在调查期间，笔者明显发现，工人的抵制行为存在较高的一致性。如果说这种一致性并非源于党委或工会的组织，那是来自哪里呢？

本文认为，工人抵制中的一致性是与其共同生活和工作的“单位社区”有很强的关系。社区意味着“具有一定地域范围的社会共同体”（郑杭生，2008），而“社会共同体，是指由彼此具有相互联系、相互依赖、并形成某种文化和心理认同的人构成的社会群体”（郑杭生，2008）。南厂中的工人聚居在惠市钢铁大道附近的沙园小区，南厂厂区与工人生活区同属一个行政区划，并构成了南厂单位社区。长期的共同生活使这里的人们有着共同的语言、生活习惯、工作方式和教育背景。在整个计划经济时期，个人的生活领域与单位的生产领域嵌套在一起（宋少鹏，2011）：在生产运动和赶工期间，家属们会把饭菜送到车间，而在任务量较小的时候，工人会在工作途中回家或提前去菜市场买菜，人们的生产和生活是不分开的。

图 5—3　南厂单位社区

图 5—4　南厂单位社区的居民活动广场

南厂现代企业制度的目标之一是将生产空间与生活空间拆分开来[①]，南厂管理者希望借助异地改造计划来实践这一目标。2007 年，南厂从位于市中心钢铁大道的老厂区搬迁到了郊区，新厂区距离原沙园小区四十分钟的车程，这使得工人需要每天早上七点准时乘坐厂车来上班。笔者第一次乘坐厂车时，车刚刚抵达目的地，就站了起来准备往下走——结果全车只有自已一个人站了起来。袁姐立即将我叫住，说："你不要着急，让前面的人先下！坐前面的这几个人是电机车间的人，车会先开到他们车间前。我们坐在后面，是因为我们车间最后才到，我们最后下车——肯定不会不让你下车的！"看到我恍然大悟的神情，袁姐补了一句："一定要按顺序，不然别人会说你的！"在接下来的时间里，我观察乘坐厂车的工人彼此熟识，有着固定的位置和内部的规范，他们会在乘厂车的时候一起聊天、讲笑话。我逐渐意识到，迁厂并没有改变工人之间的联系，南厂厂区与生活区的联系亦没有因为空间距离而断裂，工人将其在生活场所的习惯和社会交往带到了生产场所，南厂车间俨然成为单位社区的"飞地"。

"飞地"是一种特殊的人文地理现象，原指"某国家或地区的一小部分，与主要地域单元相分隔，被邻近国家或地区的土地包围的地区"。[②]这里，我使用"社区飞地"用来指涉原属于某一社区，但却与该社区主要地域单元分割的那部分。南厂车间与沙园小区尽管存在地理上的割裂，但文化、生活与行政上很强的连续性，这使得南厂生产车间也成为了与沙园小区相似的社会共同体，社区生活被工人带到了工厂。人们彼此熟识、相互了解、紧密关联且守望相助，他们早上一起乘厂车上班，午休的时候一起踢毽子、打扑克或者聊天，工作的时候互相讨论技术问题，下班的时候也一同回家。在单位社区的"飞地"中，工人的抵制行动也呈现出一致性，这种一致性主要体现为：

① 当笔者在南厂档案室整理档案的时候，经常需要去南厂办公室向主任请示档案借用事宜，每当笔者去办公室时，总会遇到职工来这里报修自家的水电系统或各种物业事宜。尽管单位制解体后，南厂把很多关乎职工生活的事宜交由社区管理，但是南厂仍然包办一部分社区事宜，这使得彻底切断生产场所与生活场所的联系不可能做到。

② http://baike.baidu.com/view/81723.htm

（一）行动上的相互配合

因为长时间在一起工作，南厂的工人之间形成了某种默契，在对管理控制进行抵制或与管理者讨价还价的时候是相互配合的。

> 计件工资推行的初期，我刚刚学会了开铣床，并对这个机器显示出很强的好奇心，午饭后看到张师傅便很高兴地向他炫耀。张师傅开玩笑地问我："你要帮袁姐赚工时啊？"我说："是啊！是啊！"他说："你可千万别在中午别人休息的时间开机床，小心别人骂你哦！你会让袁姐很没面子的！"我说："知道了，我不会让袁姐难做的！"张师傅点点头乐呵呵地走开了。我很清楚地记得划线工阿萍在计件工资刚开始推行那天的午饭前，当别人都停下机床时，大声地喊："我看哪个为了赚工时在休息的时候开机床！！！"南厂车间一直存在这样的规则——工人个人的工作与休息都需要兼顾大家的利益和感受，自私自利的行为是可耻的，不能为了个人的利益而做出与整个工人群体作对、破坏内部团结的事。如果因为某个操作工过于勤劳而破坏了大家的休息时间或缩减了工时定额，这个人在车间会受到冷嘲热讽和挤兑。

这种配合在《员工行为守则》推行期间就存在。尽管当时管理严格，但当中高层管理者不在车间巡视监督时，工人仍然能够借机坐下、抽烟或串岗。这样，那些工位靠近门口的工人就肩负了站岗放哨的使命，每当他们看到管理者走到门口就赶快站起来并大喊一声"领导来了！！"其他工人听到后，会迅速跟着站起来——这就像是城管来时，小贩一起逃跑一般。除此以外，当某名工人与管理者发生冲突的时候，其他工人会暂时放下手中的工作，去围观起哄，以对管理者施加压力。如果有工人因为不守纪律被管理者起诉解雇，其他工人会提供这名工人并没有违规的证词。

这种有所配合的投机式抵制令管理者很伤脑筋，一方面，管理者明知很多工人的行为都违背了制度规定，但因为工人彼此袒护，造成了"法不责众"的态势。另一方面，采取泰勒曾经使用的方式，依靠几个积极分子来缩减工人的工时定额，或者通过提拔几个积极分子来破坏工人之间的非正式支撑网络基本是不可能的。

（二）情感上的彼此支持

南厂工人在行动上之所以存在配合与他们彼此相互熟识、情感上彼此支持是有一定关心的。李汉林认为在“单位”中，人们的关系不仅涉及工作和公事，还涉及生活与家庭；人们的关系是情感性的，而不仅仅出于经济理性的考量；人们的关系是特殊性的，在熟悉和信任下，原则会失去意义（李汉林，1993）。确实，南厂同一班组的工人大都知道谁家住哪里、老家是哪里的、家庭状况如何、有什么样的困难等，彼此熟识使得大家能够互相体谅、互相理解。

其他工人的支持使得管理者难以随意地处置一些处于劣势地位的工人。1972 年入厂的质检员何师傅曾经是机床操作工，2002 年他在一次工伤中失去了左眼，当时正赶上下岗的时期，管理者就将他归类为“下岗职工”，打算让他回家了。有些工友看不惯这种过河拆桥的做法，将一个为厂奉献了青春和一只眼睛的老工人赶回家，告诉他，国家有规定要照顾因公负伤的职工。这样，何师傅进行了申诉，并留在了南厂，还被安排到了一个相对轻松的岗位上，做了质检员。

南厂压力容器车间一共有 12 名辅助工人——包括 9 名吊车跟车工与 3 名吊车工，较小的工件由跟车工协助工人吊，而大工件则由吊车工吊。辅助工经常跑前跑后地帮助操作工，但他们的工资却是车间最低的。当其他机床操作工施行计件工资后，辅助工人仍然领取原来的岗位工资，这仅比惠市的最低工资高几百块钱。在一次工段会议上，几个操作工提出意见说：“大家都是一个团体，没理由我们工资涨了，辅助工人的工资不涨，这是没道理的，不公平！”管理者同意考虑这个提议。过了几天，我问跟车工陈师傅：“操作工为什么会帮你们提意见？”陈师傅说：“大家都是这么多年的同事了，不好意思不帮忙嘛！”跟车工同操作工的关系很好，陈师傅经常很热心地帮工人吊工件，每每都是随叫随到，还很照顾女工和身体不好的工人。

南厂工人们之所以会相互支持是因为他们意识到，大家的情况都差不多，如果其他人的境遇很糟糕，自己坐视不理的话，那么下一个就会轮到自己；如果在别人与管理者争执的时候帮上一把，那么自己的利益也会相应提升，况且自己遇到困难的时候，别人也会同样帮助自己。

（三）在信息上的共享与沟通

管理者曾希望通过计件工资达到工人之间互相竞争的效果，例如压力容器车间负责人卢先生讲：

> 计件工资，你是多劳多得，做得多，你拿钱拿得多，这样子的话，估计产出和效率都会提高。实际生产中要靠这种氛围嘛！例如你这个人计件高，其他人就互相比了，你拿这么多、我拿那么多，互相比，拼命地争活干。（半结构式访谈：卢先生）

但是，这种情况在南厂非常难做到，卢先生认为是由于工人之间消息过于畅通，他接着说：

> 私人企业什么都不公开，国有企业什么都公开，私人企业每个人工资多少，你根本不知道。因为各个小组知道以后真的就开始攀比了，“啊，我的任务这么重，这么急急忙忙的，还不能拿到高工资”。影响他的情绪，没有必要知道。每个人多少收入，这不是你应该关心的，你关心你自己的收入就行了。否则啊——员工啊！我们原来的习惯不好！哪一个人调了工资，全厂都知道。工人就有意见了，这个人为什么加了工资啊？为什么我不加工资啊？……这实际上是原来那种大锅饭形成的习惯。个个都是认为要升大家都升，要么都不升，我觉得这些人心态不好，我觉得一点都不应该比。民营企业就不存在这个问题！他们（国企工人）宁愿大家都一起吃糠吃菜，他都不希望别人吃肉……千万不能比，一比就乱套了。人永远没有知足的心，凭什么你们组做得没我们多，收入还比我们高？那不公平，不公平之后，情绪就来了，情绪一来，大家都起来了。（半结构式访谈：卢先生）

确实，南厂工人的信息沟通能力使得管理者上述计划难以实施。上班时坐同样的车、吃饭的时候凑在一起聊天、工作的时候共同解决技术难题、他们甚至都同样住在老单位社区，谁家发生了什么事、谁和谁闹了绯闻、谁的孩子在哪里读书、谁的老公退休工资是多少，大家都了解。

铣工罗师傅同对面汽轮机车间的几个老工人的关系非常好，罗师傅说这是因为他们“观点和看法一样”——他们在计划经济时期曾经是同一个班组的同事。这几名老工人每天都一起吃午饭，午饭后则聚在一起针对南厂的管理问题以及各种社会问题进行探讨，这种讨论问题的方法与计划经济时期的班组政治学习非常类似。在学习中，大家会将《惠市日报》上的社会新闻、车间里发生的事情同理论结合起来谈论、交流彼此的看法。

钳工张师傅参与的则是“工资提升讨论群”[①]，这个该小组成员主力是四十岁左右机床操作工，包括几名镗床操作工、划线工和小车床操作工。这些工人的经济压力相对大，他们对工资问题极为关注，吃午饭的时候，除了闲谈哪里有吃喝玩乐的好去处以外，就是致力于探讨与管理者讨价还价的策略以及怎样巧妙地提升工资水平。这个小组的工人喜欢破坏纪律，在生产中彼此打掩护，他们往往下班之前就冲去饭堂吃饭，吃过饭后才打卡。

前文认为，南厂工人对“现代企业管理制度”的应对方式是投机式抵制，也就是说，南厂工人多多少少都以不同的投机性的方式表达自己的不满，与管理者博弈周旋、斗智斗勇。尽管不同工人群体的具体行动策略不同，甚至每名工人都有自己的做法，但他们的抵制行动以及对劳动治理所造成的扰乱是一致的。这种一致性体现在工人行动上的相互配合、情感上的彼此支持和信息上的共享沟通。正是这样的一致性使得他们的抵制行为虽然不是组织性的、集体性的和政治上激进的，但却令管理者难以处置——他们不可能解雇所有工人，又不能无视工人行为对生产管理造成的影响，只好另辟蹊径，对生产过程采取一种“放任”的姿态，以其他方式应对工人的挑战。从这个意义上来看，工人这种有特色的抵制行为是形塑“选择性放任的生产体制”的重要因素。

---

① “工资不满讨论群”是笔者起的名字，这并不是一个正式的群组，而只是一个关系好的工人组成的非正式群体。

小结

很多时候，历史恰恰是由行将逝去的阶级的悲鸣和呼唤所书写的。在对工业化早期的西欧工人抗争的研究中，学者们发现，是工匠等手工业工人而非工厂工人，在工人抗争中占据主导角色，“19世纪的工人运动诞生于手工工场，而非黑暗邪恶的工厂”（Sewell，1980：78）。那些看似陈旧的道德、习惯、传统和文化恰恰成为了早期欧洲工人抗争的理由和资源。与此类似的是，隐藏在锈迹斑斑机器后面的国企工人的道义观念如同毛泽东时代的幽灵，萦绕在容压车间混杂了尘土、钢铁、焊接气味的浓重空气中，至今形塑了南厂工人的行为，并影响了今天的劳动治理实践。正如欧洲的早期资本家不得不和那些来自农民家庭背景的工人的前工业价值观以及工作习惯作战（Gutman，1977），国企管理者发现他们不得不和那些依然受计划经济时期的传统、文化、价值观影响的工人们纠缠。

国企改革后，工人们所熟悉的一切都变了，南厂工人有意识地对各种“现代管理制度”的排斥可以被视作一种整顿世界的努力——这个世界早已被毫不停息的改革搞得天翻地覆。在面对现代管理制度加诸自身的劳动控制时，南厂工人既没有简单地忍耐，仅以抱怨、小偷小摸等日常抗争方式来逃避管理，他们也没有效仿珠三角地区的农民工，采取集体活动、罢工这种激烈的组织性对抗来回应管理者，而是以投机式抵制的方式在生产场所中与管理者展开了权力博弈。

在缺乏组织性资源的情况下，不同工人的行动差异也能够被清晰地观察到：在投机式抵制中，不同代际的工人群体采取了不同的抵制策略。老一代工人因受计划经济传统影响更强，加之经济压力较小、工龄也较长，故而对现代企业管理制度更为排斥，他们常以争吵、停工、发牢骚、拦截厂领导等方式表达不满；中年工人分化程度高，他们普遍面临较大的经济压力，部分工人对于经济剥削、工资克扣更难以忍受，他们比老工人要年轻气盛，倾向于以争吵、威胁、打架、停工等方式表达不满，也有些工人以偷奸耍滑的方式获得更多收益；而新生代工人技术水平低，在车间缺乏话语权，他们不敢进行直接抵制，而处于师傅的庇护下，但在对工作和收入不满意的情况下会采取“用脚投票”的方式离开企业。

尽管不同工人群体的具体行动策略不同，甚至每名工人都有自己的行动策略，但他们的抵制行动以及对劳动治理所造成的扰乱是一致的。这种一致性体现在工人行动上的相互配合、情感上的彼此支持和信息上的共享沟通。正是这样的一致性使得他们的抵制行为虽然不是组织性的、集体性的和政治上激进的，但却令管理者难以处置——他们不可能解雇所有工人，又不能无视工人行为对生产管理造成的影响，只好另辟蹊径，对生产过程采取一种"放任"的姿态，以其他方式应对工人的挑战。从这个意义上来看，工人这种有特色的抵制行为是形塑"选择性放任的生产体制"的重要因素。

塔罗等人（Tarrow）在对斗争政治进行分析时认为"斗争政治的爆发不是来源于人们所遭受的贫穷或社会解体。因为这些先决条件比他们所支持的运动更长久。真正的差别在于：人们所经历的机遇类型和水平、他们的自由行动受限制的程度及他们所感受到的对自身利益和价值的威胁的不同。"（塔罗等，2005）与此类似，人们所能使用的斗争手段也与他们可资利用的资源、拥有的机会、可以发挥的策略，以及信念有关系。可见，投机式抵制也是在一定的政治机会结构下形成的，即国有企业的双重嵌入性：

一方面，国有企业嵌入在社会主义的历史传统中，国企工人在其长期的工作和生活经验中形成了一定的道义观念；另一方面，国有企业又嵌入在一个竞争的市场中，那些经历了市场转型和国企改革的工人们，同样经历了经济、社会和心理落差，他们不仅利益受损严重，其道义观念也被违背。工人抵制必定与其不满相关联，而只有当他们经历难以忍受的经济、社会落差时，才会对现有管理制度产生不满，并产生抵制的意愿。

另一方面，社会主义体制的嵌入性为工人抵制行为提供了策略和资源：国企工人享有较为稳定的雇佣关系，企业在解雇工人上存在障碍；工人同处一个社区，彼此熟识，这有助于工人配合、同情、支持的产生，以及信息的沟通，只有在这种情况下，工人才可能在缺乏组织的背景下保持一致；在基层民主制度下，利益表达的正式渠道赋予工人利益表达行为一定合理性。当然，劳动力市场的影响也不容忽视，在珠三角地区这样一个蓬勃发展、又技工短缺的劳动力市场中，南厂的技术工人（尤其是中年工人）的失业忧虑感较低，这也成为令他们敢于挑战管理者的原因之一。

第六章　基层管理者的行动逻辑

基层管理者在生产过程中的独特位置使得他们充当了生产体制促成者的角色。本章的目的在于分析基层管理者与生产体制相互形塑的辩证关系。基层管理者在任何生产体制中都处于一种上传下达的位置，这种位置可以使他们获得可观的权力与利益，亦可以令他们处于两面夹击的尴尬地位。南厂的基层管理者在计划经济时代的班组工作制下，具有一定的权力，并利用这种权力同下属发展了“庇护—互惠”关系，在中高层管理者与工人并无根本性利益矛盾的情况下，他们成了成功中间人。在现代企业制度推行后，基层管理者的权力被削弱，中高层管理者与工人也向他们提出了不同的要求。一方面，中高层管理者希望基层管理者成为自身意志的贯彻者，成为现代企业管理制度的基层推行者；另一方面，工人希望基层管理者继续保持在计划经济时期业已形成的庇护关系，并成为自身的利益的代表，对现代企业管理制度进行抵制。两者相异的要求使基层管理者愈加处于尴尬的地位。如何在不顶撞领导的情况下获取工人的配合成为南厂班组长面临的问题，以对工人的放任换取他们的基本配合，并以此作为完成工作任务的方法。

一　基层管理者在车间政治中的角色

（一）资本主义工业发展中的基层管理者

在资本主义工业发展的历史中，基层管理者处于非常关键的位置。以班组长、工段长等为代表的工头曾经有过一段权力膨胀的黄金时期，“包工头王国”就是对这种权力的形象表述。“包工头王国”在工厂生产的包工制时代存在于世界的许多地方，包括欧洲、美国、日本和中国。在19

世纪工业发展早期，在小的私营工厂中盛行的是“简单控制”方法（Edwards，1979），而工头就是达成这种控制的重要环节，这些工头帮助工厂主招聘工人，并向工人提供庇护（汤普森，2001），他们协助老板对生产进行直接控制。

在中国，基层管理者也经历过大权在握的时期。在20世纪二三十年代——中国工业发展早期，在上海的纺织厂和制烟厂中，“车间的工头掌握着工人的招雇和解雇的权力，从事技术工作，并监督工人的生产劳动，如有人偷懒违规者，他们有权力打骂或者罚款”（贾文娟，2006；王处辉，1999）。各车间的工头就掌握着控制管理该车间的权力，他们在自己控制的车间内制定了管理标准，工头在此有分配资源和奖惩工人的权力，他们的上级部门甚至都难以控制车间事务。一方面，工头成为工人的剥削者和庇护者，帮助老板对工人实施控制；但另一方面，工头出于自身利益需求，而利用工人的力量来挑战老板，例如组织工人闹事、罢工等（洪尼格，2011；裴宜理，2012）。

随着工业的发展，工头与工人、与老板的冲突都变得愈加严重起来（Edwards，1979），这使得他们受到了独立工会与企业管理者的两面夹击。到了二战前后，工头曾经的权力被剥夺殆尽。一方面，企业的行政机构和科层化管理剥夺了工头的管理特权；科学管理和流水线生产模式剥夺了工头对技术的垄断；正式劳动力市场的兴起剥夺了工头的雇佣权力；工会剥夺了工头对工人进行支配的权力（Kochan and Cappelli，1984；Jacoby，1984）。

基层管理者权力的降低并不代表他们完全从生产管理中退出。在现代工业，尽管工头在生产中的角色发生了深刻的转变，但他们在生产体制中的作用仍然是非常重要的。一直以来基层管理者的行为都遵循着“自利逻辑”，但他们的行动选择成为一定生产体制的促成因素。20世纪七十年代，在布洛维对芝加哥一家机械制造厂的研究中，他发现工头作为赶工游戏的仲裁者与协调者，在积极地帮助工人参与赶工：

> 领班会透过传授操作员一些他们自己在操作员时代学到的戏法、指出更有效率的装置、协助制作特殊的工具、当成品并未完全符合蓝图标准时游说品管检验员让它过关……方法积极地协助操作员赶工

……如果操作员已经赶完了当晚的工，并决定优哉游哉地过完接下来两三个钟头时，领班可能会说："你难道不想藏一些业绩吗"以驱策他们工作。(布若威，2005)

这些工头被要求完成一定的生产定额，并且知道"限制产量是构成赶工的必要部分"（布若威，2005）。工头对工人赶工的积极帮助是生产场所中同意的生产以及霸权生产体制的促成因素。可见，即便丧失了传统的权力，工头对于生产体制的作用仍然是不可小觑的。当现代工业企业发展出一套更为精细的管理控制方式时，工头则成为这套控制方式的促成者。简单来说，生产体制与基层管理者之间的辩证关系是，不同的生产体制对基层管理者提出了不同的要求，而基层管理者出于对自身利益考虑而行动的逻辑又促成了一定的生产体制。

（二）社会主义工业发展中的基层管理者

很多对社会主义企业生产体制进行研究的学者发现，在东欧和苏联的企业中也存在与工头制特征相类似的管理方式。诸如工段长、班组长等基层管理者拥有奖惩工人的权力，每个工人都依赖于他们的马首，由他决定工人的收入（Burawoy，1990）。哈拉斯基对他所工作的匈牙利布达佩斯拖拉机厂中工头的权力描述如下：

他们是这里的皇帝，将我们统统捏在手心里……工头管的不仅是我们的工作，他们管的是我们的人身。工头决定我们的工资、工作、加班、奖金、由于高废品率被扣除的工资数额……他们负责雇人、解雇、批准请假、罚款、发奖金。(Haraszi，1979：86－87)

然而，中国计划经济时期工业企业的情况与东欧这种被布洛维称为"官僚专制体制"的生产体制不甚相同。"工作班组制度"是中国计划经济时期工业企业中的最为重要的生产管理与政治活动模式，华尔德认为工作班组制度有四项功能：第一，负责将上级意图下达并组织生产、解决问题。第二，班组承担着制订本班组生产计划、目标等管理工作；第三，班组需要对下属工人就升工资、发奖金等做评语、给意见；第四，生产班组也要承担政治学习的任务（华尔德，1996）。

班组长是工作班组制度的关键。他们是车间领导与工人之间的联系纽带，起着上传下达的作用。他们是车间主任的助手，保证工人完成生产任务以及参加上级组织的政治活动。他们又是工人的直接领导，替工人向上级要求请假、补贴、分房以及各种福利和资源，为工人提资升级作评语，并组织本班组工人参加劳动竞赛。他们不仅需要同组员站在一起，以赢得他们的合作，完成生产任务，还需要参加上级的会议，贯彻领导的意图。

（三）成功的中间人：以庇护为基础的交换

大多数的班组长知道在这种制度下如何做一个成功的“中间人”，除了自身的技术水平与组织能力①，重点就是对下属加以庇护，同他们发展“互惠—合作”的关系。一直以来，工人与班组长、工段长这些基层管理者在工作中建立起了紧密的互惠关系。

一方面，工人需要通过管理者获得各种资源、机会和庇护。计划经济时期，积极分子对领导的追求不但给前者带来正式渠道上诸如奖金、升工资等好处，还能够带来通过非正式途径分配的各种物资。不仅如此，他们可能更容易入党和获得提拔（华尔德，1996）。而改革开放后，尽管工人已经不再从单位获得资源和福利，但基层管理者的庇护对他们来说仍然是重要的，例如工人如果在工作时间要出去看病或者有其他事情要离开一下，给工段长或班组长说一声就可以了。

另一方面，基层管理者需要工人配合他们的工作。“他们不仅响应领导的各种号召，按照领导的意图行事，而且还帮助上面写报告、记录出勤率、订原材料和工具”（华尔德，1996），在工人的配合下，基层管理者可以把工作做好，建立牢靠的群众基础，获得上级领导的好评（曹亮，2010），并有可能从与同僚的竞争中胜出。计划经济时期，南厂的基层管理者若要工作顺利不仅需要少数“靠得住”的骨干的帮助，更需要得到手下工人的拥护和帮助。一位在七十年代曾任办公室主任的被访者说：

---

① 一方面，班组管理者的选拔是比较严格的。曹亮曾对南厂计划经济时期基层管理者的选拔进行过研究。华尔德也指出，成为班组长的工人都是技术水平很高、组织能力强、人品道德也公认是很好的老工人。

车间因为是生产一线嘛，干部一定要得到工人的配合，那样他去指挥生产工人才会听他的，他号召工人干嘛工人也才会响应。工人要是觉得你不好，他可以不跟你干，不配合你。（半结构式访谈：陆女士）

不同于工业发展的苏联模式，在中国的国有企业，在以庇护为基础的交换关系下，班组成为一个紧密的团体。人们以班组为单位参与劳动竞赛并分享奖金，以班组为单位受到表扬，以班组为单位争取住房、自行车等福利，这样，在无法解雇工人，并向所有职工提供基本福利的情况下，班组长往往与下属发展了很好的关系。吉师傅说，在八十年代的时候：

班组长干什么都是和工人一起的，一起饮茶吃饭啊。一个‘长’其实是很小的嘛，班组长自己也是要计件的，就是每月多几十块的补贴。平时就记记考勤、报出勤啊、点个名啊。以前关系都是很融洽的，不像现在这样，你又看着我，我又看着你。我这样做了这么多，才这么少钱，就跟人家意见大了。以前就不是，反正你有本事，你就赚。自己的奖金还是自己要的，个人评到先进的钱都是不拿的。我们当时拿到先进班组的经费以后就说，名誉是你的，钱大家拿出来一起吃，一起高兴。先进个人也把钱拿出来一起吃。因为钱不多，高的十来块，低的几块钱，分的话又不均，加上去一起用了就算了，让大家高兴一下，一起吃……那个时候争议是班组之间的，我这个班组任务完成得怎么样，尤其是劳动纪律怎么样，比如你的班组违反了什么纪律被人扣了分，你的分肯定就很低了。再例如被人查到你那个班组有旷工，有违反劳动纪律，或者早下班走了，领导都有记录的；如果你班组有人发生这种情况，以前还有如果你们班组有人违反计划生育，那你们肯定就没份了。（半结构式访谈：吉师傅）

改革开放后，工作班组不再承担政治任务，但车间内的生产仍然在以“班集体”为单位进行。实际上，生产上的工作班组制度在南厂一直延续到 2001 年。20 世纪九十年代，南厂的分厂制和承包制时期，工作班组的经济功能达到了顶峰，班集体甚至可以自立为分厂，独立承接生产任务并依此组织生产。以庇护为基础的交换关系并没有因为班组承包的盛行而瓦解，反而得到了加强。在这个时期，南厂的班组长或工段长承担了类似于包工头的角色：他们在拥有一定权力的情况下，一方面从上级领导处获取资源促进班组发展以及帮助班组成员；一方面带领班组成员完成上级安排的任务指标。也正是在这个时期，南厂工人的收入和福利待遇达到了顶峰，但企业总体利润却呈现出下降的趋势。

计划经济时期与承包制时期的习惯使得工人有了这样的观念，他们认为称职的班组长和工段长应该庇护下属；作为回报，工人们会支持他们的工作，只有这样，才能达到水涨船高、共同富裕的结果。袁姐告诉我在九十年代任机加工班组长的是阎师傅[①]，她说："阎师傅是很好的，他都是帮着工人的。说不好听，阎师傅很明白——知道你是要依靠我们这些人干活的嘛！因为说来说去，下面工人肯干活，他知道的嘛！"

二　转型中的基层管理者

如同西方国家在机器大工业兴起之后，随着科学管理与福特制的推广，工头丧失了权力，而成为"科层制控制"（Edwards，1979）中的一个环节，车间的包工头王国不复存在。与此相似，在中国的市场经济改革下，工人与国家的社会契约不复存在，单位制解体，企业不再向职工提供诸如住房、教育、社会职能、医疗保健等集体消费品，与此同时，班组长所承担的社会职能与权力亦随之解除。社会主义的"车间的包工头王国"随着班组工作制度的终结而瓦解。然而，中国由计划经济时期的生产体制向现代企业制度转变的过程中，基层管理者角色的转变并不顺利。

（一）压力容器车间基层管理者的撤换替继

九十年代承包制的盛行为南厂的发展带来了严重的问题，惊人的银行贷款数额使得南厂的新任管理者不得不改变经营战略，摒弃了"小而全"的分散承包制，而对南厂的生产实行战略重组，建立了统一的生产部。经过专制之后，班组不再是重要的经济单位，而成为企业科层制管理中的一

① 那个时候没有工段长。

个环节。相应地，班组长在组织生产中的重要性明显下降，他们不再是类似于“包工头”的集体承包带头人，能够依据自身经验和意愿自主地对班组成员进行管理，而成了仅仅需要简单执行上级指示的基层管理者。

这个转型并不顺利，因为以庇护为基础的交换观念并没有随着制度的完结而瓦解。阎师傅1972年就进入了南厂，在九十年代推行计件工资的时候，阎师傅一直任机加工班组长，后来，他还就任过铆焊工段长。阎师傅个头很大，性格直爽，一直以来受到了工人的好评与爱戴。尽管阎师傅一直都是开大车的，但他同时对铣床、镗床、钻床、车床和铆焊等技术非常熟悉。在阎师傅任班组长期间，机床操作工的生产效率非常高，阎师傅说自己处事的秘诀就是发展同工人之间的“庇护—互惠”关系。用他的话说就是：

> 我尽量帮助工人，给他们创造好的条件——你希望他们好好干活嘛！他们本来都干得好好的，干什么要打扰他们？你到这里都看到的，南厂的工人干活其实个个都是很好的。吸烟、串岗啊、坐一下啊根本不是问题。工人有什么要求，我尽量满足，相应地，他们工作也积极，对大家都好，是不是？（半结构式访谈：阎师傅）

2002年之后，班组长在计划经济时期和承包制时期业已形成的管理方式与新的生产制度产生了矛盾。新的《员工行为守则》推行之后，阎师傅经常因为庇护手下的工人而得罪管理者。一次，铆工陆师傅刚刚干完活从车间第三跨大汗淋漓地回来，一屁股坐在一堆铸件上休息，刚好遇到了在车间巡视的副总经理。副总认为陆师傅在怠工，上前去说：“你不干活坐在这里干什么？”陆师傅解释自己刚刚做完一些工作，现在只是在这里休息一下，但是副总说：“不可能，我看你已经在这里休息很久了，下个月你的工资降一级。”无论陆师傅怎么解释副总都毫不理会。一怒之下，陆师傅随手抄起一根铁棍，说：“你不讲理的是吧！”一步步往前逼，副总赶忙躲闪，就这样陆师傅抄着铁棍追着副总从第一跨跑到了第三跨，直到最后有工人拦下他，说：“你就算想打他也别在现在打。等下班了，没有人拦着你。”阎师傅当时也在场，但拦下陆师傅的不是他。

陆师傅一直都是阎师傅手下的得力干将，一看到副总要降陆师傅两级工资，阎师傅实在忍不下去了。他告诉副总：陆师傅平时工作是很努力的，这件事情本来就不是他的错——他辛辛苦苦干完活，坐地上歇一会儿，就被误认为是偷懒，他要打你也是被你逼的。这么一说副总更生气了，他不依不饶，坚持降陆师傅的工资。结果，阎师傅气得冲着副总喊了起来："有什么事你冲着我来，不要搞我手下的兄弟!!"这一闹，阎师傅因为顶撞领导而被撤了职，而陆师傅还是被降了两级工资。

实际上，在这一阶段，南厂的中高管理者发现以往的班组长仍然沿用过去的管理方法，过于庇护工人，对新的管理理念有所抵触，对新制度执行不力，甚至与上层管理者作对，故而以"提拔年轻人"为借口将车间中所有老班组长都撤换掉，而提拔了一批九十年代入厂、较为听话的工人接任车间基层管理者。

接任阎师傅职位成为机加工班组长的是孟师傅，在此之前，他只是一名默默无闻的车床工，据说他的技术并不好，车床开得不快，做的质量也不太好，后来他的师傅做了公司的领导，所以提拔了他。孟师傅对铣床、镗床和大机床的技术都不懂。不仅如此，孟师傅为人懦弱、胆小怕事、缺乏魄力，他本身对上级管理者都又怨又怕，有的时候还需要别人对他进行保护。

2010年底新领导层上任后，有一次，新任生产部部长来到车间办公室查看，发现有铸件堆放在墙角，便质问孟师傅，这些铸件是用来做什么的。孟师傅说，是准备发外协的。生产部长的脾气不好，听到孟师傅的回答，脾气立刻就上来了，大声质问他："现在是什么时间了！外协怎么还没有送出去!?"因为孟师傅并不直接负责联系外协，他只好给部长慢慢解释，他说，以前的外协合作方都是固定的，但新领导上任把外协政策改为"货比三家"，现在发外协前需要先招标，在确定中标方之前，铸件就只能先堆放在这里了。部长不管三七二十一就劈头盖脸地开始吼孟师傅，说他对工作不负责任、没有及时跟进生产进度、与上层沟通不力等。原本是因为采购制度不合理而导致的生产进程延后，管理者却将脾气发在班组长身上。孟师傅一下子被吓呆了，不知道怎么做出回应。这时候，调度员方师傅实在看不下去了，大声说："这个盾构机是我负责的，要不要外协怎么办，全部由我，不关他的事，是我的事，有什么事情你冲着我来。"

结果，这引发了一场更大的争吵，直到生产部长最终因为理屈而返回办公楼。

（二）基层管理者的自身状况

九十年代，阎师傅等班组长在任的时候，他们的任务只是指导工人按时按量地完成生产任务，具体怎么完成任务，上级管理者并不过问和插足。他们能够按照自己的意愿和想法对工人进行管理，进行小组内的组织协调。随着现代企业管理制度的推行，基层管理者的权限、责任、工资、考核等状况也发生了改变。

1. 工资收入情况

在九十年代，班组长等车间非一线工人的工资计算方式为拿本班组工人平均工资的百分比，例如，班组长拿工人平均工资的130%。在这种情况下，本班组工人的工资越高，班组的工资也越高。根据南厂曾经推行计件工资的资料，当时压力容器车间的计件超额率被定在130%，也就是说工件的工时制定得使工人基本上都能够超额30%①。可以说，在九十年代，企业是向职工放利的，在这种情况下，无论是工人还是班组长的收入都很可观。

2001年南厂岗位工资改革之后，班组长的工资由岗位工资与浮动部分（奖金）构成，根据《岗位工资标准》，小班组长的岗位工资是1500元，加上奖金，孟师傅的工资在1800元到2000元之间，经过两次调资升级，孟师傅的工资为2200元左右。岗位工资的大锅饭效应在班组长身上得到了极佳的体现。他们对工人管得多，工资不会因此增加，反而会招来工人的怨恨与怠工。相反，他们对工人管得少，奖金也不会因此而减少。管与不管，他们的工资实际上都没有改变。

2010年，新任领导班子上台后，再次改变了工资制度，推行了以班组为单位的计件工资制度，班组长的工资由基本工资、浮动工资和津贴构成，基本工资是他们的岗位工资，而浮动工资则由上级管理者对他们进行考核而决定，笔者曾经问其他班组长浮动工资是如何确定的，他们说："鬼知道是怎么确定的！"在这种情况下，班组长的工资情况在

① "厂计件工资实施办法（试行）"，1985年《南厂档案》（短期）第2卷。

很大程度上取决于上级对他们的看法。另外，班组长工资并不是从集团公司科室人员财政里发放，而是从该班组的工资基金里发放。因为该班组的工资基金取决于该月班组的总工时，所以班组产量越高，班组工资基金越多，班组长的工资就越多。这种工资制度目的显然是希望班组长促使本组工人努力生产、提高产量。但无论怎样，这一时期，孟师傅的工资涨到了 3300 元。

2. 对班组长的考核情况

2001 年，伴随着岗位工资的推行，南厂对班组长的行为进行严格的考核，一方面，考核他们是否履行了自己的岗位职责，另一方面，考核他们是否严格遵守《员工行为准则》。

压力容器车间班组长的岗位职责为[①]：

（1）认真执行集团公司《员工守则》和各项规章制度，自觉遵守劳动纪律；

（2）尽职尽责，努力工作，按时完成本职岗位工作任务；

（3）热心为职工服务，及时为职工办理差旅费、探亲路费及医药费等报销手续。

（4）负责统计车间员工的出勤情况，并按规定的时间上报有关部门。

（5）搞好备用金管理，做好现金的保管和防盗工作。

（6）检查车间员工执行《员工守则》的情况，按照有关程序对员工违章的行为提出处理意见。

（7）按时完成车间领导布置的临时工作任务，搞好车间办公楼的文明办公及环境卫生。

考核由车间级领导进行，并依据考核结果确定班组长的工资浮动部分。对班组长进行的绩效考核内容包括：履行职责、岗位性质、组织协调、执行计划、工作预见性和解决问题能力、工作主动性和协作精神、工作效率、工作质量等八项。绩效考核各内容评价标准按好坏分为 5 个等级，并根据不同等级给出该人的分数。例如，班组长的工作主动性和协作精神考核标准如表 6—1：

① 来源："压力容器车间岗位职责"，2001 年《南厂档案》（长期）第 5 卷。

表 6—1　南厂压力容器车间班组长绩效考核内容之一

等级	1—优秀	2—良好	3—满意	4—较差	5—不满意
行为表现	非常出色	比组织期望水平高	达到组织的期望	比组织期望水平低	不符合组织期望
评级标准	主动承担艰巨任务，顾及上下左右各层次工作的开展，能提出解决需要协作难点的问题和办法并自行或组织人员解决。	主动做好本岗位的工作，协调好上下左右各层次工作的开展，能提出解决协作过程中出现的难点和办法。	能做好上级领导或主管布置的协作工作，能估计上下左右各层次工作的开展，顾全大局。	基本上能按照领导意图完成协作工作任务，但协作过程常强调困难，出现缺、漏现象。	工作情绪化，带消极现象，经批评仍无明显改正。
分值	110	100	75	50	25

绩效考核时间采取月考核、每季小结、年终总结的办法进行计算，并根据班组长这几项得分总和作为其薪酬、岗位调整与劳动关系管理的参考要素，分值与处置参考见表 6—2。

表 6—2　南厂压力容器车间班组长绩效考核得分及评价

等级	绩效考核综合分值	评价条件	参考要素
1	860—1000 分	等级在良好以上。	可考虑薪酬（岗位）晋升。
2	680—859 分	等级在满意与良好之间。	可考虑薪酬（岗位）向上调整。
3	645—679 分	等级在满意之上。	薪酬基本维持，或需接受职业技能开发培训。
4	430—644 分	等级在较差与满意之间。	可考虑薪酬（岗位）向下调整。劳动合同欺瞒考虑不再续签或接受职业技能开发培训。
5	215—429 分	等级在较差与不满意之间。	劳动合同期内可考虑辞退，期满不再续签。

3. 向上流动渠道的封闭

班组长的向上流动分为行政性升迁和经济性升迁两种。行政性升迁指的是职务升迁和岗位升迁。南厂以往的班组长和工段长都是从工人里提拔的优秀分子，如果他们工作做得足够优秀的话，还可以被提拔为生产部的干部，南厂前任和现任生产部长都是从班组长提拔起来的。政治性升迁的存在曾经是激励基层管理者的重要因素。经济性升迁指的是收入的提高。在九十年代，有些班组长甚至可以带领班组成员自主到市场上接受任务，并作为班组奖金进行发放，在这种情况下，班组长个人的收入也是非常可观的。

然而 2002 年现代企业制度正式推行之后，班组长向上流动的渠道便被封闭起来。一方面，对基层管理者来说，他们很难再获得政治性升迁机会。南厂中高层管理者——车间领导与职能科室的领导者都不再是直接从工人中提拔而来，一部分是从工程技术岗位横向调配的，另一部分则是通过社会招聘而来，而且南厂对中高层管理者有愈加严格的学历和各种证书要求。这些门槛使得基层管理者认识到，自己几乎没有被提拔的机会。另一方面，基层管理者的经济升迁机会也并不大。在岗位工资推行时期，一些对岗位工资并不满意的中层管理者说："原来虽然说奖励工资是浮动工资，但是一直都没有浮动过，相当于是死工资。实施了这八、九年的岗位工资制，奖励工资形同虚设，我也不太赞同。"而在 2011 年的计件工资时期，班组长的工资仍然不甚明确，除了岗位工资部分，剩下的浮动部分依然是根据上级管理者的好恶决定。实际上，2002—2012 年这十年来，班组长的工资一直是与高级操作工的工资水平持平。

随着南厂内部劳动力市场变得封闭，班组长等基层管理者被排除在管理层之外，他们没有机会进入更高的领导层，他们的工资水平的增加与操作工无异，他们在职代会上的提议不被重视，他们在工作中的情况还要受到监视和考核。

（三）转型对班组长的影响

实际上，南厂现代管理体制对班组长有如下影响：首先，他们在基层生产中基本上不再拥有权力。贾文娟认为工头权力来源于三个方面：劳动力流动网络中的信息中介位置，技术交换网络中的单边垄断位置，以及组织体系内部的管理中介位置（贾文娟，2006）。而对于孟师傅等南厂基层管理者来说，他们的技术水平是难以服众的；管理者没有赋予他们任何管理权，而是时刻对他们进行监督，南厂的班组长连同意工人请病假的权利都没有；最后，他们根本无法影响南厂的劳动力招收政策。

其次，班组长的工作压力却增加了。班组长的一切工作都被上级管理者安排，而无法按照自己的意愿行动。他们不再向工人提供庇护，按照上级领导的要求，他们要做坏人，监督工人执行《员工守则》。但另一方面，他们又需要工人配合自己的工作。结果，无论是上级管理者还是下级操作工都以各自的方式向班组长施加压力。我将在下面两节具体分析来自这两方面的压力，以及班组长的应对方法。

最后，班组长的待遇降低了。班组长与南厂所有职工一样，他们同样受到车间医疗设备缺乏、劳保用品的缺乏、工作环境糟糕以及管理者关怀减少的影响。而且他们的工资水平也与其属下一样，与中高层管理者的差距在逐渐增加。

三　减压阀与班组长的尴尬地位

南厂推行现代企业制度后，班组长被削弱了权力，其职能亦被进行了新的定义。工人与中高管理者对基层管理者的不同期待将他们推到了一个极其尴尬的位置。计件工资制度的推行加剧了这种紧张关系。该制度推行了两个月后，下料班组与火煸班组几乎同时进行了停工抗议，两个班组的抗议内容、方法都几近相同，但对基层管理者的处理却大相径庭。尽管这是两个极端的事件，但我们可以从二者的比较中明显地看到管理者与工人对班组长的不同要求，以及班组长所处的尴尬地位。

（一）下料割焊班组停工事件

2011 年 1 月，下料工段开始施行吨位计件工资制度，工人的工资计算方法为：

工人月工资 =（吨位单价班组生产总吨数）×班组总人数× 个

人系数

吨位单价成为决定工人工资水平的重要部分，也成为争议的核心。1月份，南厂容压分公司将下料班组的吨位单价定为200元/吨，结果在工人的集体努力下，产量极大，而下料班组工人的工资也出奇得高，最高的工人以往的岗位工资是2800元，该月工资却达到了8000元。2月份出工资的时候，容压分公司的工资基金无法支付这么高的工资，故而与下料割焊班组的班组长与几个生产骨干开会，说集团公司要把吨位单价压到120元/吨，并要求他们把这个消息告诉工人，说先试行一个月，看看效果。结果割焊工人2月份的工资大幅度下降，该班组的工人阿发告诉笔者：

第二个月，我们工资少了40%，那些系数高的人还能够保持原来的工资水平（岗位工资时候的水平），但是我们系数低的，就好比上个月我那个时候，是过年吧，我的工资比以前的岗位工资还少了200多、差不多300块钱。太少了！我才拿到了1100元钱，还有900元加班费说是发不出来，下个月才发。（半结构式访谈：阿发）

割焊班组长将自己同中高层管理者开会的内容告诉了工人，工人们都感到异常气愤，于是他们在共同出去吃饭时商定，2月份停工一个月。当然，这种停工是有策略——工人白天工作拖拉散漫，晚上和周末则拒绝加班。品质部长说当时的情况是：

他们这个说，我今天家里有事，那个说我小孩儿生病了，你又不能强制他加班。他小孩儿到底有没有病，你不知道的嘛，所以他就星期六加一下班，星期日就不加了，或者今天加一下，明天就不加了。所以让他来加班就没有什么动力，但是一点都不加班，面子上又过不去。（半结构式访谈：邓先生）

割焊是盾构机生产的头道环节，积极支持停工的阿发说：

如果下料不做的话，其他工序都不可能做的！我们生产不紧的

话，他们（下面的工序）就根本做不了，整个生产都会瘫痪。我们吃不饱，他们都吃不饱。（半结构式访谈：阿发）

果然，五天以后，厂方注意到下料工人的停工。南厂副总以及生产部长只好到车间组织下料工人开会，并对个别工人做思想工作。生产部长刘先生告诉我：

3月份的时候，就找了他们几个骨干、小组长以上的来开会，就说我们试行了一下，我们这个吨位单价有200元的有120元的。200元的时候超过市场价，120元的时候大家没动力了。这样吧，150元一吨，大家各退一步，现在就可以了。他们也接受这个单价，就像谈判，他们就接受了。（半结构式访谈：刘先生）

当时，班组长和几名积极分子还想继续阻止工人加班，以期获得更高的吨位单价，但是，工人内部已经分化了。阿发说：

本来大家说好坚持一个月的，但是领导开过会后，就有那么一两个人坚持不下去了，他们就认为，说多加一天班，就能多赚一天钱，反正我的吨位比你的多一点，如果他们团结的话，一直坚持的话，我们的工资就还能再高一些，但是，他们不这样想，他们就想我做多一天就赚多一天的工资。本来大家说好了的！结果这一两个人加了以后，其他人也都心理不平衡了，也都跟着加班了。（半结构式访谈：阿发）

部分割焊工人是来自外省的农民工，他们愿意多加班多赚钱以供家用，阿发说：

后来那些不配合的基本上都是农村来的，如果是城市户口的基本上都不加的。第一，是农村的；第二，基本上系数都是超过1的。就是说他加班一天，如果系数是一点三几的话，那他不止赚120块了，那他的工资就更加高了。就算你们不加班都好，就算就他一个人加班都好，那他一个人的工资都会高的。所以他就会加班，就是这个意思，我们也理解他们，反正他们从农村那么远的地方过来也都为了钱，是不是？但是！你一个月都待不住！这也有点说不过去，是不是？既然都说好了这个月不加班，那就肯定不要加班了！（半结构式访谈：阿发）

但是这个事件并没有因工人复工而结束，下料工段的两个班组长随之被高层管理者撤换掉了。南厂副总经理认为，不听话的班组长决不能纵容：

我们之前是跟那些头先讲了（要调吨位单价）。后来我发现实际上是几个组长在那里搞鬼！班组长不让员工加班，员工是愿意干活的嘛——很多员工是外来工嘛，平时都是想多干一点活的……我说这怎么能行呢？企业还要持续发展，不可能这一顿吃得饱，下一顿饿肚子嘛！所以我就把那两个班组长免了，撤了！我本来就说，不行就撤了，转不过弯就撤了。我肯定对这些人毫不手软，那这一点绝对是让他们怕的。你两个人阻挡我整个分公司的运作，那我是绝对不会容忍的。我跟你讲，这叫作恩威并重，你要杀杀他们锐气，让他们知道和公司顶着干那是不行。（半结构式访谈：卢先生）

在割焊的班组长被撤换之后，下料工人的停工事件终于完结。4 月份“下料单元每位员工都服从指挥，放弃所有节假日的休息时间，且每天加班加点。”① 并被南厂推选到惠市评为了“惠市工人先锋队”。

从这次事件可以看出，中高层管理者对不服从管理的班组长是不留情面的。他们希望班组长是管理者意志的贯彻者与推行者，例如在 2 月份生产部与班组长的会议中，生产部长说：

我们先跟组长和部长讨论以后，再让他们到下面去和工人开会，是这样的。先找管理人员——班组长以上的以及直接管下料的部长，

① 源于南厂主办的报纸《今日南厂》，2011 年 5 月 30 日。

首先要他们认识这个问题，他们要想通，如果他们都想不通的话，怎么做工人的工作？（半结构式访谈：刘先生）

另一方面，班组长实际上成为基层矛盾的减压阀。实际上，割焊班组的停工并没有直接的领导者，工人阿发说：

大家的心情都是一样的，我跟你联合，你也跟我联合。不过，二月份的时候主要是我出的头。我从来都不会怕领导的，因为我们没有做错，道理在我们这一边。当时工资一下子就下去了，所有人都很气、没有心情干了，但是没有人敢找领导说出来，我觉得这样对生产、对我们都不好，我就去办公室找他们谈。（半结构式访谈：阿发）

在得知班组长是停工的支持者的情况下，管理者决定让班组长做替罪羊，以了结这一事件，一方面，答应了工人的要求，提高了吨位单价；另一方面，撤换了班组长，意在将停工的责任完全推到他们头上，在不得罪工人的情况下，起到了杀鸡儆猴的作用。总之，班组长就这样作为基层矛盾的减压阀被牺牲掉了。

（二）铆焊二组的停工事件

南厂压力容器车间的铆焊二组共有 16 名工人，大多数工人一直以来都是南厂自己的工人，小部分工人是从南厂合并的另一个国有厂“南方锅炉厂”调来的。在容压车间，铆焊二组的工人是有了名的“刺头”，很多人因改制后待遇的下降而对企业管理者有所不满，有些工人因为从前与管理者进行过冲突而结下了恩怨。而 2011 年推行的吨位计件制度再一次点燃了这些工人的怒火。

在计件工资时期，铆悍二组的工资计算方式与下料割焊班组一样，也是：工人月工资 ＝（吨位单价 × 班组生产总吨数）÷ 班组总人数 × 个人系数。

与下料割焊班组类似，在 2011 年 1 月份的时候，铆焊工人也实行了小组承包、吨位计件、组长分配的工资制度，该小组的吨位单价被定为每吨200元。结果，管理者发现工人1月份的工资总额非常高。2011年2月，管理者同样与铆焊二组的班组长开会讨论，并决定将单价降低到120元。

然而，与下料割焊班组长的做法不同，铆焊二组的班组长并没有将会议信息告诉任何一名工人。铆工阿晓很不满意班组长这种做法，他说：

> 我们知道每个月班组长都会上去开会，开完会，其他班组长都会给与自己关系好的那一两个工人讲。但是我们班组长连这一两个好的工人都不讲，谁都不告诉。那一段时间，下料工人的吨位单价不是也降了吗？后来下料工人把这件事情传过来，我们才听说。（半结构式访谈：阿晓）

在铆焊工人眼中，他们的班组长不仅自私自利，而且一直以来都是帮助管理者克扣工人。在计件工资制度推行后，他更是变本加厉，在计算工资时，把自己的系数算得很高。到了3月份，铆焊二组一共生产了300吨产品，按照每吨120元的单价来计算，整个小组的工资基金应该是36000元，人均2250元。每个工人的月工资就是人均工资与系数相乘的结果，阿晓说：

> 我们岗位工资本来最高的与最低的就差了2000元，加上系数下来最高与最低就差了3000元，班组长自己的工资更是高得离谱，我们就觉得这样不公平！组长不要挣这么多！干活的都是我们，他就派派工，工资就是我们的几倍，太不合理了！（半结构式访谈：阿晓）

看到了2月份的工资单后，铆焊工人们都变得很沮丧。阿晓说：“我们大部分组员都有意见，只是没有说出来，但大家彼此都了解。出粮后，我们全组就决定去找领导。”2月工资发放后的第二天上午，铆焊二组的所有工人一起从他们的工作场所前往办公楼，打算去找生产部长讨说法。阿晓说：

> 我们想去反映班组长工资分配不合理的问题，我们要求撤换掉

他。但是，我们这么多人从车间过去，肯定有人看见了嘛，可能有人通知了领导。他知道我们去找他，就赶快藏了起来，总之，我们就没有找到他。（半结构式访谈：阿晓）

因为没有找到领导，铆焊工人个个都很沮丧，回到车间后，他们围坐在地上，决定停工、不加班，直到领导答应他们的请求为止。因为容压车间不仅有一个铆焊班组，而且还有很多铆焊包工队协助生产，所以铆焊二组的停工在生产上的影响力并不及下料工人，领导也不为之所动。

南厂的副总经理每天都会来车间查看生产进度，到了第三天，铆焊工人停工的"带头人"阿峰拦下来副总经理，要求向他反映问题。阿峰告诉我：

我就给他说，班组长不公平，工资分配有问题，我们大家要求罢免他，换新的班组长。结果副总答复说，如果你们全组都觉得这个班组长有问题，要求解决，我不可能就这么口头答应你们了。你们写一封联名信给我，所有组员都签名。（半结构式访谈：阿峰）

第四天，铆焊工人就写了一封联名信要求罢免他们的班组长，并推举了陆师傅——那名曾经追着副总经理打的工人作新的班组长。我问阿晓："你们明知道他和领导有过节，为什么还要推举他？"阿晓说："他在南厂的时间长，技术好，性格又直爽，而且他是为工人着想的，敢代表工人的利益。"

副总收到联名信的第二天，管理者就来车间做工人的思想工作。副总经理告诉我：

我就跟他们讲，关键是把东西干出来，东西做出来了，你就有东西分了，你要是没有东西分，你在这里叫也没有，我是肯定不会施舍你们任何东西的，你必须做出来才行。你做出来以后在你们的小组里面不就好分了吗？实在不行，等你们做出来以后，谁做得多、谁做得少，我给你们作证，你们自己来提，不就行了吗？我从来都是这样，给下面员工说，你觉得这个组长不行，可以提议罢免，你们自己来选，选谁做组长，我绝对支持你们，这样组长也是有压力的。组长肯定有压力，因为组长收入肯定是高的，因为他多做很多事，他不仅要和工人一起干活，干完活他还要协调，组长工资高一点我们都没有意见。反正工资这些都是在一起，你们大家分好就行了。但是每个月分的这一块大还是小，肯定是你们做出来以后才行。我不会施舍给你们的，例如说这个月你们没有干活，可能连以前岗位工资的总数都保不住，那不关我的事。没有活，你找我，我肯定给你派活，任务我这里有的是，干不完，不是说没有活干，关键是员工要把活给做出来。（半结构式访谈：卢先生）

随后，管理者将铆焊二组的吨位单价增加到每吨150块钱。但是，管理者否定了对于工人撤换班组长的请求，而是给铆焊二组增添了一个副班组长。关于管理者为什么要这样做，副总说：

原来这个班组长虽然在沟通和领导上有问题，但是这个人应该说是干得很不错的，我们首先要确保他。再给他配上一个副的，两个人在一起商量以后，互相合作，情况就能改观。工人推荐的那个（班组长），还不如现在的这个呢！我们肯定不会同意的。我们必须保证不能只是给你们成立了个核心、搞了个组长整天和我们对着干。那不行!! 那是不可能的！我一定是有任务派出去以后，一定能够做出来的。你要多向生产部要活，多要生产任务，而不是抵触生产部的任务，抵触的话，你就赚不到钱了。我们要的小组长是能够主动地接任务、按时按量地完成任务。工人们是希望他们的小组长能够帮他们争得更高的利益，最好是不干活，也能够增加利益。那肯定是不行的了！（半结构式访谈：卢先生）

副总接着说：

当然，组员对组长有意见，那肯定是有的。作为原来的老组长，他的工资本来就高——以前的岗位工资高。他岗位工资高的时候，就不怎么干活的，他就是派工。那个时候他不干活，没有人有意见，同别人和组员也没有影响，也没有关系，他本身工资就高，再加加班，他的总收入就很高了。我们都要支付加班费的。但是现在他就不能不干活了，不然员工肯定有意见了！他不干活谁去养活他啊！（半结构式访谈：卢先生）

然而，公司管理者对这个问题的处置方法显然不能服众。铆工阿超说：

尽管调了单价，但我不认为问题解决了。工资还是太低，分配还是不公平。前段时间，我们组员都不知道有副班组长，后来下了个通知，我们才知道上面给安排了一个。那个人原来是南方锅炉的，后来锅炉厂破产了，他就来我们组跟着干，他干了才一年都不到，我们都不了解他，现在就做了副组长。现在还是班组长一人说了算，班组长同上面领导好嘛！听领导的话。反正我现在心情好就做一点，心情不好就不做了。班组长如果唠叨我，说我做得慢了、不细心，我就不理他，直接走开啦。（半结构式访谈：阿超）

不同于下料割焊班组长支持工人闹事，铆焊二组长过于听命于领导，加上无视工人利益诉求，进而引发工人停工、要求罢免和撤换班组长。尽管管理者试图以增加副班组长平息工人情绪，但是铆焊工人继续以怠工、忽视质量等投机式抵抗作为回应。可见对于工人来说，基层管理者是否为下属工人做考虑是非常重要的，他们希望班组长仍然延续计划经济时代的行动方式，对自己提供庇护。

（三）班组长面临的结构性张力

在南厂，随着工人与中高层管理者矛盾的增加，基层管理者愈加感受到结构性张力，并愈加处于尴尬的位置：

一方面，管理者要依靠他们对工人进行管理控制，并疏导劳资冲突。对于管理者来说，好的班组长，不仅要帮助公司增加产量、提高质量以及监督劳动纪律，还要能够在班组内部处理各种矛盾，而不应该让麻烦进入车间办公室。实际上，班组长成为劳资矛盾的减压阀，一旦当工人与管理者之间出现矛盾，管理者一定会将班组长作为挡箭牌进行牺牲，并告诉工人：存在问题的并不是公司政策，而是班组长在执行这些政策时有所疏漏。调整或撤换组长对于稳定员工心理来说确实有一定效果，南厂副总说：

> 大家在一起做，要开心才行。如果你跟我斗气，我跟你斗气，如果这样就把班组长撤换掉，因为这个班组长根本就不够能力来领导这些人，不能把班组团结起来，不能把所有的性格、文化兼容起来，那这个班组长就不行了。我们有几个班组长是很好的，但是有个别的不行，我后来警告了几次，调整了几个人，后来就好多了。（半结构式访谈：卢先生）

另一方面，工人希望通过班组长影响中上层管理者的决定。他们认为好的班组长需要具备以下条件：首先，自己技术要过硬，只有这样，班组长才能够服人。其次，要公平，并且为工人着想，这样他才能够带领工人。第三，最重要的是，要代表工人的利益，能够向上传达工人的意见，并且为工人提供庇护。例如，在《员工行为守则》推行时期，班组长应该像阎师傅一样为工人出头，阻止中上层管理者扣罚工人工资。而在计件工资制时期，对于机加工工人来说，班组长要帮助他们解决工时定额的争论，而对于下料和铆焊工人来说，班组长要帮助他们争取吨位单价的提升。

在对下料班组和铆焊二组停工事件的评价上，调度员刘师傅这么评价道：

> 经过这么多年，工人都吸取教训了，你以前讲过的话不算数，他们就不干了。工人和以前不一样了，以前他们不和你计较什么，现在，我干多少你一定要给我多少。你说其他的，他们根本都不听了。“我干了活，你不给钱，那怎么可以？你叫我不要拿这么多，我现在

这个月就要拿，下个月没有就算了。我不用你给我工资[①]，我自己干活是我自己的事”。现在的工人就是这样子嘛！不是以前那种（工人），你说多少就多少，现在不干的嘛！（半结构式访谈：刘师傅）

结果是，班组长发现，让工人积极配合上级的指示太难了——很多上级指示的达成都需要牺牲工人的利益；同样的，令管理者接受工人的建议也很困难——管理者认为工人的建议是对企业管理政策的否定和冲撞。但是，对班组长来说，违背上级管理者的命令或者忽略工人的需求与意愿都是危险的，班组长大多数时候要在这两者之间寻找平衡。

班组长曾经在国有企业中承担着上传下达的功能，但是随着劳资关系的结构性紧张，他们没有办法再像以往那样通过劝说和要求来协调双方利益，在两者彼此不愿让步，并对班组长存在不同要求的情况下，班组长亦处于结构性的张力之中。

四　以放任为基础的交换关系

南厂大多数的基层管理者处理问题的方式并不像下料班组或铆焊二组这样明显和极端——他们既不鼓励工人抵制，也不明显地站在管理者这一边。工人与中高层管理者处于结构性的矛盾之中，而基层管理者又不具备资源和能力对工人提供庇护，他们如何在不顶撞领导的情况下获得工人的理解和配合呢？这是本节需要探讨的问题。

（一）班组长与中高层管理者及工人的关系

班组长对中高层管理者的惧怕是非常明显的，每当中高层管理者下到车间办公室巡视时，就会很严肃地询问并催促生产进度，并经常因为生产协调中的问题对班组长进行训斥。如果他们在与工人相处时遇到了不满，也会发泄到基层管理者身上，质问他们是怎么对下属进行管理的。张师傅

① 意思是，对于管理者来说，给工人工资是对他们的施舍和恩惠，但工人认为自己干了活拿钱是天经地义的，和管理者完全没有关系。他们也不愿意管理者以“为工人好”或“为企业好”为借口插手他们的工资问题。

说，前总经理以前经常亲自到车间抓劳动纪律：

> 他看你不惯就降你工资，或者炒你。他扣就给他扣。嘿嘿嘿……反正那些人都无所谓了，他说怎么样就怎么样，反正人家都不想干了。现在的人更愿意给他炒，因为要赔很多钱（笑）。（工人）不怕炒、不怕骂，就不好管了。他们管不住工人，就只能去骂工段长。他一进车间办公室，不管有没有人，就“我顶你老母！”班组长们都很怕他。（非结构式访谈：张师傅）

说到他为什么不敢骂工人，却去骂班组长、工段长等基层管理者，张师傅接着说：

> 班组长就不同，他们没技术的，你以为他们在其他厂还能当班组长啊？他们出去做工人，工资还不一定有我高。他们在这里做班组长，有些人是靠点关系，还有些人是走好运了。（非结构式访谈：张师傅）

尽管基层管理者在领导面前唯唯诺诺，但这不并代表他们尊重或支持企业管理者。最明显的事例就是，当南厂前总经理丧失权力后，班组长们立刻对他进行讽刺和嘲笑。笔者刚进入南厂车间调研期间，曾在容器车间的车间办公室帮过几天忙，那一段时间，容压车间张罗着搬办公室，就顺便打打下手，帮忙搬些东西。有一天上午，我们搬完办公桌，正在歇着，南厂前总经理走了进来——他现在被任命为公司的副董事长。当时，办公室有交工票顺便聊天的工人，还有质检员、调度员和两名班组长。大家看见欧阳先生走进来，一块开始挖苦起哄：“见了领导要鞠躬，你怎么不鞠躬？”有人跟着说：“领导好！给领导鞠躬！”办公室立刻嘻嘻哈哈地笑成一片。欧阳先生脸上露出很尴尬的神情，但仍然勉强地笑着找话说：“修这个新办公室要多少钱呢？”铆焊班的一个班组长继续挖苦他说：“那要按吨位算了！”[①] 然后所有人又哈哈大笑起来。欧阳先生尴尬地在办公室

① 当时，铆焊工正在推行按吨位承包的小组计件工资。

四处看了看，便悻悻地走了，剩下这些基层管理者们还在哈哈大笑着并大声说："办公室也要按吨位计件的！"

另一方面，班组长与工人并不存在根本的利益冲突。实际上班组长等基层管理者每天与工人在一起，很了解工人的想法。他们希望能向工人提供一些帮助，但是既没有资源、也没有能力。

机床操作工们也不觉得基层管理者可恨，而是觉得他们既自私又窝囊——但这也是可以理解的。吉师傅说：

> 以前上班中途去看病跟班组长说一声就可以了。但是后来，上面的领导又怕他们放水，他们连这个权力都没有了，所以他们也不敢了。以前说同意，点下头就可以去了，反正有事他（基层管理者）就帮你说说。如果你被追查，他就帮你给领导解释。现在，上面的领导对下面哪一级都不相信，所以这些人没有那个权力，他们（领导）不放权。班组长、工段长这些人的权力越来越少。（半结构式访谈：吉师傅）

关于基层管理者与工人的关系怎么样，吉师傅认为很难讲：

> 主要都是上面对下面每一级的要求变了，所以跟工人的关系肯定就变了。你不管工人还不是要求你这个班组、这个工段、这个车间要怎么怎么样，而是有什么他肯定要压下来的，（基层领导）要是不管肯定就被他（上面领导）骂了嘛，他要是管得严一点，工人就反感了，是不是？……这些人都已经习惯的，散漫惯了，你抓得他严肃一点，肯定不习惯嘛。（半结构式访谈：吉师傅）

对基层管理者来说，在手中缺乏自主权力，并且遭遇工人强烈抵制的情况下，完全贯彻上级领导的要求并不是明智之选——况且他们既不会因此得到提拔，也不会因此增加工资。就个人而言，必须强调的是，基层管理者与工人一样，在现代企业管理制度的推行下，他们的利益也受到了损害。基层管理者不会努力去做自己无法做到的事情，他们在对各方关系和利益的权衡下，倾向于以放任的方式讨好工人，以交换他们的合作，而不是按照上级领导的要求，严苛地对待工人。

（二）以对劳动纪律的放任交换工人的合作

在《员工行为守则》推行时期，根据上级制定的岗位职责以及绩效考核，班组长本应对工人的行为进行监督，配合上级领导，但实际上他们对工人各种违纪行为根本不予过问。袁姐说，当着孟师傅的面吃东西、喝水、休息、看报纸都是没有问题的，他们是不会说工人的。班组长为什么不管工人呢？很重要的一个原因是，如果班组长插手过多，工人就会说："嫌我不行，你自己来做吧！"——肯和班组长讲这些话的工人还算是好的。

袁姐、吉师傅还有很多工人都经常说："你都看到的，我们干活其实都是很不错的。不是工人不爱劳动、不愿意工作，反正你每天八个小时在这里，如果不干活，也很无聊。开开机床反而没有那么无聊。但是你（领导）把工人的心都伤透了，人们的心都凉了嘛，谁愿意给你去卖命？"班组长很清楚这个道理，他们知道越催促工人，工人就越会跟他们对着干——拒绝派工、故意忽视质量、脾气不好工人还会骂班组长。而只有放任工人，让他们根据自己的意愿、根据自己的时间和步调去工作，工人才会配合他们的工作。

2003年进入南厂的铆工班组长阿辉，谈到与工人的相处说：

> （工人的）积极性差一点，根本不是因为他们（工人自身不愿意工作），是这个制度造成的。真不想干的人早就走了，谁都想圆圆满满地退休啊，但是你的制度造成了这个结果就没办法了。我们的话，有时候就监督（工人）一下，没有就靠他自觉。最主要还是道德约束！你没办法的，你没可能天天盯着他。如果他自觉，那就好办一点。如果他本来就不想干，你还硬让他干活的话，肯定是积极性不高的。你越逼员工，他肯定越懒散，这是恶性循环，你还不如让他按照自己的习惯和节奏来。（半结构式访谈：吉师傅）

为了换取工人的配合而放松劳动纪律是南厂所有班组长都会做的，这是他们根据经验发现的。当然，他们也没少因为这个被领导批评，但因为领导知道换谁做班组长都无法扭转这种情况，所以他们也不会把班组长怎么样。

这使得工人对班组长也有一些同情，工人有时也会说，现在的情况也不能全怨班组长，他们其实也很可怜。有的时候，工人还是会给班组长面子，阿金因为要照顾家里的小孩，很不愿意加班。但是，在南厂号召赶工的时候，她还是同意了班组长的加班请求。她说："班组长来找我（加班），我觉得也要帮帮他，他也不容易。只要不是每天都加班就可以。"

从《员工行为守则》推行时期到今天，班组长对劳动纪律一直都非常放任，他们不仅给工人放水，在中上层管理者控制较严的那段时间会还给工人放风，相应地，工人也不会特别为难班组长，有时也会帮帮他们。

（三）以工时放水交换工人的合作

在 2010 年以后的计件工资推行时期，班组长的职责除了原先的派工和协调生产外，还应该协助工时定额员制定准确的工时定额。上文曾提到过，在计件工资时期，班组长的工资并不是以工人平均工资基础再乘以一个系数，而是原来岗位工资加上浮动工资和津贴。实际上，这种工资计算方式的主要目的就是防止班组长对工时定额放水——这个时期班组长的工资竟然与班组产量没有直接关系，而是取决于上级的考核。

但是，这种工资制度还是没有避免班组长对工时放水——因为只有这样，工人才会配合他们的工作。说到放水的事情，有经验的吉师傅说：

> 作为工段长，也是希望工人努力工作的嘛！你掐得太死，工人不就不做了嘛！工人不做，你工段长就完成不了任务了，所以通常都是放松一点点。（非结构式访谈：吉师傅）

在计件工资推行初期，但凡有工人吵工时的地方，就会出现班组长的身影。一次工时定额员要梁师傅做一种铸件，给了他 25 分钟的工时，梁师傅一看就说这个时间他做不了。梁师傅与工时定额员理论了很久，说车一个面要多长时间，中间变换位置要多长时间，走刀又要用去多长时间，但是工时定额员还是不肯给他加工时。后来梁师傅就去找孟师傅理论，和孟师傅讲了这个事情，结果孟师傅就把工时给加到了 1 小时 25 分钟。

当工时定额员（他们直接对生产部负责）拒绝给工人加工时的时候，工人就会去找班组长评理。当然，大部分的情况下，班组长会同意工人的要求，做个好人好事对他们来说是举手之劳，况且工人会因此更积极地工作。这种交换对班组长来说是没有任何坏处的，所以他们常常乐此不疲地跑东跑西。

班组长与操作工之间皆大欢喜的交换对工时定额员和中上层管理者来说却是灾难。2011 年 6 月份，生产部的人发现工人的工资过高，决定对此进行调整。主管容压分公司的副总经理说：

> 我们这两个月要压缩机加工的水分，定工时的时候，个别人就是把工时放得太松，他们很容易就把工时达到。以后车间的人没有权力更改工时定额了。那几个月让他们赚点便宜，后面就不会了。（半结构式访谈：卢先生）

工时定额员阿龙因为水分过大的问题被管理者撤职，在九十年代做工时定额员的阿鹏成为接任者。从此以后，工时定额的制定和修改一律以阿鹏的私章为准，只有经过他本人的确认，工时才能输入电脑，而班组长不再被允许私自给工人加工时。然而，阿鹏的工作进展并不顺利。有一次我在车间遇到急急忙忙的阿鹏，问他目前计件工资的状况，他着急地说：

> 管理人员（班组长等基层管理者）自己都不做坏人，他们以前给工人放水太多。现在按要求，任何人都不可以直接找我来吵工时，班组长要（帮助我）进行协调，如果还有争议，就交到上面讨论。（因为）我直接和工人讲，打起来都有可能。工人是一两分钟都要和我们闹，所以需要班组长进行协调（说服工人）。我现在压力很大。工人闹得很厉害，班组长却在怂恿工人闹！（非结构式访谈：阿龙）

孟师傅在制度改变之后曾试图帮工人同阿鹏讨价还价，但从未成功。为了不让工人把怨气发在自己身上，班组长怂恿工人自己直接去找阿鹏吵工时，并把责任完全推到了他的身上。当然，孟师傅也有解决工时争端的好办法，那就是让工人先挑选工时宽松的工件来生产，剩下工人不愿意啃的“猪骨头”，或者油水太少的工件，就直接由他发外包处理了。

到了2013年以后，班组长不再直接地帮助工人要工时，而是把所有工件在发外包之前先让手下的工人挑选一遍，把那些油水大、容易做的工件优先留给他们。这种做法很受工人欢迎，他们总能挑到容易赚钱的工件。

（四）放任的另一面

上文提到过现代企业制度实施之后，班组长自身的权益实际上也受到了损害。对工人的放任不仅是为了获得工人的合作，而且可以看作班组长的消极抵抗。然而，这种放任不能被看作对工人的庇护，班组长显然对工人的许多要求都显示出了置之不理的态度。

在《员工行为守则》推行时期，工人被中高层管理者惩罚之后，班组长既不会为他们出头、也不会为他们担责任，而是把自己和工人之间的关系撇的一干二净，装作毫不知情，以至于很多工人说班组长是缩头乌龟、胆小怕事。

在后来的计件工资推行时期，中上层管理者告知班组长不要把工资的计算方法公之于众，结果孟师傅果然拒绝告知工人计件工资的计算方法。之后，很多操作工不止一次地询问这个问题，但他不是故意打马虎眼就是支支吾吾地不予解释，总之，就是不肯把工资计算方式公之于众。

可见，班组长绝对不会为了工人的利益而做出自我牺牲。在计件工资推行期间，他们有权力更改工时定额时，便愿意为下属付举手之劳；一旦他们的权力被剥夺，就不再为工人说话。当机加工工人希望以集体怠工的方式逼迫管理者给自己更宽松的工时定额时，孟师傅等班组长既没有代表工人的利益，也没有帮助管理者来说服工人。很多班组长既不想得罪工人，也不敢惹怒管理者，结果，他们在生产中对工人的所作所为持放任态度——这样他们既不会因为过于支持工人而被管理者撤换掉，也不会和工人产生直接冲突，进而能够获得工人最低限度的配合。

小　结

南厂的班组长不仅面临中高层管理者融入市场、推行现代企业制度的要求，又面临工人重返班组工作制度、重建庇护关系的要求，同时，自身的权力又在丧失，利益也在受损，这使他们处于结构性的尴尬夹缝中。南厂的班组长不满上级对自身的要求，却不得不屈从在上级的压力下；他们不敢向工人提供庇护，却又想获得工人的配合和帮助。在这种尴尬处境下，基层管理者出于自利的考虑，对生产采取了一种“放任”的姿态——他们为了在工人面前做好人，在能力所及的范围处处给他们放水，同时为了不得罪管理者、保住自己的地位，他们也拒绝帮助工人达到他们的要求。

可以说，基层管理者并没有支持工人，亦没有支持管理者，而是在两者之间寻找自己的安身立命之所，降低自己的工作强度，并减少自己面临的风险。班组长一方面放任工人的投机式抵制，另一方面，他们也不为工人的抵制提供帮助，不去得罪管理者。显然，在班组长有意无意玩忽职守下，没人对生产过程进行控制和监督，他们是选择性放任生产体制的促成者。

第七章　公司管理者的行动逻辑

如果说工人的产量限制和非正式制度在工业社会学领域早已经不是一个新鲜的议题，那么管理者对这种情况的默许和接受就很值得我们思考。与西方国家不同，车间非正式组织的发现并没有被管理者加以运用，导向工人对控制的同意，也没有被管理者强行制止，并建立起泰勒式的科学管理体系，而是得到了管理者的默认和回避。实际上，管理者对于工人的投机式抵制与基层管理者的放任是无奈的，在各种限制下，中高层管理者无法对这两者的行为施加有效的控制，在这种情况下，他们转向进行总体性生产控制——产出控制、质量控制以及成本控制。管理者运用了三种总体性生产控制的策略：赶工生产、入厂包工以及工资基金支出控制。

一　双重限制下的南厂管理者

形塑了南厂管理者行为的两股力量是市场的力量与国家的力量。面对愈加具有挑战性的全球市场以及竞争激烈的国内市场，南厂不得不以改革管理体制谋发展。但面对社会主义国家的政治合法性要求时，南厂又无法排除其在推行现代企业管理制度的道路上的阻碍。在这种情况下，南厂的管理者从对生产过程进行控制转向对生产结果进行总体性的控制。

（一）迈向现代企业：全球市场中的南厂

只有将南厂置于更广阔的全球空间和世界市场中，我们才能够理解南厂管理者在生产控制上的决策。实际上改革开放伊始，南厂进入的就是一个以新自由主义为主导的全球市场，并对生产提出了新的要求。不同于泰勒制和福特生产模式，在这个新时期，批量生产、存货生产已经被即时生产和零库存所替代。南厂的管理者曾经以传统的方式对待市场，依靠政府的投资建立了一个大而全的企业。然而，这种做法却在2000年的时候遭遇了巨大的挫折。尽管在改革开放以后，政府直接投资已经不复存在，但是九十年代的时候，另一种形式的软预算约束仍然对国有企业的生产提供帮助。惠市政府在九十年代仍向南厂提供大额政策性贷款，导致该厂在2000年银行债务高达7.8亿元人民币。南厂面临的资不抵债的困境令管理者意识到这种发展模式已经行不通了。

2001年，中国加入了WTO之后，位于珠三角核心地带的南厂遇到了前所未有的机遇和挑战。一方面，南厂迅速地进入了国际市场，获得了来自德国、法国、印度等不同国家的订单（如图7—1）。另一方面，南厂在国际市场的强烈冲击下，从能够独立设计、生产的工业企业成了跨国公司的分包商，笔者所在的压力容器车间最重要的工作就是为全球排名第二的德国盾构机械企业代工生产盾构机的机体。南丁的业务分布请看图7—1。

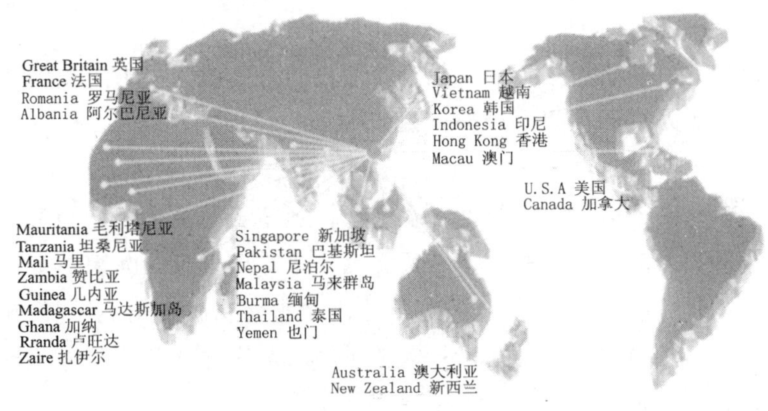

图7—1　南厂业务分布图

入世后国际市场的开放为珠三角地区提供了良好的发展机遇，该地区既聚集了一批掌握先进制造能力的本土代工企业，也吸引了一批具备自主设计研发能力的外资企业，它们都是南厂的强劲竞争对手。

南厂的前总经理欧阳先生曾经告诉笔者：

惠市政府和别的地方政府不一样，惠市号称“不设防”，也就是它把市场公开了，没有对地方企业提供任何的保护。上海出现过全市出租车必须用上海大众的牌子，你不用这个牌子，你还要多交10万块钱。但惠市政府不会这样做，它会指导你参与一些竞争，可能在同等条件下，给你安排优惠一下是可以，但是真正分到哪些企业也没有听说。因为一个比较开放的政府吧！（半结构式访谈：欧阳先生）

以新自由主义为特征的全球市场的性质与南厂所熟知的国内市场截然不同。南厂管理者发现国外的合作者与国内企业的习惯不同：

国内一般订货都有个误区，不像国外，国外运营，例如按照市场上的时间，五个月可以完成这个机器，就给你六个月的时间，但是绝对一天都不允许拖延。国内呢，它明知道你怎么做都要五个月，但是它给你的加工期限肯定不会超过五个月，而是四个月，它预期你会拖一个月。国内的企业都是这样。（半结构式访谈：欧阳先生）

不仅如此，在市场竞争中，能否缩短出货时间成为能够胜出的决定性因素，南厂压力容器车间生产部长说：

现在签合同由于市场竞争很激烈，就不要说价钱了，如果你的出货周期不能满足客户的话，东西肯定不给你干，但是如果满足客户的话，在我们国内就不是良性竞争了，像拍卖似的，有的生产商说我25天，如果你25天能拿下来那就给你，是这样签的合同。（半结构式访谈：刘先生）

南厂所进入的新自由主义的全球市场是在大卫·哈维所谓的后现代“时空压缩”的情境下展开的，这种市场模式要求降低生产成本、提高生产速度、加快资本的周转——即生产、交换、消费的周转速度以应对多变的市场环境。正如那句经典的口号“时间就是金钱，效率就是生命”所彰显的，速度就是一切。南厂容压分公司生产部长说：

所有一切都要反应快。技术部门、供应部门到下边的生产部门。

你首先技术上图纸就要很快解决掉，供应上的东西处理到，采购部门要非常高效地做到这个定额，要采购材料。还要和供应商谈，什么时间必须马上到厂，到厂以后要马上复验（进行质量检验），因为我们很多产品是比较特殊的，很多时候质量要求是很严的，复验合格以后要赶紧下料。整个时间一短，这要求你所有的一切都要高效运转，这要求你所有部门这一段工序要高效完成，并接下一个工序。有些工序必须通宵干的。这是个大趋势，以后会越来越快。像我们做的盾构机，我们的总装单位就是我们的合资企业（德国），它的等货时间比原来都短了。现在我们国内，任何一个项目它投资以后，就希望尽快发挥它的产出，尽快进行资金流转，所以把时间做得很短，这就意味着中间的所有阶段都要快，都有这个趋势！交货期比原来更短了。（半结构式访谈：刘先生）

市场对于生产体制有着深刻的影响。赵炜在《工厂制度重建中的工人——中国白色家电产业的个案研究》一书中写道："在中国，处于竞争行业的国有企业的生存和发展不能再依靠企业与政府之间的关系，而要靠其在市场关系中的竞争能力。市场关系是推动工厂制度重塑的最重要因素。"通过对两家先后改制的国有企业进行比较研究，赵炜发现，在激烈的市场竞争下，两家企业都采用了5SK、现场管理、质量管理等各种名目的现代企业管理制度对劳动过程进行控制，而工人的利益首当其冲地受到了损害，但是他们"除了接受所有的控制外别无选择"（赵炜，2010：238）。她认为，"在中国白色家电产业中，市场关系的变化而非普遍认为的所有制形式的变化，是导致工厂制度变迁的最重要因素"。

这种情况不仅仅出现在白色家电业，南厂的生产制度改革同样是在市场压力下进行的。甚至工人都表示南厂已经到了不得不改的境地了。为了进行改革，南厂的管理者不仅向私营企业请教先进的管理方式，甚至去往德国工厂进行参观学习。正如第三章所分析的，在2002年到2012年这十年的时间，南厂的管理者不断推行更先进的管理方式，也包括了所谓的6SK制度。然而，在跨国企业、外资企业和私营企业都很适用的管理方式嫁接到南厂以后却是"水土不服"的。

市场确实是促使企业进行现代管理制度改革的极为重要的因素，但是制度推行的过程、实际运作情况和结果却不是市场因素单独能够左右的，我们必须认识到，南厂作为国有企业，亦是嵌入在社会主义制度中，受到国家意识形态、价值观、制度法规、地方政府规划的影响。

（二）政府要求与政治要求：社会主义体制中的南厂

“产权清晰、权责明确、政企分开、管理科学”是国有企业进行现代企业制度改革的目标。在建立现代企业制度的过程中，与政府的关系是国有企业需要重点处理的问题。“放权让利”“扩大企业自主权”等一系列政策的推出正是将原来与政府职能合一的企业经营职能分开后还给企业，另外，企业还要将原来承担的社会职能分离后交还给政府和社会，如住房、医疗、养老、社区服务等。即便如此，国企与政府的关系仍然难以泾渭分明。南厂是国有全资企业，其直接出资人是惠市政府，出资人的代表是惠市国资委，对南厂进行监督和管理。推动南厂进行现代企业制度改革的力量是地方政府，作为广东省“建立现代企业制度的百户骨干企业”之一，南厂的改制同样是按照政策要求进行的[①]。南厂的很多决策实际上是受到约束的，南厂的前总经理欧阳先生告诉我：

> 公司的发展计划要由董事会决定并报批，上级批准，才可以进行。尤其是资产处理超过500万就一定要报批，有一整套非常严格的程序，尤其是物业这块，管得比较严。关于生产经营，产品发展方向，他们不管，是企业自己的事。但是有些指标是要报预算的，包括经营目标、利润、成本、人工成本，他们也要进行控制，也要报他批准。董事会每年都要报国资委批准了，当然每年九月份可以进行调整，但是调整额度一般来讲不能超过10%，不可以乱报。（半结构式访谈：欧阳先生）

那么惠市政府如何对南厂进行约束呢？除了直接行政手段以及对南厂

① “关于下发我省2000年建立现代企业制的百户骨干企业名单的通知”，2000年《南厂档案》（永久）第1卷。

董事长和总经理的撤换权①，政府还可以通过技术手段对南厂进行监督，欧阳先生继续说：

> 政府对企业进行监督啊，技术监督啊。你说我们的资质证，焊工的资质证，要政府批的。锅炉制造的资质证，需要政府来发。整个压力容器生产过程要受技术监督，他们要来检验、签名，这些就是政府对你的约束。安全生产方面也是政府来指导监督的，他随时会来检查，觉得不对，马上整改。还有环保、排污，经常来检查。这就是政府对企业技术方面的监督。（半结构式访谈：欧阳先生）

除此之外，惠市政府也会提供给南厂一定的庇护，但这种庇护不像计划经济时期的软预算约束那么直接，而是以各种技改项目的名义进行的。例如南厂 2003 年进入极端困难的时期后，惠市政府给予的优惠政策就是将南厂定为减困企业，并将南厂位于市中心厂区的土地卖给地产开发商，而将土地出让金中的 4.28 亿元返还给南厂，以帮助它进行异地改造，并且解决下岗职工和退休职工的安置问题。另外，南厂经常会研究诸如“珠三角发展计划纲要”等国家政策走向以申请一些符合政府扶持发展的项目，例如南厂的离心机生产就申请到了专项技术扶持经费七千万，并使用其中的六千万购买了离心机转子动平衡测试设备。现在，南厂又在申请节能减排项目的经费。

实际上，作为出资人的惠市政府与作为经营者的南厂之间是委托—代理关系。作为代理人的国企管理者不应有违委托人的要求，而当委托人是地方政府时，管理者显然就不能够违背政府的意愿和要求。这种委托—代理的不同之处在于“国家”是难以具体化的，尽管南厂的纸面出资人是惠市政府，但实际上在计划经济时期南厂一直是隶属于共和国第一机械部的中央直属大厂。即便在改革开放后成了地方国有企业，惠市政府也要接受上级领导，所以对于南厂，上至国家的政策法令、下至地方的制度规定，以及各种政治和意识形态上的要求统统不得违背。实际上，地方政府对南厂管理决策的影响也是造就“选择性放任”生产体制的重要因素，

① 南厂董事长和总经理的任命是由惠市国资委提议，由市委组织部任命。

下面我们将使用两个例子来说明这一问题。

1. 地方政府指导下的“空间调整”

大卫·哈维将资本通过地理上的转移来解决利润率下降和劳动控制危机的策略称为“空间调整”（spatial fixes）（Harvey，1989、1999）。而20世纪汽车工业从美国到欧洲、拉丁美洲、东亚以及中国的转移正是资本从原有生产场所撤离来解决生产过程中的劳工控制问题的代表性做法（希尔弗，2012）。当南厂陷入经营困境和债务危机时，也试图利用这种方法降低劳动力、经营和生产成本。

2007年，根据惠市“退二进三”的部署，南厂被要求从市中心的厂区迁出。这个政策部署恰合南厂的实际需要，市中心高昂的水电、运输成本、加之不服管教的老工人给南厂带来了利润率低下的问题。管理者希望通过异地搬迁寻找更加适合南厂继续发展的条件：一方面，能够降低水电、运输、甚至税收等成本，另一方面，通过异地搬迁将南厂成本高昂、效率低下的国企工人置换成为劳动力价格低廉又服从管理的农民工。

2004年，南厂管理者基于对惠市周边市镇的全面考察基础上，决定将新厂址定于增市潭口镇，增市给予南厂的政策优惠包括：

> （1）．新企业自投产之日缴纳的所得税属地方财政的部分，前三年全部返还企业，4、5年返还50%，6—10年返还40%。
>
> （2）．投产之日起十年内缴纳增值税中属地方财政收入的部分按50%返还企业。
>
> （3）．投产之日前的市本级行政税费全免。[①]

除此之外，增市潭口镇的各种能源价格都比惠市低廉，且地理位置临近港口，有极为便利的水运条件；增市的劳动力以外来农民工居多，成本低廉，加之很多南厂老工人一定会因为新的工作地点距离居住地过远而离职。总的来看，南厂管理者认为，若搬迁到增市，不仅能够节省项目工程建设投资2843万元，盘活南厂前期投入资金2775万元，每年还将降低企

① “关于给予南厂搬迁落户增市潭口镇政策扶持和税收优惠的请示”，2004年《南厂档案》（长期）第1卷，南厂请〔2004〕53号。

业运营成本约3286万元①。南厂管理者认为，从各个方面考虑，增市都是南厂异地改造的不二之选。

然而，南厂的“空间调整”并不顺利，南厂迁址增市的计划遭到惠市政府的否定。一方面是因为这会使得本市丧失南厂的部分税收；更重要的是，惠市“十一五”规划将在沙州区重点发展重型机械装备产业，惠市领导要求南厂到沙州区落户，加入重型装备产业集群，并为沙州区的钢铁、汽车、石化等重化工业发展提供基础配套、机械加工和维修服务②。总之，南厂作为惠市的国有大厂，应该留在惠市、服务惠市、造福惠市。

南厂管理者并不愿意搬迁到沙州区，一方面是因为进驻沙州区的工业园区都是很有竞争力的大企业，该区并不存在政策优惠，各种资源成本和惠市差异并不大，南厂在那里没有优势；且惠市沙州区划给南厂的地段不符合南厂的选址要求，南厂管理者认为惠市指定的地块都是早年由滩涂堆出来的陆地，不适合进行建设，且该地块形状不规则、临近河道过窄，无法满足南厂的运输需要。

嵌入在新自由主义全球环境中的南厂，与所有企业相同，试图运用“空间调整”策略来应对利润率下降和工人的挑战，然而作为嵌入在一定政区的国有企业，这种空间调整却受到了地方政府的限制。通过与惠市政府长达三年的协调，南厂最终于2007年暂时迁至惠市新区原南方锅炉厂的厂区。这个新厂区距离惠市南厂原厂区40分钟车程，这使得管理者利用空间置换进而进行劳动力置换的策略无法实施，南厂工人从此每天早晨7点起床，从沙园社区乘坐厂车到南厂工作。作为单位社区的南厂完全没有被打破，南厂工人之间的联系没有被打破，这种“空间调整”在应对工人抵抗造成的劳动力控制危机和利润率下降毫无效果。

2. 法律法规对企业的限制

南厂在推行与其他所有制企业类似的劳工政策上也会有很大的阻力。说到和私营企业的最大不同，南厂前董事长说：

---

① “关于惠市大型通用机械产品生产基地南厂搬迁选址的请求”，2004年《南厂档案》（永久）第4卷，南厂请〔2004〕52号。

② “关于南厂生产基地搬迁选址沙州区的请示”，2005年《南厂档案》第2卷。

从搞企业本身上说没有什么本质不同，只是对一种规范、制度的遵守。包括劳动合同法，你看还有我们上级主管颁布的一些规范、行为模式，这种规范的结构你要遵循。私人厂在法律框架下还可以灵活去应对，比如说我们五金肯定是要交的，但是实际上大部分企业交两金就可以了。（半结构式访谈：孙先生）

南厂受到的各种规章制度和法律的约束比私营企业要严格很多，而且南厂工人非常了解这一点，他们非常注重利用法律甚至各种行政法规对自身权益进行维护，这使得管理者非常头疼。南厂前董事长说：

职工会因为很多事情去告你，包括补偿啊，加班工资发不发啊，什么加班时间长和短，节假日的工资是不是按照300%给的呀，所有的东西都有告的，哪怕南厂每年夏天发的清凉饮料发不发都在告的范围之内，都有人告的。而且一告一个准！所以这些员工都非常明白，只要你这些东西不按法律规定来，就一告一个准，你马上就要被罚款。我记得前几年，省劳动厅出台了一个什么在室内作业的100块钱，室外作业的150块钱清凉饮料费发放的措施，后来工人就开始闹了。清凉饮料不一定要发货币的，可以用煮糖水、发汽水啊进行，其实就是劳动保护的一项措施，我们一直都有煮绿豆糖水和高温保护措施的。现在这些东西还会煮，只不过就是饭堂里面会煮一些汤，下午会有绿豆汤，另外还多发了一些钱……哪里有这样保护的？关于劳动保护的真正法律是《劳动合同法》，你企业是依法经营嘛，不是依着行政规章经营。（半结构式访谈：孙先生）

不仅如此，南厂是很不愿意和工人打官司的，孙先生说：

如果你去人力资源部问一下就知道早期和职工打官司我们都是输得多，后来才逐渐赢得多了，为什么呢？就是逐步适应了这样的新的劳动关系。有些企业就是给工人制定一个工资，但是它另外再给工人发一份工资，不写在工资单上，最后补偿的时候按照制定的工资进行补偿，工人会因为这样告你，一告一个准！你一去法院，如果判你输

> 了，这个罚款立刻就有执行力了，政府有你的账户，用这套所有（国企）都管得住。但是国家为什么不管私有企业，是因为你这样一管，大部分的加工企业全都没有了。而且私人老板手段多得很，冠冕堂皇地就跟你打官司，拖你也拖得起，黑的就找人打你，这是两种模式。（半结构式访谈：孙先生）

南厂对所有政律法规的一概遵守限制了企业的自由，并赋予工人一定权利。在南厂《员工行为守则》中，出工不出力是严重违纪行为，可以以此解雇工人，但是南厂工人从来没有因为怠工被解雇的。

2002年，南厂大规模下岗之后，在惠市劳动与社会保障局的督促下同本厂工会签订了一份集体合同。该集体合同详细地规定了员工的聘用方法和劳动合同、工作时间和休息休假、劳动报酬和津贴、社会保险和生活福利、劳动安全和卫生、员工教育和培训、终止合同的条件和待岗员工管理，以及合同的协商、变更、接触以及争议的处理方法等内容，并且在南厂职工代表大会上审议通过，并于合同生效后向全体员工公布，并在惠市劳动与社会保障局的监督下执行[①]。而2008年《劳动合同法》的出台，对南厂的管理人员构成了更大的限制，南厂容压分公司的生产部长告诉笔者，现在基本上无法解雇工人了：

> 你解雇他不就是把他推到社会上去吗！很多手续需要办的。你解雇他，如果你不能证明工人违规，你就需要对他进行补偿，按照工龄、工资算的。之前我们有一个员工，真的，他劳动合同期没到，当时他签了15年，他干活很不好，你说他不干活吧，他每天也都来了，没有缺勤，如果你缺勤超过5天，我就当作旷工处理直接开除了，但是他每天都来。你让他干活，他也答应你，但是他又干不好，整天都完不成任务，我们很想开除他，但是后来人事说了，分公司在人事任免上也只有权利提出“建议”，集团公司对政策还是懂一点嘛，集团公司说开除他也不是不可以，你这个时间，按照《劳动法》要补偿多少多少钱，怎么补偿给他，他出去以后，还要给他办理两年的社会

① “集体合同”，2002年《南厂档案》（永久）第8卷。

救济，这肯定要的，除此之外还有很多很多东西需要搞的。后来我们就想算了吧，不要搞了，还不如养他几年。如果要解雇一个工人是要社保局、劳动局、人力资源部，尤其是《劳动合同法》，说实在的，现在的《劳动合同法》全部是帮着工人的，企业是没有权的！南厂后来为什么这样了呢？因为我们以前开除很多人，给人家一告，你就是输，你解雇谁，谁就告你，你凭什么解雇我啊？很多很多麻烦事，哎呀！有人手上有一些好多好多年以前的补休单，他就拿出来，你也要补偿给他，是不是这样，你都不记得了，领导也不是原来的那个人了，他还拿出来。（半结构式访谈：刘先生）

对员工的处置不仅涉及了国家的法令或地方的行政法规，还涉及地方政府对国有企业维稳的政治要求。2011 年 1 月，南厂新任董事长和总经理上任的时候，惠市国资委主任曾经来南厂考察，在对南厂的生产运营情况进行了解后，他提醒了南厂要重视工厂的稳定：

要正确处理好企业发展与稳定的关系。国资委主任强调，全力推进企业的科学发展是我们的重任，但同时要处理好发展与稳定的关系，要以高度的责任感，依法依规妥善处理历史遗留问题。按政策有条件解决的要认真解决，未有条件解决的也要做好工作。他强调，这不仅仅是维护社会稳定的需要，也是企业发展的需要。①

所以，南厂的老工人总是很欢迎自己被企业炒掉。张师傅曾告诉笔者：

他们炒（工人），我们都会很高兴。容压分公司有个工人被炒了以后，离心机分公司月工资 2600 元要了他——他在这边月工资才 1600 元。炒他要赔他 8 万块钱，到了离心机那边又赚 2600。当时，他一被炒，马上去酒店摆了几桌。以前给人家炒很惨的，很没有面子，现在，专门去找关系要求被炒掉。（非结构式访谈：张师傅）

① 《今日南厂》，2011 年。

除此以外，南厂还要进行政治学习，例如在十七大后，对“八荣八耻”的学习，对“以人为本”的“科学发展观”的学习。实际上这些政治学习亦是国家对国有企业的价值观灌输。南厂的厂报《今日南厂》经常有诸如《树立正确的利益观，实现美好的人生》等文章。南厂不单单是一家生产企业，还需要体现出社会主义制度的优越性，这些也使南厂不可能像私营厂一样对工人进行随意的处置。

图 7—2　南厂的单身宿舍楼

（三）从对生产过程的控制到对生产结果的控制

南厂管理者被工人的投机式抵制折腾得焦头烂额。2010 年 6 月，南厂工人因为工资水平过低而进行了持续性的怠工，这导致德国合作公司订购的盾构机不仅生产速度很慢，而且接连出现不大不小的质量问题。这导致德国合作公司对南厂封杀两个月，在这期间，南厂高管和主管盾构机生产的副总经理以及质量工程师不断地找德国公司道歉并保证进行整改，合作企业终于在 9 月份又给了南厂一份订单以测试南厂的整改结果。这次质量事故后，南厂为 90% 以上的员工提升了工资，工资平均提升了 15%—20%。在 9 月份时，这台盾构机生产无论从质量还是从速度上来说都是令人满意的，所以德国的合作企业重新对南厂产生信心，恢复了生产合同。

质量控制一直以来都是南厂生产控制中的一个难点，南厂工人在质量上的投机使得南厂压力容器车间的品质部部长邓先生甚至用马克思的话来批评工人：

> 我现在管质量，干出来的质量怎么样，我心里非常清楚，我发现这两个星期质量明显下滑，表面功夫很多。白天有品质人员在监督他们的时候，他们把我们看得到的地方做得很干净，但是晚上——我们开三班——的时候，就乱搞一气，该打磨的不打磨，该一道一道焊的，他们就开大电流、大电压像抹糨糊一样焊起来。不可能每一道焊都进行无损探伤的，这要耗费多少人力物力成本。但是我现在发现，在巨大利益驱使下——马克思不是说了吗？在300%利润的驱使下，他们就可以践踏人间任何的法律——如果他们上个月工资是2000，现在他们工资能拿到4500，那么他们可能就进入一种亢奋的状态，很可怕！（半结构式访谈：邓先生）

当笔者向一名铣床操作工问起南厂的质量监督措施进行得怎么样时，工人以经验丰富且颇有些蔑视的口吻说：

> （质量控制）没用的！这没法监督的！有没有监督都是一样的，反正我这么多年一直在干活。嫌我们不干就炒掉我们了！巴不得呢！我工龄有四十年，要炒掉我，要赔我十万的。

2002—2010年间，当管理者试图推行岗位工资制度以保证生产质量时，工人的投机式抵制使得南厂的生产速度出现了问题，而2011年后，当新任管理者试图以计件工资制度保证生产速度时，在投机式抵制下，南厂产品的质量又出现了问题。速度和质量轮番出现问题令管理者不得不另辟蹊径，去寻求对生产进行控制的其他方式。

在南厂管理者难以对生产过程进行有效控制的情况下，转而对生产结果进行控制。这种控制分为三个方面：成本控制、质量控制和产出控制。

这些控制并不是在南厂工人日常生产过程中完成的，而是以其他的方式进行的，例如运用入厂包工、赶工生产以及分期支付工资的方式来保证其生产速度、质量和成本符合要求。

二　入厂包工

（一）车间内的二元用工制度

新自由主义时代兴起的资本积累方式与福特主义的刻板形成直接对抗。因为这种资本积累方式是需要依靠同劳动过程、劳动力市场、产品和消费模式有关的灵活性，故而被大卫·哈维称为“灵活积累”，“作为其特征的是出现了全新的生产部门、提供金融服务的各种新方式、新的市场，首要的是商业、技术和组织创新的比率得到了极大的强化。”（哈维，2004）在这种情况下，面对市场的极为反复无常、加强了的竞争和狭小的利润差额，雇主们力求得到更加灵活得多的劳动体制和劳动契约。而劳动力市场上明显变化则是从常规就业向着日益依赖非全日制的、临时的或转包劳动安排进行明显的转变（哈维，2004）。劳动力市场的变化对于生产体制有着重要的影响：

> 劳动力市场结果的转变，伴随着同样重要的工业结构中的变化。例如，有组织的转包为小企业的开辟创造了机会，而且在有些情况下使较为陈旧的国内的、手工业的、家庭的（家族式的）和家长式的（“教父”“老板”甚或类似于黑手党的）劳动体制得以复活，使它们得以作为中心而不是作为生产体制的一种附庸繁荣起来。（哈维，2004：197）

更为灵活的用工方式为南厂管理者在生产控制上另辟蹊径提供了可能。张璐对汽车行业的研究发现在中国国有汽车制造企业中盛行着劳务派遣制度，她进而将这种生产体制称为“精益—二元”的生产体制，这种生产体制由享受较高的工资水平、较好的福利待遇的正式工和低工资，既缺乏劳动保障、临时性的派遣工构成，同时带有“霸权”与“专制”的性质（Zhang，2006）。

实际上，在工作场所对工人进行“核心—边缘”的划分以达到良好的生产控制并不是新近才产生的现象。1986 年管理人员学院著述的《弹性工作模式》就对这种二元生产体制进行了说明（哈维，2004：196；柯森，1986）：

> “核心—边缘”用工模式在“核心是由‘具有全日工作时间、永久身份’的雇员构成的，并且‘对于机构的长久未来而言是主要的’。这个群体享有更大的工作保障，良好的晋级与技能再培训的前景，相对丰厚的养老金、保险和其他附件的权益……‘外围人员’包含了两个全然不同的亚群体。第一个由‘具有技艺的全日工作的雇员’构成，‘他们很容易在劳动力市场上找到工作’……第二个边缘群体‘提供了更大的灵活性，包括非全日制的、不定期的、固定条件的合同工作人员，临时的、转包合同的和公共津贴资助的受训人员，它比第一个边缘群体的工作保障更少’。”

对东欧社会主义国家生产制度进行研究的学者发现在匈牙利新经济推行时期，国有工厂中的工人由来自城市的核心工人与来自农村的边缘工人构成，核心工人技术水平较好、收入较高、福利待遇优良、年龄稍大，他们是生产场所的主导者，边缘工人则技术水平较差、收入较低、不享受福利待遇，他们流动性较高，是生产过剩中的外援（Burawoy，1990；Haraszt，1978）。当然，在计划经济时期的中国，也存在这样的“核心—边缘”工人的区分，只不过核心工人是占绝大多数的正式工，而边缘工人则是国有企业季节性雇佣来自农村地区的“临时工”。随着《劳动合同法》出台后，这种二元的用工模式发展成为劳务派遣制度在国有企业被广泛使用以降低用工成本，这显然与新自由主义制度下的弹性用工制度殊途同归（Zhang，2006）。

国有企业中的劳务派遣制度因为同工不同酬的问题在近些年受到了广泛诟病。2013 年，随着《劳动合同法》修订案的提出，派遣工在国内将会受到越来越严格的约束，很多学者认为另一种用工模式将会替代派遣工成为国有企业用工模式的主导，这就是对外包生产模式的使用①。南厂并

① 在南厂存在两种外包工的形式，一种类似于建筑行业“包清工”的生产模式，私人包工队使用本厂生产场地、本厂生产工具、本厂提供的原材料进行生产，他们只提供“劳动力”，这种外包工被称为“外协工”；另一种则是将本厂部分产品直接发给外面的私人厂进行代工生产，相当于以市场机制来替代组织机制。这一节，笔者主要侧重于分析第一种外包工模式，即“外协”。

不存在劳务派遣工，然而，在对外包工的使用上则是先行者。在南厂存在两种形式的外包生产，一种类似于建筑行业“包清工”的生产模式，私人包工队使用本厂生产场地、本厂生产工具、本厂提供的原材料进行生产，他们只提供“劳动力”，这种外包工被称为“外协工”；另一种则是将本厂部分产品直接发给外面的私人厂进行代工生产，相当于以市场机制来替代组织机制。在这里，笔者主要侧重于对第一种外包生产模式的分析，即“外协生产”。

（二）“外协”与外包制度在南厂的引入

在 2011 年 5 月 30 日的厂报上，南厂是这样定义外协的：

> 外协是指组织外部的厂商在组织的指导或控制下，按照组织的要求和标准进行生产，向组织供应合乎组织需要的产品或服务。外协能使组织充分利用外部厂商的人力资源、生产资料和专业化优势，从而实现自己的产值和利润目标。[①]

2001 年，南厂容压分公司开始引入少量包工队补充铆焊工种的缺口，2008 年后，外协包工队的数量迅速增加，2011 年，南厂开始在赶工时期引入下料包工队，2013 年，南厂车间有四支铆焊外协包工队，超过了本厂班组数量。目前，在“入厂包工”模式下，外协包工队承担了容压分公司生产任务的四分之一，铆焊生产的三分之二（南厂容压分公司组织结构图如图 3）。在日常生产中，铆焊工段大概有八十到一百名外协工人进行生产，而在赶工时期，外协工人总数能够达到二百人以上，而本厂铆焊工人数量仅为五十多人。

笔者在南厂调查期间，所在的容压分公司生产车间共有七个外协包工队——油漆队、架子队、制造生产线、真正协助容压分公司进行生产的是四支铆焊包工队。外协包工队使用南厂提供的技术、工具、设备和材料，甚至在南厂压力容器车间内进行生产，他们所需要提供仅仅是劳动力。

南厂与外协包工队是完全市场化的契约关系，两者签订产品契约，前

① 《今日南厂》，2011 年 5 月 30 日。

者为后者规定完工时间、质量要求、技术标准以及生产安全，并派本厂监理人员进行监督管理，若外协包工队按时按质按量完成产品，南厂则按照吨位单价进行结算。至于外协包工队的具体生产组织方式、工人生产情况、福利待遇、工伤补偿、工作时间等，南厂则毫不关心，南厂前总经理说："你怎么组织我不管，我只看结果。你帮我做出产品，多少钱一吨，开个发票给钱就完了。"尽管外协包工队和本厂铆焊班组各自有不同的任务，但偶尔也会互相支援，而在这种情况下，就要按照每个工的价钱进行班组之间的结算。

为什么在2008年后南厂开始大规模引进外协包工队进厂生产呢？在规避《劳动合同法》的情况下进行成本控制是南厂的主要考虑之一。主管南厂容压分公司的副总经理说：

我们从2011年开始，正式实施了计件、计时工资，完全实行市场化的运作，我们的员工一个月做多少，我需要给他们支付工资，此外还要支付五险一金，总的成本加起来与外包工的成本是接近的。但是，我们实行外包工，对企业来说，总的成本肯定还是低一些的。作为我们企业来说，我们的任务是不均衡的，有的时候可能任务非常满，有的时候非常松，如果你养了非常多的人话，毕竟我们还有一条——新的劳动合同法出台以后（2008年），聘任制的人，只要是你的员工，那么如果没活干的时候，第一，你要付他钱，第二，如果你要解聘他，你还要补偿。有了包工队，基本上就能解决这个问题了。因为我们是根据的一段时期内的任务情况来引进队伍。我们不是按时间请他，而是按照任务量——他们（包工队）可以自由调配自己的劳动力，任务量大的时候多派一些人过来，任务量小的时候少派一些人，他们在其他地方也有活干。（半结构式访谈：卢先生）

南厂基层员工的解释更通俗，但论调稍显不同：

搞了外协利润就高了，他董事长、总经理年薪就很高了。我们自己干成本就是一百万，外协以后是八十万，这肯定可以了，有二十万利润来的。他就不用这么多工人，就全部回家了，他就不想养这么多工人，他说人工成本现在是很高的，特别是国企，你又炒不了他的鱿鱼，买什么三金四金，现在是很多的，每一年都要增加，他做老总是要考虑这个问题的。像你订个货，你太贵人家就不和你订，我们只能将价钱压下来，现在我们盾构机价钱和外面私营厂基本上是持平的。没办法，不然人家就不给你干了。（半结构式访谈：刘师傅）

第二，外协包工队的生产效率比本厂更高。南厂压力容器车间品质部部长说：

只要把他们的积极性调动起来，他们也有自己的可取之处。例如他们的员工干活卖力一些，在艰苦环境下作业干得很起劲，我们员工可能环境稍微差一些，他们就不愿意干了，就怎么样，加班加点不愿意干之类的，他们的员工在这方面更有优势。（半结构式访谈：邓先生）

关于为什么外协工人比本厂工人工作更卖力，湖北外协包工队的工头阿强与南厂钳工张师傅的对话显示出原因：

笔者：说起来他们为什么那么努力干活呢？

阿强：他跟你们（张师傅）不一样，我们那些人都是从外地农村请回来的嘛。

张师傅：他们要赚钱回家的嘛！

阿强：你没有技术，你不整天干活，你不学技术，哪里能拿到高工资？有技术才能赚到多的钱。你不努力，哪里有钱的？

笔者：你们是不是天天都监督他们干活呢？

阿强：那些人都挺自觉的，跟南厂的工人不一样。把活分给他们，他们就会把活干完。

笔者：但是把活分给南厂工人，他们未必把活干完。

张师傅：我们有这个（福利），他们没有。我们的公积金一共三百多，我们出一百多，工厂出一百多，看病也是，50%报销的（言下之意，在有保障的情况下不会拼命赚钱）。他们不同的嘛！他们工资很高的，包吃包住，一个月还有四五千。农民工，在家里待着，能赚多少钱呀？在这里干，能赚多少钱！这个人一个月起码六七千，我才两千块。哎呀，那些人很卖命的！他们赚钱回家，又起房子了。

可以看出，外协包工队的人员与南厂工人完全处在两个极其不同的生产体制中。南厂工人的低工资、高福利使得他们以怠工的方式进行抵制，而外协包工队工人的高工资、低福利（实际上是无福利）使他们卖力地生产。

（三）外协包工队的工作与生活状况

当笔者在南厂车间与工人聊天时，偶然认识了阿宁。阿宁19岁，来自湖北，是阿强所带的铆焊外协包工队的一个工人。当笔者见到阿宁的时候，他刚刚完成一个焊接任务进行休息，他看上去瘦瘦小小，脸脏得像花猫一样，衣服也是又脏又旧。与他距离不远的地方还有一个更年轻的工人与一名50多岁的外协焊工。我们的谈话从他是怎么来到南厂开始：

笔者：你是怎么找到这份工的？
阿宁：通过关系了！
他指着旁边的那名年轻人说："他是我表弟！"
指着稍远处的工人说："他是我同学，那个也是我同学。"
然后，指着旁边那名50多岁的焊工说："他是我的同村。"
笔者：那带班的呢？
阿宁：他是我们镇上的。
笔者：大老板不会也是你老乡吧？
阿宁乐了，说："老板也是我们同一镇的。"
笔者：你怎么不通过正规的人才市场找工作呢？
阿宁：那都不可靠，都是骗人的！

阿宁说自己读了初中就出来了，但是并不是直接出来打工，而是去技校学理发，学了一个月听说能打这份工，就跟村里的人出来了。他的铆焊技术是跟他舅舅学的，并没有进行过正规的训练，而他的舅舅也在这里干活。

图 7—3　生产中的外协工人

与建筑工人相似，外协工人都是在熟人介绍下，跟随包工头如同一串葡萄般地进入生产场所。这些工人往往来自同一地区，大多存在亲缘或血缘关系，他们分享着同样的语言、饮食习惯和穿着习惯，形成了与南厂单位社区格格不入的“包工头王国”。这些外协工是没有惠市户籍的农民工，年龄集中在 20 岁以上 50 岁以下，全部是男性。他们大多教育水平不高，很多人是初中毕业后就出来打工，跟随队中的老工人学习简单的手焊、氧焊和二氧化碳焊技术。他们没有与包工头签署劳动合同，亦不享受任何社会福利与保障。在城乡分割的户籍制度、拆分型的劳动力再生产模式下，这些通过非正规劳动力市场获得工作的人成了高度灵活的劳动力。

阿宁的工作时间是上午从 8：00 到 12：00，下午从 1：00 到 5：30，加班是家常便饭。另外，外协工人的吃住都不在南厂——他们中午跑到南厂外面去吃饭，晚上回到南厂附近的镇上休息，他们在那里租了房子住。

笔者和阿宁聊得正起劲，连旁边的两个工人——阿宁的表弟和他的同村也要凑过来的时候，工头阿强看到我们，走了过来，一脸谨慎怀疑的神情，用湖北话问阿宁在和我讲什么。阿宁支支吾吾地把我的来意重复了一遍。阿强很不爽地看着我说："你们别说了！先干活，下班了你们可以聊个够！"阿宁冲我撇了下嘴，就继续埋头烧焊了。

（四）简单控制：外协包工队的劳动控制

外协包工队的组织方式为"包工制"，包工制是一种特殊的劳动力招收、使用和管理的组织形式[①]。马克思认为包工制度具有两种基本形态：其一是由寄生在资本家和工人之间的包工头来承包生产，克扣工人一部分应得的工资，从事中间剥削，类似于新中国成立前的"包身工"；而另一种是资本家与包工头订立按计件酬劳契约，是由包工头直接招募工人，支付工资，而资本家和工人之间不存在直接的契约关系（马克思，2004）。南厂的外协包工队为第二种包工形态。在这种组织形式下，不具备法律能力的个体自行承包生产、招募员工，但他们并不与工人签订书面的劳动契约，亦不为他们购买社会保险，这使得劳动力的招收和使用极富弹性。

外协工人受传统社区的父权主义文化影响很大，包工队的管理方式也是与这种文化相迎合的。以来自湖北的铆焊包工队为例，在包工头的授权下，外协工人悉数由工头阿强管理。阿强的月工资6000元，包工头不仅给他购买了五险一金，还给他配了一辆车。如同一家之长，在年轻工人面前，他经验丰富；在高龄工人面前，他年富力强，他的权威地位看似理所应当。在爱德华兹（Richard Edwards）对劳动过程历史演变的分析将西方国家生产场所中的控制分为简单控制、等级控制和科层控制，简单控制指的是由包工头或工头进行的专断的、任意的和个人化的控制方式（Edwards，1979）。包工队中的控制显然是简单控制，实现手段主要是以下三个方面：

首先，工资刺激。南厂所有包工队的工资都不是按照计件工资，而是工头依据不同工人技术水平和劳动情况而定的固定工资。在这支湖北的铆

---

① 据研究，包工制曾广泛地存在于19世纪的西欧资本主义国家，并在民国时期盛行于旧上海的码头、建筑、造船、纺织等行业，至20世纪40年代后期，多数曾实行包工制度的工厂逐步改为实行直接雇佣制度（工人运动史）。

焊包工队中，工人月工资最高水平为6000元，最低水平为2500元，大多数工人月工资处于3500元到4000元，阿宁的工资是3600元。因为南厂一直按照产品合同按时向包工头支付费用，故而外协包工队并不存在工资拖欠的问题。适时惠市职工最低工资标准为每月1300元，而广东省职工平均工资为3763元，惠市职工平均工资为4789元，这种工资水平对工人的激励作用显然很强。当问及为什么这么拼命劳动时，很多工人都说："赚钱嘛！我们的工资高，是他们（南厂正式工人）的两倍！"

另一方面，工资数额的不确定性更加重要。哈拉斯基（Miklos Haraszti）曾说："收入的不确定性是使工人陷入对自己进行剥削的一种机制。"（Haraszti，1978）尽管工资水平可观，但外协工人并不清楚自己下个月的工资水平到底是多少、是否会发生变化——这全然由包工头决定。在不具备社会保障的情况下，工资是外协工人的一切，这使得他们唯工头马首是瞻。

第二，现场监视。当笔者问阿宁工作为什么这么努力时，他首先说："赚钱嘛！我们工资高，当然好好做了！"我说："你们是计时工资，慢慢干一个月也可以拿那么多嘛！"阿宁欲言又止，笑着说："那不行……"外协工当然没有资本进行"投机式抵制"。阿强每天很早就来到南厂，负责外协工人的签到事宜，如若工人没有按时到厂，就会遭到批评或呵斥。在工作时间中，除非与车间调度商量进度、讨论图纸，与车间管理者沟通材料配备、工具、场地事宜，阿强会如影随形地守在工人身边监督生产。他还有权力根据工人劳动状况进行扣罚。

第三，解雇威胁。如前文所述，如果外协工人工作懒散，工头会对其进行批评与劝诫，如若工人仍然不加以改正，工头可以对其进行罚款或降薪，如果这种处置不奏效，这名工人就会被解雇。更严重的是，如果外协工人怠工或闹事的话，他很可能被拉入黑名单，因为当地的同行们大都认识，所以没有老板再敢来雇用他。若他回到老家，因其在"乡村共同体"中的名声被破坏，其他人也不会愿意再带他出来打工。尽管解雇威胁对于技艺娴熟、社会经验丰富的技工来说并不奏效，但对年龄尚小、刚刚进城打工且技术水平低的外协工人构成了较强的约束。与被解雇的境遇相比较，这些工人显然更愿意在南厂赶工赚薪水。

南厂对“入厂包工”模式的运用在很大程度上提升了企业生产的灵活性：第一，劳动力使用灵活性的增加。外协工与包工头和南厂都未签订劳动合同，雇主可以根据任务量的大小调节使用劳动力的数量；第二，劳动控制灵活性的提高。包工头对外协工人的劳动控制既不依靠刻板的制度，又不在工会、职代会或党委会的监督之下，而完全交由工头或包工头个人进行；第三，劳动力价格灵活性的提高。企业管理者与包工头不仅可以根据经营状况对外协工的月工资进行调节，而且不必为外协工人缴纳社会保险，这使得劳动力价格能够根据环境变化而灵活变动。总之，采取这种生产模式后，企业资本周转时间得以缩短、劳动力成本得以降低。

（五）外协包工队内部的劳资关系

蔡禾将工人的利益诉求分为“底线型利益诉求”与“增长型利益诉求”，在底线型利益认知情况下，工人依法应得的与维持生活必需的利益被剥夺是劳资冲突的导火索（蔡禾，2010）。南厂的外协工人外出务工经验并不丰富，这些工人的利益认知处于建立在“绝对剥夺感”基础上的“底线型利益诉求”。当笔者问焊工阿宁觉得“三险一金”是否重要时，他不屑地说：“谁需要那些东西？我的工资是他们（正式工）的两倍!”尽管外协工经受着更糟糕的工作条件、更高强度的劳动和不足的劳动保护，但只要工资可观、有吃有住，他们并没有什么埋怨。

在南厂这样承接跨国企业代工生产的重型装备企业，工资拖欠几乎不会发生，但工伤威胁却一直存在。南厂前总经理告诉笔者，在引进一个外协包工队前，会先和包工头讲明白，外协工的安全和福利都由包工队负责，一旦出现问题，也由他们解决。包工头对工伤解决方式主要是私了。湖北包工队的割焊工阿祥在一次赶工生产中不慎割伤脚面，同村阿发背着他在车间里绕了半圈，最后由正式工借出行政用车将其送到医院。包工头随后为阿祥支付了医药费、本月工资和几千元赔偿后，终止了对他的雇用。

随着产品外包，劳资冲突的压力也被内部化到外协包工队中。外协工的境遇和情绪不会为南厂带来诸如干扰生产进度、受到政府部门调查、用工成本上升和声誉评价受损等麻烦。与建筑包工类似，包工队是外协工与南厂之间的隔离带和减压阀，掩盖了外协工与南厂实际存在的用工关系，“入厂包工”同样将劳资关系隐藏在温情脉脉的面纱背后，将风险和不确定性交由处于弱势地位的工人承担（蔡禾、贾文娟，2009）。

（六）南厂工人与外协工人的双重边缘化状况

对一部分人控制的强化构成了把另一部分人边缘化的条件。不同于“核心—边缘”生产模式，通过在不同方面对本厂工人和外协包工队施加不同影响，南厂管理者使得本厂工人和外协包工队的工人都处于相对边缘化的位置。

一方面，南厂管理者通过对外协包工队的引入来将本厂工人边缘化，以降低其工作场所讨价还价的能力，应对他们的投机式抵制。正如南厂副总所说：

> 我们工人来和你闹和吵的话，无非就是不干活嘛！我坐在那里不干，反正我天天也来这里上班。行！没问题，你不干没问题，我马上安排别人来干。你这个岗位，机加工，你不做，我马上请别人来做，从外面请，甚至高价聘请都可以，机加工很多的。像这次我们生产任务很忙的时候，我专门高价在外面临时招了二十多个焊工，补充紧急任务，像预备队这样的概念。我跟他们讲，我就用一个月，用完我就不要了。都是熟人介绍过来的人，都是很熟的，很高水平的，他们不用培训的，来了就做，一天8个小时，按小时工资算。我也就这样，如果你哪个岗位不做，行！那我就不安排你做，你靠边，你叫别人做，你不能把机床占住，我要安排别人来做。外包队把它做了以后，你自己就没什么活了，你自己活少了以后，是你自己赚得少。（半结构式访谈：卢先生）

另一方面，南厂外包工政策又通过赋予本厂工人工作选择权来将外协包工队边缘化，以降低他们市场讨价还价的能力。南厂容压分公司品质部长说：

> 其实说实在的，只要有准入制度和考核制度，再加上市场，盾构

机不用本厂职工都能做出来。把一个项目给外协组做，他们的成本比我们的员工要低超过10%。那为什么我们要自己的队伍？外协组不稳定因素比较多，外面如果有一个大项目，他们就走了，你不够独立自主，风险就大了。而且一旦几家联合起来提价，你连谈判筹码都没有。所以自己也要有两三支队伍，而且如果我们想干压力容器的话，你肯定要养着一批人，全部依赖外协组的风险比较大。（半结构式访谈：邓先生）

拿本厂工人去威胁外协包工队，以及拿外协包工队来威胁本厂工人成为管理者经常使用的策略。这在南厂管理者看来，无论正式工还是外协包工队的工人都不应该认为自己高人一等，本厂工人在体制中是核心，但在生产中能够被替代；外协包工队则不受体制的保护，是南厂内部劳动力市场的边缘。

无论是南厂工人还是外协包工队对自身地位的边缘性都存在不满，他们都坚持自己才是“外协”。一方面，南厂工人说：“现在什么活都给外协包工队去做，我们自己的任务减少了很多，感觉他们是主力，我们才是外协!”另一方面，外协包工队的工头说：“他们不卖力没关系，他们是职工。我们说好听一点是——外协工。是协助他们的，如果他们自己搞不定，我们就协助他们。”

（七）外包工制度与选择性放任生产体制的循环强化

本厂工人对自身被边缘化的不满并没有发泄到外协工人身上，他们说自己还是理解外协工人的。有人说“那边的工人又直落又加班的，都是另外给的，要不然他们肯那么勤力干活？我发工资才一千二!”有人则说“他们的工资其实也不高，你看他们一个月有三千多，但是他们什么福利保障都没有，而且他们每天都要加班，算下来其实工资和我们差不多。”

在南厂工人看来，问题不是出在这些外省来的工人身上，而是出在管理者身上。他们不满意这种区别对待，把自己置于生产的边缘位置。2010年底，南厂正在酝酿计件工资制度的时期，本厂铆焊班组的工人听说未来的吨位单价是550元，而南厂给外协包工队生产时的吨位单价却是750元，比本厂要高200元。有些铆焊工人感到非常不满就到生产部去找管理者说理："大家都一样干活，人家一吨750，我们一吨550，这太不公平了。"管理者解释，本厂工人有保险，如劳保、医保，而外协包工队的工人什么都没有，连劳动合同都没有，实际上你们的收入算起来是一样的。工人显然不接受这个解释，并说："他们没有劳保和我们有什么关系？又不是我们让他们没有的！那这样的话，我宁可没有劳保，我做多一份就已经够我们一个月的劳保了嘛！"这件事传到机加工那里，大家都为铆焊工人鸣不平，例如阿金说：

> 外协工人有没有福利，工资多少是他们老板说了算嘛，和我们又没有关系！你给我们这么少钱是不公平的。凭什么让铆焊工人努力干活啊？工人不只是看你工资的！而且，那些铆焊工人算过了，搞了计件工资以后，他们劳动增加了，工资还不如现在高。领导想方设法剥削工人的钱！不管搞不搞计件，他们都拿年薪，工人怎么计件，工资都很低，这么不公平，即便搞了计件，工人也不愿意做的！（非结构式访谈：阿金）

管理者的回复加剧了工人对边缘化的不满，这种不满进一步激发了他们与管理者的对抗和投机式抵制，工人的不配合显然会增加管理者对本厂工人生产过程控制的难度。

另一方面，南厂工人的工作量确实也因为外协包工队的存在而减少。因为外包制度的存在，使得工人令管理者就工时单价向他们妥协让步变得更加困难，每当工人认为一件铸件工时定额不合理并要求与工时定额员讨价还价的时候，基层管理者都会劝工人"做不了就发外包吧！"结果，工人发现，他们可做的工作越来越少——在计件工资时期，这显然影响了他们的收入，不公平感在他们心中不断积聚。此外，他们还意识到拒工并不是解决之道，若要提高自己的工资，根本还在于工时定额的提升。在任务量减少的情况下，工人反而更有时间同工时定额员争吵和周旋，或者进行怠工以吸引管理者的注意。结果是，外协包工非但没有减少工人的不满和投机式抵制，反而使得他们更有空闲去为难管理者。

第三，南厂管理者找到了替代性的廉价劳动力，就更无暇顾及对本厂工人的生产过程进行控制。笔者在南厂的最后的几个月中，车间的景象变得对比鲜明——南厂工人或者就工时与工时定额员争论，要么一肚子不满地怠工，要么慢吞吞地干活，而管理者却忙得像热锅上的蚂蚁。基层管理者在各个机床以及车间和办公楼之间穿梭，忙着填写、发放、复印和交付外协单，他们更加没有心思和时间去督促本厂工人。而高层管理者则忙着审核基层管理者交付的外协单，安排产品的送出、材料的分配、设备的配备，并对外协包工队的生产进度、质量状况、技术要求进行监督，还要就契约与包工队进行协调，并且准备对各种突发问题进行协调。对外协包工队的依赖使得南厂管理者更无暇顾及本厂工人，故而对生产过程更加放任。

从这个意义上说，对南厂生产过程的难以控制导致管理者采取了外包生产模式，而对这种用工方式的依赖使得他们对本厂的生产过程进一步地放任，这使得选择性放任生产体制得到了循环强化。

三 赶工生产

当笔者与南厂外协包工队的工人聊天时，仿佛离开了南厂，进入了珠三角某个小型私营制衣厂或某个建筑工地中，当南厂越来越深入地融入全球经济和更加市场化的未来时，一种在毛泽东时代被批判的前现代的生产模式却被重拾。然而，当笔者经历了南厂的赶工生产时期，看到《今日南厂》上“奋战红五月，赶工抢进度”“容器公司限期盾构机生产大战”[①] 等标题，却像是回到了计划经济时代。笔者在南厂的 8 个月时间，经历了两次大规模赶工，一次是在 2011 年 3 月中旬，一次是在 2011 年 5 月。

（一）南厂的赶工传统

赶工对南厂的工人来说绝不是一件稀奇的事情，罗师傅描绘了七十年代赶工时的情况：

那时候工资很少，2 级工的工资是 46.2 元，多少年都没有变过，

① 《今日南厂》，2011 年 5 月 30 日，第 1 版。

> 那时候的人和现在不同，一点都不去计较。到了赶工的时候，人们都很积极地参加，那时候敲锣打鼓的、然后车间都挂着条幅，人们变得很兴奋，生产积极性一下子就上去了。（非结构式访谈：罗师傅）

赶工或突击生产在计划经济时的苏东国家也是很常见的。很多对社会主义国家进行研究的学者都注意到了这种生产模式。研究者将“突击生产”归咎于“短缺经济”（科尔内，1986）：首先，供应上的不规律会导致生产排序与劳动过程的不断重置；加之，中央计划机构指令的变化会进一步加剧这种不确定性，使得车间生产经常遇到难以预计的瓶颈问题；最终，工厂为了按期完成计划以加强与国家讨价还价能力而赶工——大量生产指标在计划到期前的最后时段内赶出来（Burawoy，1990）。南厂的情况也一样，材料供应的短缺、生产计划的变动以及领导的要求都会导致赶工。

南厂前总经理告诉笔者七十年代中后期以来南厂的赶工情况：

> 那时候，完全计划经济的时候更是运动式的，例如说献礼，向党多少岁生日献礼，国庆多少周年献礼，那个时候（七十年代中后期）为毛主席献礼更多。而且那时候统购统销，如果对方厂出了问题，材料供应不过来，就会影响我们生产，当然一般都会给到，但是经常要赶工。后来双轨制，一方面是计划，一方面是市场的时候，也会赶工。除了政治任务以外，就是生产不均衡的必然结果，生产不均衡，任务不均衡，尤其是我们单价小批，这个很难避免的。因为那时候产品没有定型，总是在变的。（半结构式访谈：欧阳先生—1）

在计划经济时期，南厂形成了一整套的赶工动员方式。首先，厂方经常在月底、季底、年底或任何生产陷入低潮以及需要突击生产的时期由工会组织开展劳动竞赛；第二，熟练运用群众工作方式，干部以表扬、奖励的方式激励积极的工人，以家访、谈心感动表现平平和缺乏进取心的工人，以批评、辩论的方式督促心存不满的工人。第三，在意识形态上尊重劳动，并赋予劳动者较高地位，使得工人心甘情愿地付出（贾文娟，2010）。

尽管今天的南厂管理者已经不再坚持计划经济时期劳动至上、工人至上的意识形态，而是为了利润率和工人你争我抢，但这种来自计划经济时期的赶工生产方式与一些激进的动员话语却得到了保留。时至今日，赶工式生产仍然是屡试不爽刺激工人劳动的方式。

（二）目前的赶工周期与动员方式

南厂的赶工必然与其出货时间过短有一定的关系，正如南厂副总经理所说：

> 一般我们生产盾构机是要四个月出货，真正做的话是不可能的，合同上不可能给我们四个月。像我们给海瑞克生产盾构机的刀盘，他们自己做都要四个半月，他要求我们三个月——包括材料的采购时间，这时间要求比他们自己的标准还要短一个半月。所以时间通常都是很紧很紧的，我们材料采购通常是要30天，这就已经用去一个月的时间，那就只剩下两个月的时间，所以到了生产的时候就很紧张很紧张。（半结构式访谈：卢先生）

实际上，在生产安排高度科学，以及对生产过程进行严格控制的条件下，南厂是能够在规定时间完成生产任务的。但问题是，工人在平常生产中并不积极，基层管理者也没有尽职尽责地督促工人，而中高层管理者又缺乏解决控制问题的有效方式，这使得有条不紊地完成生产任务并不容易，在这种情况下，南厂管理者便采取了赶工式生产。

今天南厂的赶工动员方式主要有三种：口头动员，骨干带领，以及经济激励。

口头动员意味着管理者要对工人晓之以理、动之以情，说服工人多加班、多干活。2011年4月底，南厂厂报登出“容器公司掀起盾构机生产大战”的文章，并写道：

> 5月份已经成为锅炉容压分公司完成今年盾构机产品的瓶颈阶段，能否按期完成关键的盾构机任务不但关系分公司今年经营目标的实现，而且关系到直接影响到客户对我们在盾构机制造方面的信誉，

是关系企业生存的大问题！……为落实解决产出问题，公司根据实际情况，决定非常时期采取非常措施，从5月份起，生产班组排足班次，并安排好员工节假日的加班……大战已经来临，冲锋号已经吹响。锅炉容压分公司全体员工积极响应公司的号召，投身到赶制盾构机和其他产品项目的生产高潮中去，为安全、优质、高效地完成各项生产任务而努力拼搏。①

为了进行动员，南厂在4月底召开了班组长以上管理人员的动员大会，向基层管理者讲形势，讲任务，并明确布置各工序的生产周期；同时，向全体员工发出口吻极其诚恳的公开信，该公开信红底黄字，在车间的每个出入口都进行张贴，公开信的具体内容如图7—4。

该公开信不仅交代了公司遇到的困难，并说明“这是关系企业生存的大问题”，而且使用了很多计划经济时期的言辞，“呼吁全体员工发扬敢打硬仗、善打硬仗和顽强拼搏的精神，打一场盾构机项目的攻坚战”，最后还祝全体员工“家庭幸福、工作顺利”。

除了口头动员，中高层管理者还强调骨干在赶工中的作用。正如笔者在第四章对工人及在第五章对基层管理者进行探讨的时候所提起的，南厂工人已经与管理者存在结构性的矛盾，所以今天已经不存在计划经济时期对管理者忠诚的核心工人群体。现在管理者口中的骨干是哪种人呢？南厂压力容器车间生产部长说：

班组长手下有几十号人，你不可能每个人都去盯着，骨干就是一个班组里面会分开几个人一起干活的，尤其是铆焊、补焊、焊接都要人去干，骨干就是起到在这个小组里面能够带工人干活。骨干要带领，怎么带领呢？骨干不是有技能的嘛，有些人技能不是很好的嘛，他就能去告诉你怎么干，怎么把这个活干好。（半结构式访谈：刘先生）

今天的骨干是那些技术水平高超，但却不计较收入，对操作机床本身

① 《今日南厂》，2011年4月30日。

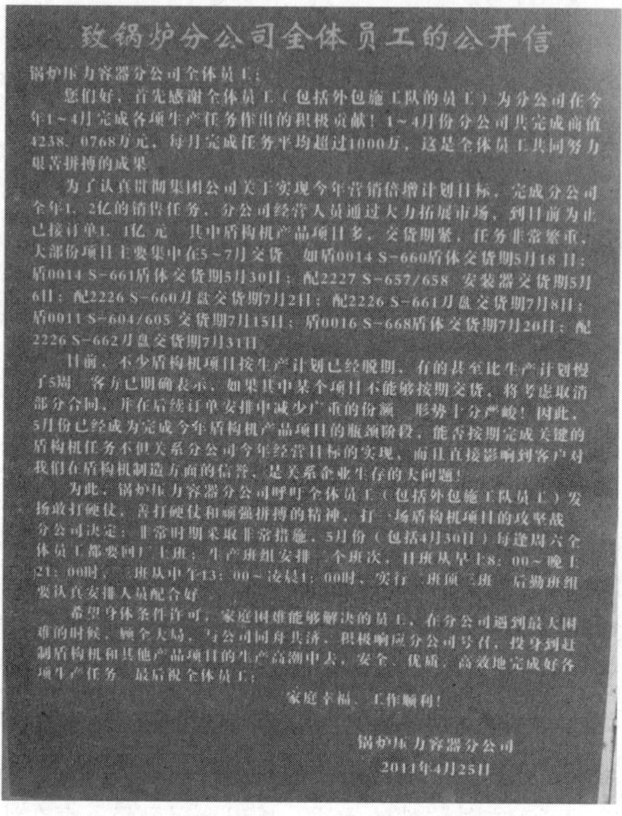

致锅炉分公司全体员工的公开信

锅炉压力容器分公司全体员工：

您们好，首先感谢全体员工（包括外包施工队的员工）为分公司在今年1~4月完成各项生产任务作出的积极贡献！1~4月份分公司共完成商值4238.0768万元，每月完成任务平均超过1000万，这是全体员工共同努力艰苦拼搏的成果。

为了认真贯彻集团公司关于实现今年营销倍增计划目标，完成分公司全年1.2亿的销售任务，分公司经营人员通过大力拓展市场，到目前为止已接订单1.1亿元。其中盾构机产品项目多，交货期紧，任务非常繁重，大部份项目主要集中在5~7月交货。如盾0014 S-660盾体交货期5月18日；盾0014 S-661盾体交货期5月30日；配2227 S-657/658 安装器交货期5月6日；配2226 S-660刀盘交货期7月2日；配2226 S-661刀盘交货期7月8日；盾0011 S-604/605 交货期7月15日；盾0016 S-668盾体交货期7月20日；配2226 S-662刀盘交货期7月31日。

目前，不少盾构机项目按生产计划已经脱期，有的甚至比生产计划慢了5周。客方已明确表示，如果其中某个项目不能够按期交货，将考虑取消部分合同，并在后续订单安排中减少广重的份额。形势十分严峻！因此，5月份已经成为完成今年盾构机产品项目的瓶颈阶段，能否按期完成关键的盾构机任务不但关系分公司今年经营目标的实现，而且直接影响到客户对我们在盾构机制造方面的信誉，是关系企业生存的大问题！

为此，锅炉压力容器分公司呼吁全体员工（包括外包施工队员工）发扬敢打硬仗，善打硬仗和顽强拼搏的精神，打一场盾构机项目的攻坚战。分公司决定：非常时期采取非常措施，5月份（包括4月30日）每逢周六全体员工都要回厂上班；生产班组安排二个班次，日班从早上8：00~晚上21：00时，二班从中午13：00~凌晨1：00时，实行二班顶三班，后勤班组要认真安排人员配合好。

希望身体条件许可，家庭困难能够解决的员工，在分公司遇到最大困难的时候，顾全大局，与公司同舟共济，积极响应分公司号召，投身到赶制盾构机和其他产品项目的生产高潮中去，安全、优质，高效地完成好各项生产任务。最后祝全体员工：

家庭幸福、工作顺利！

锅炉压力容器分公司

2011年4月25日

图 7—4　南厂容压分公司的赶工动员信

就很有兴趣的工人。这种骨干工人通常是七十年代初期进厂、不求名利的老工人，如同笔者在前面几章中提到的一个人开四台机床的吉师傅，生产部长也说：

> 他是骨干来的，所以当初我们是返聘他的，但是由于新领导说“算了吧，都是60多岁的人就不要再请了”——我都不舍得他们走啊，这些老工人，真的是，他是骨干，他一个人看两台、三台车，真的！干活你都看得见！这人不错！他技术很好，也肯干，所以我当时为了留他还专门打了报告给总经理，但是总经理说，这样不行，要培养新人嘛！但是你看那些新人，那些小孩儿不行的，确实不行的。一个他有心在这个企业，他愿意用心去学，现在有些人骑牛找马，学得好就学得好，学不好就算了，我就看看外面有没有更适合自己的，有

的话，我就跳槽，现在人都是这样的，真的！（半结构式访谈：刘先生）

这些骨干在赶工中的作用非常重要。普通工人在生产中可能会遇到技术问题，需要求教于这些工人，生产部长说：

就像师傅带了很多徒弟，这些人不会做的时候，这个师傅就可以指导他们，起到这个作用，有什么困难和问题可以请教他——因为不是每一个技能都是一样的、同一个水平的嘛。（半结构式访谈：刘先生）

骨干工人不仅可以带着其他工人工作，帮助他们解决技术问题，自己还能独当一面，承担紧急任务中难度要求高的生产任务。值得注意的是，管理者口中的骨干，却不一定是工人所承认的骨干，有些骨干甚至并不认为自己是骨干。而工人承认的骨干，也不一定是管理者口中的骨干。骨干工人的工资并不比普通工人高多少，推行计件工资制度后，普通工人月工资达到3000元，骨干月工资则是4000元左右。就像吉师傅，他从来不承认自己是骨干，并且对管理者很多的行为都不认可，他说自己这样努力劳动，纯粹是因为对技术感兴趣。但是他从来都不拒绝管理者交付的难度高、精度要高或者紧急任务。

经济激励也是南厂管理者在赶工时期经常运用的动员方法。尽管南厂工人工资水平普遍很低，但是管理者会在赶工期间通过经济激励来促进工人劳动。例如，2011年5月份赶工的时候，南厂副总在班组长以上管理人员开动员大会的时候就告诉他们，如果交货期迟了，可能就无法获得订单，如果没有订单，大家的收入就降低了。另外，在赶工时期，铆焊班组的吨位单价会额外增加30元一吨的奖励价，这种奖励价是根据各个班组生产进度、质量考核以及安全文明生产进行评定的，南厂副总说：

你没有按期做出来，我不扣你，你也没有奖，那你一吨少几十块钱，就不少钱了。那个也很吸引人的，必须做到。这个比较简单，还是很有效。（半结构式访谈：卢先生）

而对于机加工工人，在赶工的时期，工时定额会制定得比较宽松，以达到对工人进行激励的目的。管理者会告诉工人，如果你参加赶工生产，那么你这个月的工时就会增加，你的收入就会有很大程度的提升。

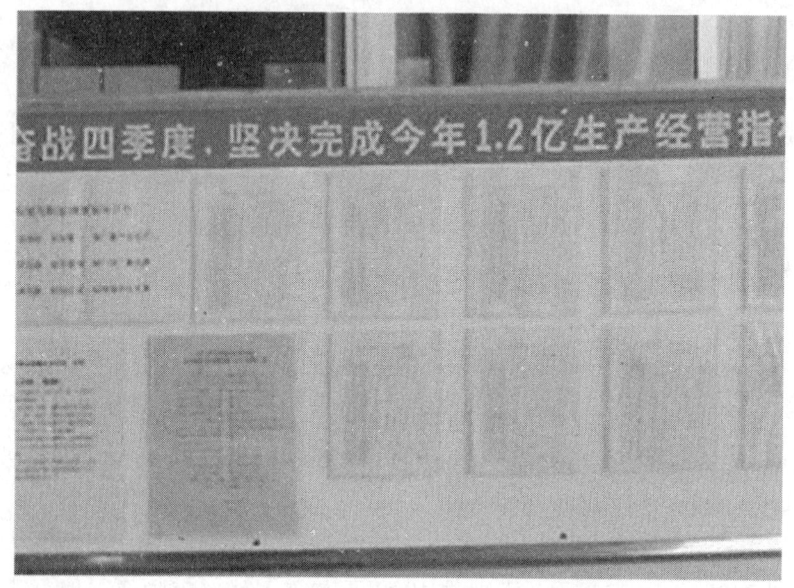

图7—5　南厂容压公司的赶工动员墙

经济激励是有一定效果的，但是非常有限——一方面是因为即便南厂工人在赶工时期工资有所提高，但工人相应地也付出了更多的劳动，其收入水平实际上并不可观；另一方面则是因为有很多经济上的承诺，管理者在赶工生产结束之后并没有兑现，这使得工人感到很失望。

（三）南厂工人对赶工的参与

南厂工人对于赶工并没有表现出排斥。实际上在赶工生产时期，机加工工人拒绝派工与拒绝加班的几率都降低了。其中一个原因是机床操作工觉得自己在正常生产中时常刁难基层管理者，在面子上有些过不去。当企业真正遇到困难的时候，自己还是要帮忙的。另外，工人出于自身利益的考虑认为，尽管在企业经营效益好的时候自己无法分享好处，但如果企业效益变得很糟糕，自己必然会承担某些坏处，在关键时刻帮助企业相当于帮助自己。最后但也很重要的是，只有在赶工时期，管理者才会对工人表现出重视和尊敬，他们会积极帮助工人解决在生产中遇到的问题，并且不会在劳动纪律和工时定额上特别为难工人。

在赶工这种特殊时期，多数工人还是会同意管理者的加班请求。5月和6月份赶工的时候，经常拒绝加班的阿金也加了六次班（包括直落和周末），她说：

> 前两个月加班的时候，也是自愿加班，也不是强迫的。有孩子有家庭要照顾的就少加一些。我就因为有小孩，星期六、星期日要给他做饭（笑），所以我平常不加班。上个月就加了6次班，5次直落到第二班，还有一个周六加了一天班。我们小机床一般都不会直落。铣床、镗床和大车那边甚至有人加班100小时，很多人都加了十几天的班，他们的工资比我们高一些，一般都到了4000—6000元。（非结构式访谈：阿金）

虽然工人没有直接拒绝派工，但是通过赶工来进行产出控制效果并不理想，这是因为工人很容易将在日常工作中的不满情绪带到赶工中去。2011年1月计件工资制度推行以后，机床操作工的工时定额也在不断进行修改，工人与工时定额员的争执从来都没有停止过。所以在5月的赶工期间，工人说他们并不会做很快。阿金说：

> 我们车床会牵涉到配件的生产，任务一向都很多，通常都不会停。但现在也不是所有人都加班，组长让谁加，大家也不好意思不加。但也不能做得太多太快，赶工做得快，超额肯定会多，速度越快肯定超额越多，看上去你这个月是赚了，但下个月肯定会缩水。这个月他们（管理者）没有减工时是因为在赶工，工时太低，工人就不肯加班了。下个月，情况肯定不同。现在不同以前，以前赶工大家都会干很快，因为他们不会轻易改工时定额，但现在工时总是变来变去，谁敢做那么快？（非结构式访谈：阿金）

总之，当管理者无法通过对正常劳动过程进行控制而按时完成生产任务，他们就只好另辟蹊径，继续使用这种在计划经济时期就已经产生的生产方式。在交货期前一个月开始赶工以保证产品能够按期交货是南厂管理者进行产出控制的常用手段。任务量过大是南厂需要赶工的原因之一，但实际上南厂管理者对生产过程控制的缺乏而导致平常的生产速度过慢才是赶工的主要原因。

四 工资限制

在上级国资委的监督下，南厂制定了严格的工资支出预算，并以此设定了企业的工资基金。在岗位工资时期，管理者并不需要刻意控制劳动力成本，这是因为岗位工资大抵是固定的——不管员工工作多努力，集团公司的工资基金总是能够控制在预算范围内。然而，在计件工资阶段，工人加班时间过多、生产速度多快或工时定额过高都能够导致工资总额的大幅度上升，进而超出预算和工资基金所能承受的数量。在这种情况下，企业管理者就要想办法平衡不同月份的工资总额支出。

相对于入厂包工与赶工生产，工资限制并不是生产策略，而是分配策略，在这种策略下，管理者得以通过“总工时的超额限制”和“单个工件的超额限制”等几种方式将每月员工工资总额限制在一定范围内。结果就是，在计件工资的情况下，工人的月收入比岗位工资时期并没有显著提升。但这种工资限制方法在工人看来，成为不讲诚信、从他们身上多刮油水的行为。

（一）管理者的“藏业绩”

工业社会学曾经对工人的非正式群体及“产量限制”进行过研究。正如笔者在第四章所提到过的，在计件工资的情况下，工人很早就已经习得需要通过速度控制、产量控制和藏业绩来应对工时定额的变化。布洛维基于自身的工作经历在《制造同意》一书中提到了联合企业工人的几种能够使自己受益最大化的行为（布洛维，2005）：

> 藏业绩：1975 年时限制产出额度不必然是一种限制产量的形式，因为操作工通常都会产出超过 140%，但是只交出 140%，把超出的

部分留作下次无法赶工时的‘业绩’。

奇怪的是，在南厂“藏业绩”的不仅是工人，还有管理者。在2011年1月计件工资推行之后，工人的结构工资部分在其加班、节假日会翻番，加上赶工生产模式的运用，操作工的月工时数量非常多，他们的工资得以大幅度提高，这些都为南厂的成本控制增加了压力。在这种情况下，为了控制成本、提高利润，管理者开始“藏业绩”。管理者“藏业绩”指的并不是管理者对企业产量或成本总数的隐瞒，而是当工人在拿着自己上个月的工时总额要求管理者计发工资的时候，管理者会要求工人只兑换其中的一部分，剩余部分在下个月再进行兑换。这种做法令期待计件工资“上不封顶”的工人深感不满，他们说管理者榨干脑汁、想尽办法也要“又让马儿跑，又让马儿不吃草”，而2011年年初下料工人与铆焊二组工人的停工抗议的根源就是管理者的“藏业绩”行为。

（二）总工时的超额限制

南厂管理者在工资发放问题上确实刻意对工人进行了隐瞒。2011年5月，管理者为了使工人积极地参与赶工，不仅答应他们不会再次“藏业绩”，工人赚多少工资，就给他们发放多少，而且给予了工人极为宽松的工时定额。

在这期间，只要工人对工时定额感到不满意，班组长等基层管理者就会为工人加工时。但是，到了结算工资的时候，管理者发现工时定额超过其能接受的水平，中高层管理者随即决定进行成本控制。南厂容压分公司生产部部长说：

> 上个月工人30天不休息，每天再加半天班，那就变成45天了，虽然每天只加4小时——我们鼓励他们这样做嘛，当然不是强迫他们来。这样产生的费用就很大了，上个月的月工资总额膨胀，我们接受不了。本来你这个月5000块的，但是突然间涨到一万了，上面集团公司看了，说你的工时真的有问题。由于当时工时控制得不好，有水分，我们整体的成本太高了，所以不能一下全部都给你。其实（拖欠工资）没问题啊，这个还是你的钱，下个月肯定还会给你的。我

们当时答应工人干了多少还是要给他们的。（半结构式访谈：刘先生）

结果，到了六月份，不管工人在五月份的生产中，扣除基本工时174小时以后所剩的超额工时是多少，管理者仅仅兑现超额工时中的300工时，剩下的不予兑现，要留待七月份再发放给工人。

田野调查期间，笔者在车间遇到了开镗床的黄师傅，他正在抱怨工时的问题，他说：

我上月一共做了500多个工时（因为加班赶工），比174工时超出了326工时，但是他们就只给我300工时的钱！计件工资就这么控制在300工时左右，你做多了他们也不给钱你。他们说发不出来钱，上面领导看我们钱多，他们就不想支付我们这么多的工资。我们有人去问，领导答复说，规定计件工人每个月必须做够174个工时的工件嘛，我们这个月没有发给的工时留到以后，如果哪个月的任务不多，不够174个工时，就能够从我们现在多出来的工时里面补足！他不想支付我们这部分钱，（未来）单位没有活干了却拿我们自己的钱发给我们自己，这明明是在牺牲我们的利益嘛！（非结构式访谈：黄师傅）

不仅是黄师傅，吉师傅也遇到了这个问题，他用粉笔画来画去来解释这个问题，他说管理者说这个月只承认300个超额工时，是因为在南厂的新计件工资制度下，工人每个月必须做够174个工时才能够拿到他们曾经的岗位工资，赶工时期过去后，南厂的任务量便会变得很不充足，这意味着工人可以做的任务量可能达不到174个工时。在这种情况下，像黄师傅这样在赶工的时候比较努力的工人，就能够使用他在5月份留存的剩余工时填补这个缺口，补足174个工时，拿到自己的岗位工资。吉师傅说，生产任务不足明明是厂方的责任，而不是工人自己不去干活，厂方的问题应该由厂方来负担，他们应该给足工人岗位工资，这次又是工人吃亏了。

（三）单个工件的超额限制

实行计件工资的企业通常都会有超额限制，即工人的超额率在一定的百分比之上，管理者就会调整工件的工时定额。在布洛维所调查的芝加哥联合机械厂中，工人若超额 40%，管理者就会调整定额。而在南厂，单个工件的超额率定在了 10%。这意味着，只要工人生产一件产品的时间比工时定额快 10%，该工件的工时定额就会下调。但是，工人若将超额率控制在 10% 以内的话，他根本赚不了什么钱，这意味着工人需要以更快的速度做更多的产品才能够赚到和过去相似的工资。这显然令操作工非常苦恼，阿金说：

> 现在只能维持 10% 的超额（管理者只能够接受工人超额 10%，如果工人超额超过 10%，就说明定额有水分），他们（管理者）赚太多了！要是这样，还不如以前的岗位工资制，虽然工资低一点，但是不用现在这么辛苦，现在比起以前辛苦多了，但是工资也没提高多少。现在的领导，想让工人干活，等工人愿意干活了、干得多了，又舍不得给工人发工资……现在的定额都扣了 2/3，以前一个小时，现在才给 20 分钟。赶工赶完了，今年盾构机的任务全都赶完了，你们这班人就靠边站，“过河拆桥”的意思！怎么说的，我们工人也不傻不呆，我们只不过比他们少读几年书而已。说得不好听，你比我们幸运一点，当了领导，但是不应该这样对待工人。（半结构式访谈：阿金）

（四）工人的更大不满与又一轮怠工的开始

在办公室工作的阿香算了一下工人平均工资，发现锅炉压力容器车间 2011 年 5 月份赶工时期所有工人平均工资为 3311.64 元。阿香说：“别看工人的工资高了，这是因为 5 月份工人加班时间长。其实工人工资没有涨多少的。”阿香把工资表翻了出来，说以铆焊一组为例，全班组 6 月份工资基金为 130201.3 元，加班天数为 263 天，加班费为 31439.02 元，其他补贴有 9788 元，工人原结构工资总数为 64200 元，这样算下来 [（130201.3 − 31439.02 − 9788）− 64200]/31（人）= 698 元，也就是说工人目前的基本工资比以前的结构工资增加了 698 元。但是工人月工资看起来之所以比以前增加了 1000 多元，是因为工人现在比以前辛苦很多。

管理者赶工过后采取的超额限制在一定的时间内成功地对成本进行了控制，但是却在更大程度上激发了工人的不满。原本还帮助管理者进行赶工式生产的工人随即感到自己被欺骗了，因为工时问题倍感不满的黄师傅说：

> 上几个月赶工的时候，什么工时都给！现在赶完工，他过关了，就缩减我们工时，等于把他以前承诺给我们的钱又收了回来。上两个月一定要出盾构机，如果做不出来，没有办法向德国交货的话，德国以后就不给南厂做了，所以就利用了我们，什么工时都可以，所以工人都赚了很多。计件工资本来就是这样的嘛，做得多，赚得多，工人才会尽力做。但是现在赶出货来了，他们又过河拆桥！赶工的时候他们不说工时，只说进度，任务一完成，他们什么都改口了。反正你就只能赚他一两个月，他看到你赚了，就嫉妒你。所以我给你说，（管理者）后面都有利益驱动，每个工人都是给剥削的。那些老板一开始都没有资金的，都是靠工人生产出来的产品他们才会有钱，珠三角的企业家一开始资本都是很少的，根本干不起来的，因为工人给他们生产了产品，他们才发了财，但是工人挣到的钱却很少。（非结构式访谈：黄师傅）

笔者问黄师傅他下一步准备怎么办呢？他说，我们也没办法，现在只能慢慢做了。结果到了 7 月份，南厂的工人又开始怠工，并花大量的时间同管理者吵工时，他们说自己又一次被伤了心。结果，管理者成本控制换来的是工人对他们信任进一步地降低，怠工和争吵重新开始，选择性放任的生产体制被继续强化。

当然，笔者 2014 年再次到南厂回访的时候发现工人们已经找到了解决之道。南厂不同工件的工时定额是不同的，如果工人不能通过争吵争取到宽松的工时定额，他们就会寄希望于基层管理者的另一种帮助。刘师傅、孟师傅等人都乐意让工人先去挑选工艺简单、而工时较为宽松的工件，剩下的工件则转外包。当然，容压分公司的管理层也知道基层管理者在给工人行这种方便，但他们仍像对待劳动纪律一样睁一只眼闭一只眼，管理者层普遍认为，只要工时差得不是太多，这种钻空子的行为不会对企业带来负面影响，故而并不需要制止。

小　结

在与跨国公司合作的过程中，南厂管理者必须应付对速度、质量要求越来越高的市场，并最大程度降低生产成本，而社会主义制度使得南厂管理者又对工人的投机式抵制和基层管理者的不作为无可奈何，难以对其劳动力实施严格的控制，在这种情况下，南厂管理者趋向于忽视对劳动过程的控制，而仅仅关注劳动结果。结果，各种生产策略——诸如前工业时代的包工制与具有社会主义特征的“大战红五月”横幅同时在南厂劳动场所中出现，使生产本身呈现出了一种混乱的后现代性。

市场对管理者来说是一柄双刃剑，南厂管理者需要做的仅仅是趋利避害。珠三角地区自由开放且竞争激烈的市场不仅使南厂认识到自己所存在的竞争对手，也为它提供了成本低廉的分包商。既然管理者能够利用市场上成本更低、效率更高的分包商，那么他们便更没有心思管理本厂工人，而任务的减少使得工人更愿意花时间去和工时定额员讨价还价。外协生产的引入没有解决南厂的生产控制问题，反而因为提供给管理者回避的方式而强化了选择性放任的劳动治理模式。

南厂遗留的社会主义传统对管理者来说同样是一把双刃剑：一方面，社会主义的传统与单位社区为工人的抵制提供了一定的策略和手段；但另一方面，管理者发现，工人对赶工生产模式反而比较容易接受。所以，在南厂，一旦到了赶工的时候，管理就会对工人表现出类似计划经济时期的重视与尊敬，一些棘手的生产问题也能在赶工动员下得到暂时解决。但是，管理者愈加频繁地动员赶工，反而愈加打乱正常生产的步调，这不仅降低了赶工的效果，也使工人在平时生产中表现得较散漫。

最后，南厂管理者的“藏业绩”等工资限制策略显然抵消了计件工资制度在刺激生产上的作用，因为工人很明白，只要成本是被控制的，无论他们工作多努力，其工资的获得也是被严格限制的。南厂对短期成本的算计却将工人拖曳入更长期的怠工之中。

总之，管理者另辟蹊径，以各种市场手段和传统手段对生产过程的控制不足进行回避和弥补，这在一定时期内会达到管理者的预期，产品能够按时按量地生产出来，但是没有解决工厂的生产问题，而是强化了国企内部选择性放任的生产体制。

第八章　结语与讨论

借用布洛维的话说，生产不仅是经济的、技术的，而且是政治的与意识形态的（Burawoy，1985）。我们之所以将劳动过程作为研究对象，是因为它处于国家、市场、社会政体系统运作的中心，不仅直接受到上述因素的影响，并参与到政治经济体制的建构中，成为其中的核心环节。无论与跨国公司、外资企业还是与私营企业相比，中国国有企业的劳动过程的变迁都能够更好地呈现出中国特色的社会主义市场经济在改革开放三十多年来的微观实践。而透过这一微观实践的探查，我们看到的不仅是现象本身，而且是一种政治经济体制的运作方式。基于此，笔者踏入了国有企业的大门，并将这家位于惠市、1953 年就业已存在的国有企业作为研究对象。

笔者将从以下两个方面对本书进行总结：

第一，笔者将总结“选择性放任”的劳动力治理逻辑如何在工人、基层管理者和企业管理者三方之间持续不断的车间政治和权力博弈中形成的。第二，笔者将在比较国企工人与新生代农民工利益行动特征的基础上，探讨国企工人行动的理论意涵与历史意义。

一　选择性放任的劳动治理逻辑

南厂现代企业管理制度的推行分为两个时期，2001—2010 年为第一个时期，该时期的现代企业管理制度的推行以《员工行为守则》与岗位工资制的推行为特征，并且全面否定和打破了南厂从计划经济时期延续至今的管理方式，推行了新的企业决策制度、用工制度、工资制度以及劳动纪律，并且为下一时期现代管理制度推行奠定了基础。2011 年以后为第二个时期，新任领导班子的上任将现代企业制度建设的着力点放在工资制度上，即对计件工资体系的重建。如果仅从这些制度文本上看，本书也应该得出国有企业的治理逻辑与其他所有制企业趋同的结论。然而，在实践中，市场社会主义体制的内在张力影响了车间中不同群体的行动逻辑，形塑了车间政治的进程，进而改变了管理者预设的劳动治理轨道。

在对南厂劳动治理逻辑进行归纳时，本书采取了古尔德纳（Gouldner）的概念——放任生产模式。古尔德纳在《工业科层制的模式》中阐述了三种不同的科层制：第一，伪科层制（Mock Bureaucracy），这种科层制实际上就是披上了“科层”外衣的“放任生产模式”（Indulgent Pattern），在这种科层制中，规章制度只有在外来的监督者造访生产场所时才被执行；第二，以惩罚为中心的科层制（Punishment—centered Bureaucracy），在这种科层制中，规章制度由一个群体强加于另一个群体之上，而不顾及这些制度的有效性，这些规章制度的推出引起了持续的冲突；第三，代表科层制（representative Bureaucracy），在这种科层制中，基于全体利益的志愿性服从被建立起来，规则被所有人接受。在古尔德纳的分析中，“放任生产模式”用以概括工人与管理者彼此信任、关系融洽、工人拥有较高劳动自主性的劳动治理模式，在放任模式下，劳动纪律较为闲散，工人可以任意吸烟，甚至能够迟到早退（Gouldner，1954）。华尔德也曾用“放任式权威”来概括中国“文革”后期，工厂中的劳动治理情况。

南厂的劳动治理逻辑与古尔德纳和华尔德的论述都存在一定相似性。用爱德华兹（Edwards）对工厂控制体系的定义来看，管理层对生产过程的指挥是不足的；他们对生产过程的监督和评估也是缺乏的；最后，工人的生产活动缺乏严格的纪律和制度约束。但是，在激烈的市场竞争中，管理者必须关注工人劳动的产出。这样，管理者采取其他策略——主要包括以入厂包工、赶工生产和工资限制等方式对产品的产出速度、成品质量和生产成本施加了严格控制。笔者将这种对劳动过程监控较弱，却对产品产出、质量和成本等结果施加控制的劳动治理逻辑称为“选择性放任”逻辑。

在这种逻辑下，南厂的生产中的放任与控制在时间与空间上变得泾渭分明：日常生产时间的松散与赶工时期的紧张、本厂工人的散漫与外协工人的忙碌、劳动过程的自主与工资制度的苛刻形成了鲜明的对比。

二　双重嵌入性、车间政治与“选择性放任”的形成

在对“选择性放任”劳动治理逻辑的形成进行分析时，本书采取了由结构到行动，再由行动到结构的分析路径。正如在《路易·波拿马的雾月十八日》一文中，马克思开篇即言：“人们自己创造自己的历史，但是他们并不是随心所欲地创造，并不是在他们自己选定的条件下创造，而是在直接碰到的、既定的、从过去承继下来的条件下创造。”（马克思，1995：584—585）国有企业中的行动者与法国的革命者是类似的，他们所具有主体性首先是由历史、文化、传统、国家、市场等结构性的力量所形塑的。

尽管组织研究中的权变理论认为不同环境对组织有不同的要求，一旦组织的内在特征与其环境要求达到最佳匹配，那么组织就能最好地适应环境（理查德·斯科特，2002：89），但笔者认为，环境对组织的影响不能被自然化，也就是说，环境不可能跳过行动者而直接作用于组织本身。某种组织状态的形成——在本书中是劳动治理逻辑的形成，必然取决于组织中行动者的决策与互动，而后者是在环境的影响下、在结构性因素的作用下形成的。行动者们总认为自己对未来趋势的判断是正确的，但他们的判断又总不相同，结果，当劳动治理逻辑形成之前，没有谁确定这是一种怎样的逻辑，而当劳动治理逻辑形成以后，人们仍试图改变它，所以，也没有谁能准确地预知它将行至何处。正是在这个意义上，笔者采取了冲突论的分析范式，强调环境和结构性力量对不同主体行动选择的形塑，而劳动治理逻辑正是形成于这些车间主体之间持续不断的权力博弈中。

那么，影响国企车间行动主体的结构性因素是哪些？单位制范式注重权力和权威的作用，故而强调国家治理方式和政治权威运作方式对个体行动策略的影响，从这个意义上看，与“国家”“地方政府”“地方官僚”有关的制度设定和权威要求是影响车间行动者的主要因素。以劳动体制范式对国企进行分析的学者则强调市场的作用，在他们看来，一个激烈竞争、无序、混乱的市场经济将劳动者置于虽然不满，却相对被动的境地。从今天的状况来看，单位制的逝去并不代表计划经济已经烟消云散，毕竟“一切已死的先辈们的传统，像梦魇一样纠缠着活人的头脑”（马克思，

1995：585），而市场经济的发展并不会永远将国企工人置于弱势的地位上动弹不得。总之，笔者认为，无论是单方面侧重权威结构的影响，还是关注市场力量的作用，都不足以分析国企劳动治理逻辑的形成。

更好的分析在于将国有企业置于社会主义体制和市场经济体制的独特交集中——这也正是本书强调的“双重嵌入性”。我们知道，一方面，国有企业嵌入于1949年至今一脉相承的社会主义体制中，另一方面，国有企业嵌入于1978年所开启的市场经济体制中。这种双重嵌入性存在于三个维度：第一，时间维度，即国有企业嵌入于深化改革的未来和计划经济的历史中；第二，空间维度，即国有企业嵌入于新自由主义全球市场和当地单位社区中；第三，制度维度，即国有企业嵌入于组织科层制和基层民主制中。结果是，国有企业中混杂着多重制度逻辑，并形成各主体达成其目标和利益的策略和阻碍，不同主体在平衡其目标和利益以及其所掌握的资源的基础上进行行动——利益受损的工人在道义观念的驱使下，以“投机式抵制”对抗他们反感的劳动治理策略，基层管理者通过“以放任交换合作”的方式一方面借机表达自身的不满，另一方面在工人与企业管理者的矛盾中寻求容身之所，企业管理者则在生产中另辟蹊径，以入厂包工、赶工生产、工资总额控制为主的总体性劳动治理策略替代了对劳动过程施加严格控制和监督的各项规章制度。到此，案例厂2002年所设计的劳动治理逻辑，即按照现代企业管理制度对劳动过程施加严格控制，在车间政治中，通过工人、基层管理者和企业管理者的权力博弈，转变成为对劳动过程采取相对放任态度，而对劳动结果施加严格控制的“选择性放任”逻辑。

“选择性放任”是现代企业制度在国企大行其道后，预料之外却情理之中的结果。为了实现提高企业运行效率、快速获得利润的目的，现代企业制度改革要求由受过培训的职业经理人对生产进行管理和控制，这种组织结构使得权力高度集中在最高管理层的手中，由其来制定企业目标和生产方式。高层管理者眼中能看到的仅是市场竞争的需要与上级绩效考核的要求，他们据此制定出了诸多的规章制度，而其他人——无论是工人还是基层管理者——都沦为了完成目标的工具。被抛弃感、被剥削感令工人感到不满，而过大的压力又使基层管理者心存芥蒂，结果是管理者不得不对劳动治理逻辑进行调整。

三　对劳动治理趋同论的反驳

加拉格尔认为，努力和外资企业竞争的国有企业，也未获取公平竞争的平台以及把更具弹性的劳动政策扩展到国有部门。这些竞争压力，结合学习与示范效应，促使国有企业接受资本主义的劳动实践（加拉格尔，2010：7）。笔者并不怀疑国企管理者为了获得公平的竞争平台在劳动实践中对其他所有制企业的学习，以南厂为例，在其推行现代企业管理制度时，就试图对外资企业和私营企业进行效仿。笔者也绝不怀疑，如果可以的话，国有企业不仅会在劳动实践上仿效外资和私营企业，而且利用“适应性非正式制度”（蔡欣怡，2013），在诸如逃避税收、逃避环保清查、获得各种补贴上仿效其他所有制企业的做法。

按照趋同论的假设，国有企业应该能够建立起与其他所有制企业相仿的，以简单控制或科层控制为核心的劳动治理逻辑。现在，至少从国有重型工业企业来看，情况似乎并非如此。趋同论的疏忽不仅在于试图以行动者的期待替代行动者的实践，并且在于将中国与韩国、新加坡等借助威权主义政权实现工业化和经济腾飞的国家等同起来，进而忽略了中国发展道路的独特性。这种独特性在于，今天的中国并未与改革开放前的中国决裂。就像裴宜理所述的“毛泽东的看不见的手”至今仍然在影响着官员的政治智慧和治理策略（Heilmann and Perry，2011），在调研中，笔者发现，国家曾经所许诺的社会主义体制至今仍然在影响着人们的行动：一方面，计划经济的过去塑造了国企工人的道义政治观念，基层民主制度在车间的存续为国企工人的利益诉求行为提供了资源和策略，而单位社区的存在为国企工人行动的一致性提供了保障，这使得工人能够采取“投机式抵制”的方式反对管理者对其利益的损害；另一方面，企业管理者必须严格依照国家的政策法规进行企业治理，并在涉及企业和员工的重大决策上征求出资人——国家——的意见。这意味着，尽管从管理者的倾向上看，与外资和私营企业趋同似乎能够使其获得更大经济收益，但也有可能使其处于更大的政治风险中。结果是，在实践中，国有工业企业的管理者采取了折中的方式，在与工人和基层管理者的博弈中，采取更适合自身的劳动治理逻辑。

四　与另外两家重型机械企业的比较

为了判断“选择性放任”究竟是否是重型机械行业的劳动治理特征，是国有企业的劳动治理特征，还是国有重型工业企业的劳动治理特征，笔者于2013年6月对同处珠三角惠市的私营长风机械厂、于2014年9月对处于京津冀邢市的冀北轧辊厂进行了短期调研。私营长风机械厂的老板是南厂原总工程师陈先生，他在九十年代因与其他高层管理者就企业转型意见不一故而辞职单干。时至2013年，他已经在惠市设立三座工厂，生产离心机所用筛网、重型产品表面电镀处理以及其他工件和铸件。长风机械厂总共有不到300名职工，大多数工人是外来农民工，也有少部分原南厂职工。该厂的劳动治理方式较符合笔者的想象：第一，班组长通常是劳动过程的直接指挥者，他们按照工序要求将任务发放给不同工人，工人对班组长言听计从；第二，基层管理者会对工件生产加以跟进与记录，在生产过程中对工人的劳动进行监督与评估；第三，基本不存在工人违反劳动纪律的情况。长风机械厂的劳动治理基本依照经典科层制的原则进行，无论是厂长、各级管理者还是工人都是照章办事。当笔者问工人为什么这么遵守企业规定时，他们说，既然是规定，他们为什么不遵守呢？那些从南厂来的工人虽然说长风厂的生产节奏比南厂快，但没有什么意见，并不像他们在南厂的时候满肚子牢骚，至于为什么这样，他们说，企业是老板的，自己来这里就是打工赚钱的，不愿意干就走。

邢市的冀北轧辊厂始建于1957年“大跃进”时期，是中国政府投资创建的国内第一家专业生产冶金轧辊和冶金成台设备的冶金机械及备件制造企业，该厂目前隶属于中钢集团，下属六个分公司，目前在岗职工人数五千余人。该厂目前也已经进入国际市场，主要是向全球各大钢铁厂出口各类冶金轧辊制品。冀北轧辊厂的车间劳动情况与南厂较为类似，2002年后，该厂经历了现代企业管理制度的改革，并采取ERP全过程质量成本控制系统进行生产管理，目前工人月工资在三千多元到五千多元之间。与南厂的情况类似，冀北轧辊厂的工人在国企改革的过程中利益受到很大损害，对目前其在生产场所地位下降、工资提升不多感到不满。冀北轧辊厂的劳动纪律也较为散漫，生产不忙的时候，工人就可以串岗、聊天和吸烟，近年来，因为该厂生产任务量较少，很多工人开始从事第二职业——开商铺、开网店、炒股的都有；与南厂类似，该厂管理者也未对工人劳动实施严格的监督和评价——因为 ERP 系统的操作者主要是班组长、技术员等基层管理者，质量问题和成本问题的责任承担者是他们，而非普通工人。当然，冀北轧辊厂的管理层也对产出速度、产品质量和成本进行了总体控制，方法大体和南厂相似，首先是对劳务派遣工的大量运用，目前冀北轧辊厂雇用了 1000 名左右的派遣工，这些工人的工资比正式工人低，且不享受五险一金，因这些派遣工存在转正的可能，故而在低工资和低福利的情况下仍旧愿意努力工作，以争取转正机会；第二，赶工生产，与南厂类似，冀北轧辊厂每隔几个月也会动员职工进行赶工生产；第三，成本控制，冀北轧辊厂也采取计件工资制度，与南厂类似，该厂也通过控制员工工资基金来控制整体成本。总体而言，冀北轧辊厂与南厂尽管从地理位置上相隔甚远，但两厂的劳动治理逻辑存在很大相似性。

通过与上述两家企业比较，笔者认为，“选择性放任”的劳动治理逻辑更倾向是国有重型工业企业劳动治理的特征。但其他所有制的重型机械企业与其他行业中的国有企业的劳动治理逻辑未必是这样的。

五　国企工人的行动主义

张猛所执导的电影《钢的琴》通过对东北老工业基地下岗工人生活故事的讲述，向人们呈现了那些在市场改革中被抛弃的国企工人们的尊严、无奈和挣扎。他们身上闪现着与南厂工人相似的矛盾，一方面，不满自己目前的处境；另一方面，寄希望于市场化改善自己的生活，试图以个人主义的方式对抗群体地位的下滑。国企下岗工人在市场大潮中的被动处境，难免令其被看作历史中的匆匆过客。怀旧的情愫忽略了那些在朝阳地带重新冉冉升起的国有企业，也忽略了经过了下岗大潮冲击，依然留在企业中的工人。这些国企工人，试图在新的政治经济中，获得他们应有的报酬和尊严。那么，在争取工人应有的报酬与尊严之路上，相比他们的农民工兄弟，国企工人的行动主义有何不同？

李静君曾对城市国企工人与外来农民工的行动主义进行了经典的比较：对于铁锈地带的下岗工人而言，国家对其的规范方式是“社会主义社会契约”，他们可运用的力量是“政治性的讨价还价”，他们劳动力的社会再生产依赖于单位，结果，他们在下岗后，在生活难以为继时，出于对地位丧失、被社会排斥的不满，借助自己的“群众”身份，进行了“绝望的抗争”，他们走上街头、在公共场所抗议，以要求政府的救助。而对于朝阳地带的农民工而言，国企对其的规范方式是“法律合同”，他们可运用的力量是法律，他们的劳动力社会再生产依赖于农村，结果，当他们遭遇工资拖欠、工伤等不公平待遇时，他们出于对向上流动的渴望、对剥削和歧视的不满、借助自己的“弱势群体”身份，进行了“反对歧视的抗争”（Lee，2007）。最后，她认为工人的身份认同是公民，而非阶级。

近年来，学者在对新生代农民工抗争的研究上颇有收获。较有代表性的研究是汪建华对于新生代农民工实用主义团结的研究（汪建华，2013），以及汪建华和孟泉对新生代农民工的集体抗争模式的研究（汪建华、孟泉，2013）。在这两篇文章中，研究者提出了生活政治和实用主义团结的概念，他们认为生活形态和体验各异的新生代农民工在面临利益受损时采取了不同的集体抗争模式，但这些集体抗争的共同点在于，新生代农民工在集体行动中能够灵活运用官方意识形态、审慎选择行动策略、借助日常生活资源构造团结形态，最后则走向了市场导向的议价行为，落入了市场霸权的圈套之中。

笔者在研究中则发现，不同于农民工的集体行动路径，国企工人在生产场所以“投机式抵制”的方式与管理者博弈，争取其权益。在投机式抵制中，国企工人们各自利用不同机会、乘间抵隙地给管理者的劳动治理设置障碍，使其在不至于惹祸上身、触犯政治雷区的同时，对其不认同的管理方式进行抵制。在这种抵制中，国企工人同样能够灵活运用官方意识形态、审慎地选择行动策略、并借助日常生活资源对管理者构成群体性的挑战，最后走向对劳动治理逻辑的修正，以改善工人的工作、生活条件。

从行动特征上看，国企工人的行动主义与新生代农民工相比，存在以下三方面的显著区别：

第一，从行动的方式上看，国企工人更倾向于采取车间政治，也就是劳动场所内的讨价还价方式来达到他们的利益诉求。新生代农民工在工作场所多出于失语状态，在不满的累积下，倾向于采取集体行动的方式争取其利益诉求。

第二，从行动的烈度上看，国企工人抵制行为的激烈程度较低，但其行动持续时间特别长。南厂工人对现代企业管理制度的抵制已经断断续续地存在了近十年，并依旧进行着，这是一种不间断的讨价还价行为，随时对管理层的决策进行反映。而新生代农民工集体行动方式的激烈程度较高，甚至是以群体性骚乱表现出来，但其行动持续时间通常较短，往往持续数天即结束。

第三，从行动的影响上看，国企工人行动的影响仅限于生产场所内，最重要的是对企业劳动治理逻辑的转变，但其行动的社会影响并不显著。而农民工集体行动对企业本身的影响并不显著，无论是富士康还是本田，其劳动治理逻辑并未因多次发生工人集体行动而有较大改观，但农民工集体行动的社会影响力是有目共睹的。

笔者认为，国企工人与农民工行动主义上的显著差别源于其所处的结构性位置存在以下几方面的不同：

第一，从劳动力社会再生产方式上看。国企工人的劳动力社会再生产主要是在城市完成，七十年代和九十年代入职的工人大多在城市获得了福利房，他们的子女在城市接受较高质量的业务教育、享受城镇职工医疗保险待遇、其父母在城市退休并领取退休金，这些都极大地降低了他们的经济压力。农民工虽然能够从企业中获得三险一金，但是城市工人所能享受的待遇都是他们望尘莫及的，这使得农民工的生计在更大程度上依赖于其工资收入。

第二，从工人力量的来源上看。国企工人的力量多为结构性力量（Wright，2000），即由工人在经济系统中所处的位置所产生的市场谈判力量和工作场所谈判力量。市场谈判力量表现为：工人拥有雇主需要的稀缺技能；总体失业率较低；工人拥有完全退出劳动力市场并依靠非工资性收入生存下去的能力。上述三点，国有重型工业企业中的技术工人都具备，这在南厂下料工人的停工中表现明显，这种“位置力量”（positional power）在于少数工人的停工会使整体生产陷入停顿（Wallace，Michael，Larry Griffin，and Beth Rubin，1989）。新生代农民工的力量多为组织性力量，即由于工人集体组织的形成而产生的各种形式的力量，无论其集体组织存续时间的长短。在利益表达途径的缺失下，他们积累的不满与在行动中显露出的团结性与战斗性，都远超出于国企工人。

第三，从文化传统与当地社区的嵌入性上看。国企工人深深地嵌入于单位社区与计划经济时期的文化传统中：一方面，生活在同一单位社区的人们有着共同的语言、生活习惯、工作方式和教育背景，他们相互联系、相互依赖并形成某种文化和心理认同的群体；另一方面，国企工人嵌入于计划经济的传统中，他们在国企改制之前的经历形塑了其共同的道义观念。农民工的状况则大不相同，黄斌欢认为新生代农民工处于一种双重脱嵌的状态：一方面，其成长阶段的留守经历和漂泊状态使其脱嵌于农村社区；另一方面，他们在城市中的漂泊、持续换工与工作的短期化以及城市空间对他们的排斥又使其脱嵌于城市社区。双重拖欠使新生代农民工处于原子化的状态（黄斌欢，2014）。

笔者并不愿意过于夸大工人所承担的社会和政治使命，但也不愿意低估他们的存在，将其看作被历史洪流所裹挟的、无法形塑自身命运、只能被动适应变迁的角色。在本书中，作者试图将国企工人置于他们应在的位置上，将工人肩负的想象中其改变历史的使命还原为他们对历史的真实参与。正如南厂工人，在八九十年代经历过“集体懈怠”的迷惘，在21世纪伊始经历了下岗与国企改革对其尊严和利益的打击，并在逐渐以此所能运用的资源，以车间政治、权力博弈的方式，在与其他行动者的互动中，既改变着企业的劳动治理逻辑，也改变着其工作和生活条件，使其向着更好的方面发展。从这个意义上看，国企工人在抵制中的投机性策略并不简单意味着他们是为市场霸权（merket hegemony）或国家霸权（state hegemony）牵着鼻子走的投机分子——即便是奋力抵抗也不过是在巩固一个原本就为他们量身定制的治理体系。对他们而言，无论采取怎样的行动策略都是他们对历史的真实参与，而通过这些行动，他们不仅改变着自身的命运，同时也抑制着这个体制向对他们而言的更加糟糕的方向滑去。

附录1　研究方法介绍

“极少有研究者只谈论个案本身，他们往往具有更大的抱负”（卢晖临、李雪，2007）。如果仅仅是出于对国有企业[①]的好奇心，笔者为什么选择一家位于珠三角，而不是内陆地区或东北的国有企业作为考察对象呢？“由于个案研究并不要求个案具有总体代表性，而是要求类型代表性，因此……个案研究不采纳问卷调查中的随机或系统抽样等方法，而是采取理论抽样或典型抽样的方法”（王宁，2007）。对案例的选择源于笔者最初的研究目的与假设。珠三角核心经济圈的市场发育相对成熟，大量同类企业聚集，市场竞争非常激烈，加之政府又偏自由放任，地方保护主义影响微弱，而惠市号称是“不设防的城市”，笔者认为这种环境将会从根本上改变国有企业内部的生产环境。从这个意义上看，南厂是一个受到市场转型与全球经济冲击的老国有企业的典型案例。除此以外，南厂一直以来是中山大学社会学系进行工业社会学研究的重要田野，曾经有很多学者从八十年代开始不断地对南厂各方面情况进行过研究（金雪鸣，1989；温世伟，1989；何志宁，1990；朱毅，1990；袁小伟，1990；丘海雄，1992；丘海雄，1993；丘海雄等，2008；平萍，2002），对案例进行重访，往往能使我们发现新知识。

根据档案资料的记载，南厂于2000开始建立现代企业制度，并推行了一系列的新管理控制措施。南厂的典型性曾令笔者颇有些沾沾自喜，进厂之前，曾经期待发现南厂劳动过程的戏剧性变化——控制越来越精细、

---

① 国有企业分为中央直属国有企业与地方国营企业，本文仅仅探讨地方国营企业的情况，这里以及后文所述“国有企业”指的也仅仅是指竞争领域的地方国营企业。央企以及限制进入性国有企业因经营内容、组织模式与地方国营企业存在极大差异，其情况与本文的论述与发现可能大相径庭。

与私营企业越来越接近，进而认为随着珠三角企业内迁以及内地市场的迅速发展，这种变化也将是其他地区国有企业的未来。然而现实却不尽如此：南厂的生产节奏缓慢，工人要么蹲在墙角抽烟，要么三五成群聊着天，那些仍然在操作机床的工人看上去也心不在焉，班组长和工段长完全没有在监督工人劳动状况，只有上层管理人员在办公室与车间满头大汗地频繁穿梭。这些与笔者的期待大相径庭，更糟糕的是，作为一个被副总经理介绍而来的调查者，没有工人愿意接受我的访谈——他们不是不怀好意地斜视我，就是慌慌张张地避开我。这种场景犹如南厂"文革"结束后到八十年代初的状况，生产紊乱、无序，管理者亦无所作为。

南厂这个案例更大价值并不在于其典型性以及类型上的可推论性，而是作为一个特异案例对理论的证伪作用。"根据波谱的证伪理论，无论有多少个个案，都难以'证实'某个普遍命题，而一个典型个案却足以否定一个普遍命题"（王宁，2007）。个案的力量所在并不是要去代表什么，而是要去否定或限定以往理论的普遍性或代表性（王宁，2002）。具体方法则是以先前的理论作为模板，用来作为与个案进行比较的工具，并成为发展新理论的前提（Robert K. Yin，1994）。在这种比较中，现有理论或命题可能被推翻，其使用范围和边界可能被限定，一些新的亚类型和新变量能够被发现（王宁，2007）。从这个意义上来看，个案的价值正在于其历史与社会脉络的特殊性。

个案外推的有效性并不取决于个案的代表性，而取决于理论推理的力量（Clive Seale，1999）。南厂的力量在于能够挑战理论界对中国国有企业的普遍判断。无论在拉丁美洲还是东南亚的产业扩张并奉行自由市场原则的国家，威权主义政治和镇压性的劳工体制总会导致过低的工资水平、不稳定的就业环境、专制的管理体制以及反工会的组织形式（Deyo，1996；Rodgers，1996；具海根，2004）。改革开放以来，大量在珠三角代工企业进行的案例研究证明了这种论述（潘毅，2007；Chingkwan Lee，1998，2007；郑广怀，）。定量研究则显示，国有企业在低工资的情况上与其他企业基本不存在差异（刘林平、张春泥，2007）。玛丽·加拉格尔在《传染的资本：全球化与中国劳工政治》一书中认为国外直接投资会对中国的国有企业造成愈加严肃的竞争压力，"这些竞争压力，结合学习与示范效应，促使国有企业接受资本主义的劳动实践"（玛丽·加拉格尔，2010：7），国有企业会在劳工管理和生产管理控制上与其他所有制企业不断趋同。显然，在“时间就是金钱，效率就是生命”的大环境下，很难想象珠三角的工厂能有宽松的工作环境。从这个意义上来讲，南厂的劳动过程和车间权力关系显然成为一个反例，那么，笔者的兴趣就在于这个反例能够帮助我们获得怎样的知识，或者能够如何发展以往的理论。为了达到理论目的，笔者从分析这种散漫的生产体制的形成机制入手分析。

对拓展个案方法的使用能够对这个问题得以进行层层剖析。如果仅仅作为旁观者对企业管理者和工人进行有限的访谈或观察，或借助报刊资料对南厂的报道，或只是注意到张贴在车间门口的推行6SK管理的通知，以及新近粉刷的过道和机床，那么也会得出与其他学者近似的结论：国有企业与非国有企业在管理控制上愈加相似，在车间推行了极为专制的管理措施，工人虽然不满但无能为力。然而，笔者最初作为一名由管理者介绍而来的研究生所获得的信息，与日后作为一名打杂的徒工所获得的信息大相径庭。车间的实际状况是管理者频繁地更换管理制度，而大多数制度无法得到实施，剩下的则在非正式制度的强烈冲击下被修正。在看似平静的生产中，劳资冲突暗潮汹涌，充斥在笔者的日常生活或访谈的是工人们的抱怨、各种争吵和不期而遇的冲突。从单纯的观察者成为参与者使笔者能够为工人所接受，进而发现了在车间平和表象下的尖锐冲突和长期斗争，而这些构成了本研究的微观基础。

仅仅关注生产制度的设置、管理规章的发布以及生产过程的安排，势必是一叶障目，我们无法理解与很多企业类似的制度设置为什么在南厂无法运作。尽管本文重点仍然在于劳动过程与生产过程，但是笔者并非孤立地对待生产，而是注重人们过去的体验对他们当前的行为选择的影响，人们生产外的经验、社区生活对他们生产活动以及车间权力的影响。时间和空间上的拓展对于分析国有企业的劳动过程和权力关系必不可少。将南厂置于时间与空间的架构中，助于解释在劳动力市场处于弱势的国企工人讨价还价力量的来源，助于解释管理者频繁更换管理制度的动力，助于解释应该执行上级命令的基层管理者却无所作为的原因。

拓展个案方法不同于“推论一般化”原则，对过程进行描述分析的目的不在于从各种各样的案例中寻找普遍模式，而是寻找案例背后的结构化原因。劳动过程是本研究的基点，外部力量与内部过程如何互动并共同形塑了一定的生产体制才是本研究的目的。理论上看，国家与市场是影响生产体制形成的两股结构性力量。在市场竞争的要求下，管理者试图推行现代企业管理制度，缩减工人福利，制定各种劳动规范。然而南厂中的很多案例显示，工人却在各种政策、法规和要求的保护与规定下，在车间中与管理者周旋，破坏管理规范在车间内的实践。工人和管理者博弈背后的力量是威权主义国家对劳资关系的规范方式。在分权的威权主义政体下，国家使用法律和政策对劳资关系进行规范，然而中央层面上的法律在地方的推行却缺乏切实有效的监管，结果工厂内的劳资关系规范在很大程度上取决于具体的劳资博弈。然而，工人是否会进行这种博弈取决于他们的目前体验、过去经验以及行动能力，而这些需要通过对这些工人的历史、社区、生活、生产的了解才能够判定。用集体谈判和集体合同对劳资关系进行规范构成资本主义国家“制造同意”的策略。而通过地方分散实施的法律、政策对劳资关系进行规范则构成中国国家将劳资矛盾束缚在底层，使政体免受威胁的策略。

“在田野工作中，我们渴望的不是对理论的确认而是对它的反驳”（布洛维，2007：110）南厂的案例能够在中国的情境下修正或补充发轫于西方的劳动过程理论。生产体制理论的创新之处在于布洛维基由“内部国家”概念（布洛维，2005：263）——后来是“生产政治”概念——建立起内部生产变化与外部环境变迁的联系。“内部国家”意为外部国家迄今所表现出来的功能已逐步为企业内部所吸收——也就是被内部化了，即国家用以规范劳资行为的政策、法规和集体谈判制度等通过一系列企业组织设置直接作用于劳工过程。生产体制的分析逻辑建立在国家法规和劳资协调机制能够在组织内部得到完全践行的基础之上的，但在中国，国家规范劳工关系的制度在组织内部的落实一直以来都是个问题。南厂这个特异案例让笔者无法通过整体国家直接推论“内部国家”，亦无法通过国家政治来推演生产政治。在中国，国家对劳资关系的规范方式与西方社会截然不同，故而国家层面上的规定在车间中可能毫无作用，车间规则可能与国家规则相抵触，组织的“内部国家”运作机制在中国的劳动场所是多变的。

劳动过程理论建构了一个清晰的结构化因果机制：生产体制由国家的政策法规、地方的劳动力市场状况，以及整体商品市场的情况决定，而生产体制形塑了工人的抗争模式。在完善的法律法规和福利制度下，在职代会、工会以及合理性建议的民主制度下，工人权益与生产过程都应有所保障，南厂的情况却不是这样。在中国，国家与市场不可能直接形塑一种生产体制，这两种力量与工人的讨价还价行动共同形塑了南厂的生产体制。从这个意义上看，工人、管理者围绕各种法规政策的博弈以及他们的行为选择和策略是更值得关注的问题。

在《制造甘愿》的译序中，林宗弘指出："在研究中将微观与宏观的分析层次区分开来，并不代表个案只能讨论生活世界里的互动，或是只能通过归纳法来积累概念与理论，恰恰相反，个案研究可以深化或否证宏观理论的因果推论"（林宗弘，2005：42）。在南厂研究中，存在两种对话：第一，是研究者与被研究者的对话关系；第二，是个案研究与既有理论的对话关系。除了与理论的比较，文中还运用了其他比较方法。贯穿全文始终的是与南厂历史的比较，并通过这种时间上的比较发现企业内部各群体体验的变化与劳资关系的变化。在探讨工人的权力时，还将南厂与东北一家有着同样历史并且也在推行同样管理制度、但经过了改制的机械厂进行了比较，以发现所有制对于劳资关系的影响。在探讨国家对生产体制与劳资关系的影响时，将中国的情况与美国、英国、德国和韩国的情况进行了比较，以发现中国对劳资关系规范方式的独特性。本文并非严格遵照变量控制取向来对待案例的比较，而是试图以单个案的详尽分析打开组织黑箱，以发现外部力量对组织过程的影响机制，与其他案例的比较，有助于发现本文结论的可推论性。

笔者所使用的具体研究方法为工业民族志与档案法的结合。在进入南厂容压分公司进行田野调查之前，已在南厂的档案室中查阅了其1947年以来的档案资料。使用档案方法的目的一方面在于，对南厂各方面信息进行了解；另一方面，有助于发现该厂劳资关系在时间上的变化。在结束档案查阅后，笔者由南厂副总经理介绍进入容压分公司车间办公室，并着手进行田野调查。田野调查的头一天，我发现傻傻地坐在办公桌前完全无法接触工人，幸运的是，在当天中午在职工打扑克时，我认识了袁姐，并成为一名铣床学徒兼杂工，此后，我每个星期去南厂工作2—3天，除去春节休息一个月，一共进行了7个月。对南厂在职职工和离退休职工进行访谈，访谈对象共88人，其中，中高层管理者（包括技术人员）11人，基层管理者（包括车间调度）11 人，工人（包括文书、质检员）46 人，德国 SEA 公司外派人员 2 人，外协包工队人员 6 人，离退休职工 12 人。具体访谈方法分为正式访谈和非正式访谈。正式访谈即结构性访谈，根据事先拟定的提纲，经过被访者同意以录音的方式记录对访谈过程进行了记录，这部分访谈对象 52 人，每次访谈时长在一小时三十分钟到两小时三十分钟之间；非正式访谈即在日常生活以针对性的问答聊天为方式获得资料，聊天时长在 10 分钟以上。笔者认为，访谈数量并非是判断研究好坏的标准，在工业民族志研究中，大量的信息是基于观察、理解以及自身的经验，而这些经验能够帮助研究者避免“霍桑效应”。在民族志调查中，我与车间工人、基层管理者存在大量日常交流，并以田野日记的方式记录了我的感受，这些经验甚至比访谈资料更为珍贵。

附录2　被访者名单

编号	职　位	性别	访谈类型	备　注
1	南厂原董事长	男	正式访谈	70年代初入厂
2	南厂原总经理	男	正式访谈	70年代初入厂
3	南厂工会主席	女	正式访谈	80年代入厂
4	南厂办公室主任	男	非正式访谈	70年代初入厂
5	南厂品质部部长	男	正式访谈	90年代入厂
6	南厂生产部部长	男	正式访谈	70年代初入厂
7	南厂安全科科长	男	非正式访谈	70年代初入厂
8	南厂档案室科员	女	非正式访谈	90年代入厂
9	南厂副总经理 （压力容器车间主任）	男	正式访谈	90年代入厂
10	南厂压力容器车间技术员—1	男	正式访谈	70年代初入厂
11	南厂压力容器车间技术员—2	男	正式访谈	70年代初入厂
12	南厂采购员	男	非正式访谈	70年代初入厂
13	南厂压力容器车间监理	男	非正式访谈	负责监督外协包工队的生产质量、催促生产进度、提供所需物品等。
14	压力容器车间工时定额员—1	男	非正式访谈	70年代初入厂
15	压力容器车间工时定额员—2	男	正式访谈	70年代初入厂
16	压力容器车间装配班组长	男	非正式访谈	90年代入厂
17	压力容器车间机加工班组长	男	非正式访谈	90年代入厂
18	压力容器车间机加工、 装配工段长	男	非正式访谈	90年代入厂

续表

编号	职　位	性别	访谈类型	备　注
19	压力容器车间铆焊 1 班组长	男	正式访谈	90 年代入厂
20	压力容器车间铆焊 2 班组长	男	非正式访谈	90 年代入厂
21	压力容器车间文书—1	女	非正式访谈	90 年代入厂
22	压力容器车间文书—2	女	正式访谈	2000 年以后入厂
23	压力容器车间质检员—1	男	正式访谈	70 年代初入厂
24	压力容器车间质检员—2	男	正式访谈	
25	压力容器车间调度	男	正式访谈	70 年代初入厂
26	压力容器车间 200 镗床操作工	男	正式访谈	90 年代入厂
27	压力容器车间 200 镗床学徒工—1	男	正式访谈	2000 年后入厂
28	压力容器车间 200 镗床学徒工—2	男	正式访谈	2000 年后入厂
29	压力容器车间钳工—1	男	正式访谈	70 年代初入厂
30	压力容器车间钳工—2	男	正式访谈	90 年代初入厂
31	压力容器车间半成品库管理员	男	正式访谈	70 年代初入厂
32	南厂工具保管员	女	正式访谈	70 年代初入厂
33	压力容器车间划线工	女	非正式访谈	90 年代入厂
34	压力容器车间镗床操作工—1	男	正式访谈	90 年代入厂
35	压力容器车间镗床操作工—2	男	正式访谈	90 年代入厂
36	压力容器车间清洁工	女	非正式访谈	90 年代入厂
37	压力容器车间吊车跟车工—1	男	非正式访谈	70 年代初入厂
38	压力容器车间吊车跟车工—2	男	非正式访谈	70 年代初入厂
39	压力容器车间车床操作工—1	女	正式访谈	90 年代入厂
40	压力容器车间车床操作工—2	女	正式访谈	90 年代入厂
41	压力容器车间车床操作工—3	男	非正式访谈	70 年代初入厂
42	压力容器车间车床学徒工	男	非正式访谈	2000 年后入厂
43	压力容器车间铣工—1	女	正式访谈	80 年代入厂
44	压力容器车间铣工—2	男	正式访谈	70 年代初入厂
45	压力容器车间铣工—3	男	正式访谈	90 年代入厂

续表

编号	职　位	性别	访谈类型	备　注
46	压力容器车间铣工—4	男	非正式访谈	90年代入厂
47	压力容器车间铣工—5	男	非正式访谈	70年代初入厂
48	压力容器车间铣床学徒工—1	男	非正式访谈	2000年后入厂
49	压力容器车间铆焊工—1	男	正式访谈	90年代入厂
50	压力容器车间铆焊工—2	男	正式访谈	90年代入厂
51	压力容器车间铆焊工—3	男	非正式访谈	90年代入厂
52	压力容器车间铆焊工—4	男	非正式访谈	90年代入厂
53	压力容器车间钻床操作工—1	男	非正式访谈	70年代初入厂
54	压力容器车间钻床学徒工—2	男	正式访谈	2000年后入厂
55	压力容器车间火煸工—1	男	正式访谈	70年代初入厂
56	压力容器车间火煸工—2	男	非正式访谈	90年代入厂
57	压力容器车间火煸工—3	男	非正式访谈	90年代入厂
58	压力容器车间下料工—1	男	正式访谈	90年代入厂
59	压力容器车间下料工—2	男	正式访谈	2000年后入厂，农民工
60	汽轮机车间机加工班组长	男	非正式访谈	原M锅炉厂合并改组入厂
61	汽轮机车间技术员	男	非正式访谈	原M锅炉厂合并改组入厂
62	汽轮机车间质检员	男	非正式访谈	原M锅炉厂合并改组入厂
63	汽轮机车间数控铣床操作员	男	非正式访谈	原M锅炉厂合并改组入厂
64	汽轮机车间镗床操作员	男	正式访谈	原M锅炉厂合并改组入厂
65	汽轮机车间数控加工中心操作员	男	正式访谈	原M锅炉厂合并改组入厂
66	汽轮机车间钳工	男	非正式访谈	原M锅炉厂合并改组入厂
67	汽轮机车间铣床操作工—1	女	非正式访谈	原M锅炉厂合并改组入厂
68	汽轮机车间铣床操作工—2	男	非正式访谈	原M锅炉厂合并改组入厂
69	德国公司监理	男	非正式访谈	非南厂人员
70	德国公司外派技术员	男	非正式访谈	非南厂人员
71	南厂外协铆焊包工队队长	男	正式访谈	非南厂人员
72	南厂外协铆焊包工队焊工—1	男	正式访谈	非南厂人员

续表

编号	职　位	性别	访谈类型	备　注
73	南厂外协铆焊包工队焊工—2	男	正式访谈	非南厂人员
74	南厂外协铆焊包工队焊工—3	男	正式访谈	非南厂人员
75	南厂外协清洁包工队清洁工	女	非正式访谈	非南厂人员
76	南厂外协油漆包工队油漆工	男	非正式访谈	非南厂人员
77	原南厂一机车间技术员、生产计划科副科长、生产科科长	男	正式访谈	1949 年入厂，为南厂接管干部，已离休。
78	原南厂设计科技术员、厂办公室秘书、办公室主任	女	正式访谈	1957 年入厂，已退休。
79	原南厂学徒、铆焊车间车工	男	正式访谈	1966 年入厂，已退休。
80	原南厂铸钢车间铸锻工、班组长、工段长、车间主任	男	正式访谈	1949 年入厂，已退休。
81	原南厂铆焊车间吊工学徒	男	正式访谈	1965 年入厂，已退休。
82	原南厂描图员	女	正式访谈	1957 年入厂，已退休。
83	原南厂电镀车间技工	男	正式访谈	1963 年入厂，已退休。
84	原南厂工具车间车工、一机车间工会小组长、一机车间工会主席	男	正式访谈	1957 年入厂，已退休。
85	原南厂机械车间技工、技师、车间主任	男	正式访谈	1950 年入厂，已退休。
86	原南厂机械车间车工、工会组长、车间工会主席、车间党支书	男	正式访谈	1950 年入厂，已退休。
87	原南厂学徒工、钳工、车工	男	正式访谈	1958 年入厂，已退休。
88	原南厂机械车间技工、技师、车间主任	男	正式访谈	1950 年入厂，已退休。

附录3　南厂工资制度变迁（1949—2007）

在1949—2007年间，南厂的工资奖金制度经历了巨大的变迁，本文即是对南厂1949—2007年间职工工资制度变化的一个介绍。为了便于理解、归纳，本文将南厂繁复的工资制度变迁划分为四大个阶段，第一个阶段是从新中国成立到1958年“大跃进”开始，为南厂工资制度的形成阶段，建立起包括计件工资、计时工资、各种奖金和津贴在内的一套完善的工资制度；第二阶段是从1958年到1985年期间，这一阶段较长，期间经历了两次工资制度较大的跌宕——“大跃进”和“文革”期间奖金和津贴的改变，但到了1985年，南厂的工资从制度层面上已经恢复到了五十年代的水平；第三阶段是从1986年到2000年，这个阶段是南厂伴随着市场经济改革进行频繁地工资改革时期；第四阶段是2000年以后，这个阶段的显著特征是工资制度基本上没有发生过变化，工人工资实行岗位结构工资制，工资水平特别低，而公司领导实行年薪工资，工资差距非常大。下面本文将对这几个阶段的工资情况进行具体描述：

一　南厂的工资变迁

1. 奠基：1949—1958年南厂工资制度变迁

南厂前身之一惠市制钢厂在国民党统治时期，因通货膨胀难以支付货币工资，故而用米来计算工人的劳动所得。惠钢工人分为技工、帮工、长工、艺徒和小工5个工资等级，其中技工有19级、帮工有5级、长工有3级、艺徒有4级，级差很低，为15斤米。最高级别的技工每月工资为630斤米，最低级别的艺徒为每月210斤米，厂长丘玉池每月薪额为1353斤米，工程师996斤米，管理者与工人的工资差距并没有想象中的大。

在1949—1957年间，南厂逐渐确立起一套完整的工资体系，包括计时工资与计件工资的车间配比，工人工资的评定升级方法，以及各种奖金、津贴的计发。

在1950年，惠市制钢厂的生产和工资管理都是混乱的[①]，惠市钢铁机械一厂的生产和管理遭遇到了很大的困难：

> 组织机构庞大、联系紊乱，职工配合不好，工作互相推诿，闹意见，没有一套完整的制度，乃各有一套，各执一端，使工作难于专责，难于推行……工作因此受到损失，翻工、废品、浪费、事故乃不断发生，今年曾几次极力想澄清局面，有时从组织上，有时从思想上，但效益不大。[②]

1951年时，惠市制钢厂实行的是计时工资制度，当时对工人进行的物质激励更为突出了。该年职工所得收入除了工资以外，还包括年终双薪以及考勤工资，工人只要遵守工作时间，就可以得到全勤奖金。该年全厂360职工工资总额为2156490千元，另外还有117150千元年终奖金，以及41460千元全勤奖。工资总额与年终奖金的比例为18.41∶1，与全勤奖的比例为52∶1[③]。

1952年国家进行了第一次工资改革，在增加基础工资上，实行八级工资制度，目的为"免除过去的等级多、差额少的平均主义，和为将来计件工资制作基础。所谓增加基础工资也不是平均主义的一律增加，是有限度的，为的是照顾国家经济困难"[④]。但同时取消了变相工资和特殊津贴，例如房水电津贴。这次调资使82%的工人增加了工资，而15%的工人减少了工资，有3%的工人工资未变化，全厂增加薪金支出17%[⑤]。1954年下半年劳动工资专业会议后，惠市通用机器厂（简称"惠通"）明确了劳动工资必须为生产服务的工作方向，并向车间派出劳资员，取消

① "1950年工作总结"，1950年《南厂档案》第2卷。

② "惠市钢铁机械一厂"1950年《南厂档案》工作总结，1950年第2卷。

③ "1951年总结报表"，1951年《南厂档案》第1卷。

④ "晨9时扩大工资学习会"，1952年《南厂档案》第4卷。

⑤ "工资工作队会"，1952年《南厂档案》第4卷P119。

考勤奖、生产小组长津贴和第三班不满八小时的夜班津贴[①]。并决定在1955年试行计件工资：

> 通过学习及两年来工资工作的体会，使我们更进一步明确了计件工资是社会主义组织工资的基本形式，因为它最能刺激劳动生产率的提高，也最能符合“按劳付酬”的工资原则。计划明年第二季度，在机械车间第二工段搞试点，取得经验后再推广。

1955年，职工工资有了一个较为明显的提高，但是在该年11月，职工的福利性收入基本全部被取消——包括年终双薪、考勤奖金、值班津贴、小组长津贴、夜食津贴，这些旧有制度原占工人月工资收入14.56%[②]。所以该年生产工人尽管工资水平有所提高，但实际收入却比54年下滑了6.1%，意味着每个生产工人要少拿一个月的工资[③]。

1956年国家进行了第二次工资改革，确立了重工业企业中的八级工资制，这是计划经济时代最重要的一次工资改革。惠通在这年进行了工人考工、定级和升级，另外还建立了包含劳动竞赛奖在内的12种奖励制度，全厂只有1.6%的职工没有得到工资提升。1956年改革后，惠通工人工资增加了11.78%，工程技术人员工资增加了16.15%，职员增加了10.3%[④]。然而，工程技术人员起点工资降低了，并且技术人员的工资水平不优于工人，有些工程师说：“自己是伪工程师”，有些技术人员大叹“十年寒窗苦”“早知如此，悔不当初不如做学徒去”。[⑤]

早在1952年，惠市机械厂就已经有计件工资部分，然而在以苏联模式进行重工业发展的五年间，计件工资部分不断上升，并相应配备工时定额员与车间劳资员进行计件工资的管理，尤其在1955年到1957年间迅速

① “1954年劳动工资工作总结”，1954年《南厂档案》第4卷。

② “反右倾加速社会主义传达讨论的总结报告——厂长在全厂干部大会上的讲话”，1956年《南厂档案》第1卷。

③ “南厂通用机器厂1955年生产工作要点（草案）”，1955年《南厂档案》第1卷。

④ “工资改革总结（草案）”，1956年《南厂档案》第9卷。

⑤ “工资改革总结（草案）”，1956年《南厂档案》第9卷。

发展计件工资，1957 年第四季度前广通计件面最高时达到了 70%[①]，但计件工资在第三季度出现不少问题，故而改为超额奖。从奖金上看，1957 年奖金种类降低为八种，获奖条件非常苛刻："办法规定了先参加同工种竞赛才能实行奖励，除对有定额工人建立了超额奖外，并对各种奖励就进行了修改，试行期三个月。"完不成任何指标、违反劳动纪律、不参加政治学习都会导致奖金被减发（正式规定）。故而获得工资奖励的工人很少：8—10 月间，各工种奖励面最低为 11%，达到最高奖励率的得奖人数最低月份为 6%[②]。

这一阶段的工资制度改革并没有使全体工人生活水平得到明显上升。1958 年，广通党政工团干部到职工家中调查其生活情况，发现：

> 很多职工生活很苦，每月都入不敷出，经常借贷度日，遇有意外时发生更是加上一重困难，有些职工经常要吃粥，穿衣方面更不用谈了……机修车间韩先品有肺病，医生批准他吃营养餐，只要他付 50% 膳食费，但他也没有能力……机械车间罗参图家庭生活困难买不起菜吃，怕邻居看见掉价，吃饭时便关起门来。……铆锻车间质成住一间小木屋，全家大小七人只有一床，环境不好儿女多病，最近才病死一个孩子……[③]

严苛的奖励、低水平的工资和生活状况使职工情绪低落、劳动纪律松懈、不少人去外面私营工厂打野工，使得工时大大超支[④]，并出现集体磨洋工的现象，"7 月份各车间劳动纪律松弛，不少职工在工作时间擅自离开工作岗位磨洋工，每天中午提早 10 分钟下班人数甚多。有一天机装车间 50 多部机床提前 10 分钟停车下班"[⑤]。机装车间工人消极怠工，有恢复计件工资的意见，故第四季度在该车间又恢复计件，但计件面仅为 10%。

① "历年奖励情况表"，1962 年《南厂档案》第 10 卷。
② "劳动工资工作总结"，1957 年《南厂档案》第 3 卷，页数被裁。
③ "党政工团干部深入职工家庭调查情况"，1958 年《南厂档案》第 49 卷。
④ "1957 年工会工作总结"，1957 年《南厂档案》第 21 卷。
⑤ "劳动工资工作总结"，1957 年《南厂档案》第 3 卷，页数被裁。

2. 轮回：1958—1985年的工资制度

1958年开始“大跃进”，劳动激励方式产生由经济、物质向政治和情感动员方面的转变。“11月间在职工群众思想觉悟提高的基础上，自动提出取消奖金”[①]。即便在1957—1959年间，南厂也进行过工人工资的调资升级工作，但是调资范围非常小。1957、58年仅仅给在新中国成立前参加工作的老技工以3%和10%的升级指标，到了1959年需要升级的生产工人有70%左右，干部有50%，但是1959年实际工人升级面为40%，干部等调整面为10%。[②]

1961年，在“调整、巩固、充实、提高”方针下开始逐步恢复大跃进之前的工资奖励制度，5月份设立了超额奖、提高质量奖、辅助工人奖、技职人员奖、服务人员奖（辅助工人奖、检查工奖）、节约汽油奖等多指标考核的单项奖，替代了以前的季度综合性奖。6月份恢复了计件工资制，计件面是10%左右[③]。除了工资和奖金，1961年恢复了夜班津贴、高温津贴、保健津贴、加班加点工餐、病伤产假工资[④]。11月份进行了升级调整工资工作，工人升级754人，占升级范围的36.5%，干部191人，占可升级人数的30.8%，技术人员57人，占可升级人数的30.98%，服务人员76人，占可升级的31.77%[⑤]。

1962年南厂对奖励办法进行了改进，更突出了通过奖金的激励作用：达到定额就能够拿奖金，根据不同超额还有加奖，对于超额加奖单位，按定额水平规定了不同的要求，对任务不满或不完成任务的单位，规定了扣奖办法。奖励组织方式改为能按个人奖励的按个人，不能按个人的按集体[⑥]。并于1963年更加重视通过劳动竞赛来激励工人，该年实行了以反浪费为中心的增产节约竞赛并评比各种标兵和先进生产者[⑦]，还实行了以

① “1958年工作总结”，1958年《南厂档案》第2卷。

② “关于1959年第一季度职工升级方案的请示报告”，1959年《南厂档案》第9卷。

③ “历年奖励情况表”，1962年《南厂档案》第10卷。

④ “1961年劳动工资统计年报”，1961年《南厂档案》第12卷。

⑤ “1961年人事劳资工作总结”，1961年《南厂档案》第2卷。

⑥ “人事劳资科1963年度工作总结”，1963年《南厂档案》第3卷。

⑦ “1963年度评功奖励办法（草案）”，1963年《南厂档案》第67卷；召开63年度庆功大会，1963年第67卷。

奖金激励为基础的“五好竞赛”[①]。然而对计件工资和奖金的过度依赖导致个体主义的迅速回升：

> 有些职工为了多拿奖金只顾产量，不顾质量……有些职工则只顾个人利益，不顾国家利益，挑肥拣瘦，所谓五不干，即定额没有油水捞不干、小批单件不干、猪骨头、重活大件不干、修改定额后油水不多不干、新试制产品工时紧不干；有的职工劳动纪律松弛，上班下象棋，开空车，谈天说地，讲女人经、迟到早退……[②]

基于此，南厂于1964年取消计件工资，推行岗位责任制，并实行了与岗位责任制紧密结合的、包括比学赶帮劳动竞赛、三级表扬制度的多元奖励制度。在1965年，工人工资构成包括标准工资、奖金、津贴和加班加点工资。奖金包括生产奖和节约奖，津贴包括夜班津贴、生活补助津贴和服装津贴。

可以说南厂六十年代初期的工资体系基本上是对五十年代的恢复和修改，工人工资由基本工资、奖金、津贴、加班加点工资构成，除了1964年取消了计件工资，工人的工资构成与50年代基本相仿。1957年广通厂职工年平均工资为816.13元，而在1965年南厂职工年平均为835.46元，相差非常小。60年代初期为共和国大跃进后面临经济困难的时期，这个阶段南厂工人生活状况很糟糕，申请去我国香港的工人急剧增多，书面口头申请的有344人，占职工人数的9.7%，而那些申请成功的成为了工人的羡慕对象[③]。

1966年，大字报揭露了奖励制度的6大罪状、11条罪状等，认为奖金助长了资产阶级个人主义思想，不利于职工内部团结等，要求彻底清除物质刺激倾向，要政治挂帅[④]，并进行了奖励制度的改革，取消了奖金，代之以“临时附加工资”：“不分人员类别、工种、等级一律平均分配，每人每月6元，学习满一年学徒3元……本人工资在109元以上的干部

① “惠市重型机器厂1963年开展五好竞赛的工作方案”，1963年《南厂档案》第66卷。

② “南厂重型机器厂1963年开展五好竞赛情况”，1963年第66卷。

③ “南厂62年工作概述”，1962年第1卷。

④ “惠市重型机器厂奖励制度改革工作方案（草案）”，1966年第1卷。

（等其他人员）不发”[①]。这个时期，工资转而成了福利手段，不再用于激励生产[②]，这个情况一直持续到 1978 年。庆幸的是南厂在 1972 年，针对部分职工进行了一次调资升级。尽管各种生产管理责任制度从 1971 年就已经在工厂各个层面开始恢复与建立，但是工资制度却到了 1978 年间才开始恢复。

1978 年 10 月，经市劳动局批准，临时附加工资被取消，并开始试行计时工资加奖励的制度，奖金原则上不低于附加工资。这表示对“文革”前工资制度的恢复[③]。到了 1979 年，计时工资、附加工资、加班加点工资以及各种奖金和津贴基本都已经恢复，种类和水平还没有恢复到与 1964 年持平的状况[④]。实际上直到 1981 年，计件工资与其相应的超额奖励才真正得到恢复[⑤]。该年，南厂试行全面经济核算的奖励办法（100 分奖），车间得奖前提是，完成和超额完成计划，而且不出事故[⑥]，之后再根据规定计发小组和个人奖励。个人能够获得全勤奖[⑦]以及“超利润留成奖金”与“利润留成奖金”，前者计算方式为职工实际得奖月数 × 每月奖金 3 元[⑧]，后者为职工的实际得奖月数乘以每月奖金 2.5 元[⑨]。尽管 100 分奖与五六十年代的劳动竞赛有很大相似之处，但值得注意的是，职工如果不遵守劳动纪律，则会被扣发工资，扣发率在 10%—30%，而这种经济惩罚方式在计划经济时代是不存在的。

1982 年，各生产部门凡任务饱满、能制定平均先进的工时定额或产量定额并能正确记录、统计、检查数量质量的，都可以逐步试行计件工

① “关于实行临时附加工资的通知”，1966 年第 1 卷。

② “关于改革奖励制度的意见”；“关于改革奖励制度问题讨论的通知”；1966 年《南厂档案》第 1 卷。

③ “关于实行计时工资加奖励制度的通知”，1978 年《南厂档案》（长期）第 7 卷。

④ “1979 年劳动工资年报”，1979 年《南厂档案》（永久）第 19 卷。

⑤ “计件超额奖励方案”，1981 年《南厂档案》（长期）第 7 卷。

⑥ “试点车间开展全面经济核算的奖励办法（试行草案）”，1981 年《南厂档案》第 10 卷；惠市重型机器厂奖励方案（试行草案），1981 年《南厂档案》（长期）第 7 卷；“惠市重型机器厂奖励方案（修订草案）”，1981 年《南厂档案》（长期）第 7 卷。

⑦ “惠市重型机器厂职工全勤奖励办法（修订草案）”，1981 年《南厂档案》（长期）第 7 卷。

⑧ “关于发放超利润留成奖金的通知”，1981 年《南厂档案》（长期）第 2 卷。

⑨ “关于发放利润留成奖金的通知”，1981 年《南厂档案》（长期）第 2 卷。

资，并以个人计件为主，不能个人计件的实行班组计件①。工资方面还有加班工资，但是无加点工资。在奖金方面，继续推行100分奖励，奖励额度为工资总额的12%—17%，另外还有超额奖、材料节约奖等。津贴种类很多，包括粮食津贴、副食品价格补贴、工种津贴、学徒服装津贴、夜餐津贴、回族伙食补贴、兼职教师补贴、离休人员津贴②。1983年后，南厂已经可以获得利润分成，这样更多的资金可以用于奖惩。1984年，国家就国营企业工资和奖金问题做出一系列政策规定，强调企业职工工资增长应当依靠本企业经济效益的提高，国家不再统一安排企业职工的工资改革和工资调整，企业内部的工资分配可以在国家规定的工资总额和政策允许的方式内制定适合本企业的具体工资分配形式和方法等③。但是，机械行业的工资制度，仍然是国家工资统一管理的模式④。

到了1985年，南厂开始实行全面计件工资，并将工时超额率定在30%左右⑤。该年计件工资制度进行了比较大的调整。配合分厂自主经营，计件工资也不再按照过去的办法，而是试行“综合性计件承包工资制”的方法，这是一种“效益型”的计件办法，以“时间标准”来制定产品的工时定额⑥。在这种计件工资制中，能够按个人记录、核算的就实行个人计件，不能再实行工组计件⑦，规定超额率不超过50%，超出部分由分厂支付，为了发挥出这种工资制度的最大功效，要配备专职定额员、定额统计员，以及记录核算员⑧。另外，工人如果不符合操作规程或不负责任造成无法完成工时或产生废品则要进行赔偿或不计发工资⑨。这种配合奖励和处罚的工资制度在很大程度上调动起工人的积极性。可以说到了1985年，南厂的工资体系才最终恢复到五十年代最好的水平。

---

① “计件工资实施（细则）办法（草案）”，1982年《南厂档案》（长期）第5卷。

② “惠市中型机器厂工资核算及其发放办法”，1982年《南厂档案》（长期）第11卷。

③ “五十年企业工资工作成效显”，《劳动理论与实践》，1999年11月。

④ “我们是如何进行工厂内部工资改革的”，1990年《南厂档案》（永久）第12卷，P5。

⑤ “关于在我厂开展全面计件工资制的请示”，1985年《南厂档案》（永久）第4卷。

⑥ “85年计件承包工作总结”，1985年《南厂档案》（永久）第13卷。

⑦ “厂计件工资实施办法（试行）”，1985年《南厂档案》（短期）第2卷。

⑧ “关于开展计件工资的补充通知”，1985年《南厂档案》（短期）第2卷。

⑨ 同③。

3. 剧变：1986—1995 年的工资制度

1986 年到 1995 年这十年间是南厂工资制度变革最为剧烈和频繁的时期，基本上每年都有新的工资制度出台。到了 1995 年，南厂职工工资制度就基本上固定下来了。

1986 年，广东省国营企业进行了工资改革，这意味着职工工资标准继 1956 年以后终于发生了变化，全厂进行了新工资的套改和浮动升级①，工人为 15 级工资制，干部为 17 级工资制——除了 1、2 级以外，都有副级②。这次的新工资标准即为沿用至 1989 年的企业工资标准，又称企标工资。另外，1986 年新增特护工种津贴、班组长津贴和带徒津贴，共增加金额 255266 元③。伴随着新工资的套改，浮动工资制度也开始推行，并为以后的工资改革奠定了基础，实际上 1986 年浮动工资制度基本表现为浮动升级。④

1987 年南厂经上级主管部门批准，正式实行工资总额和经济效益挂钩，这意味南厂销售收入的一部分可以用作工资资金，而且工资发放的资金总额要根据经济效益计提，根本原则是实际工资分配额是绝对不能超过应提工资总额数的⑤。随着这项制度的实施，南厂内也进行了工资改革，即在职工中推行效益工资⑥。1987 年南厂员工个人的效益工资标准为本人工资的半级水平，个别贡献大的可按本人工资的一级水平，作为职工的浮升工资发放⑦。随着企业工资基金的增多，可用作职工发放的奖金、津贴

---

① “关于贯彻省、市国营企业内部工资改革的实施方案”，1986 年《南厂档案》（长期）第 14 卷。

② “1986 年企业干部套改工资标准对照表”，1986 年《南厂档案》（长期）第 14 卷。

③ “关于我厂工资总额与销售收入挂钩（半挂）有关数据的资料及说明”，1986 年《南厂档案》（长期）第 14 卷。

④ 浮动升级是在我国现行工资等级制度中缺乏正常增加工资制度的情况下出现的一种变通办法。它的基本做法是：在职工现有工资等级的基础上，根据企业的经济效益情况和职工的技术业务水平、劳动熟练程度、贡献大小等因素，用企业自有资金，对职工进行考核升级，并随着企业经济效益情况的变化而上下浮动。参看网页 http：//baike. baidu. com/view/941829. htm

⑤ “我们是如何进行工厂内部工资改革的”，1990 年《南厂档案》（永久）第 12 卷。

⑥ 效益工资也是浮动工资制的一种执行形式，效益工资是“中国企业中按经济效益状况支付职工的工资。通常是在职工基本工资以外，按个人劳动贡献大小同经济效益水平挂钩而上下浮动的……效益工资与企业的经济效益挂钩”。参看网页 http：//baike. baidu. com/view/941735. htm

⑦ “关于 87 年实行效益工资的意见”，1987 年《南厂档案》（短期）第 2 卷。

和补贴也得到提升，1987 年奖金占工资基金总额的 15.86%，月人均奖金为 35.11 元[①]。而且在 1987 年年底，所有在册职工都得到了 100 元的年终奖励。

1988 年，南厂推行了结构工资的方案，结构工资由基本工资——即职工本人现企准工资额的 70% 加上粮差、副食补贴，岗位工资以及奖励工资构成，具体计算方法为：

结构工资 = 基本工资（职工本人现企准工资额的 70% + 粮差、副食补贴）+ 岗位工资 $\left[\frac{\sum（\text{各类人员 30\% 企准工资}）}{\sum（\text{各类人员的岗位工资　系数}）}\times\text{个人岗位工资系数}+\text{各种津贴}\right]$ + 奖励工资（超额奖励部分，经济承包单位按合同规定预提当月奖励的 50%，剩余部分年终结清，各种各样其他奖励）

结构工资方案进一步减少了固定工资比例，增加工资浮动的部分。工人要根据技术工种确定、干部要根据等级来确定自己的岗位工资能够获得多少[②]。而且个人岗位工资要通过考核才能够发放，若工人完不成定额则要按比例扣发，请事假和病假也要扣发[③]。

1989 年 9 月进行了厂内工资改革，这种工资改革是“根据国家将工资管理的自主权下放给企业，工资分配随同企业的经济状况自主决定的原则，由工厂结合自身实际情况而内部自行制定的……上级主管部门只是对我厂的工资改革给予指导性意见。”[④] 在这次工资改革中，南厂所测定的固定收入部分，即内部标准工资额占计提工资基金总额的 60%—70%，而剩下的 30%—40% 则作为奖金部分计提。在这次厂内工资改革中，对于职工而言，最重要的变化是南厂以厂内标准工资（又称厂标工资）替代了企标工资（1986 年制定的企业职工标准工资，即档案工资），前者比后者高了三个极差。

在 1990 年，进行了工资的“浮转标”工作，也就是将 1987 年后已兑理给工人的浮动工资转化为企标工资（档案工资）的工作。前几年工人

① “惠市市国营企业计件超额工资进成本情况表”，1987 年《南厂档案》（永久）第 14 卷。

② “技术工种、岗位（职务）工资等级线划分的试行办法”，1988 年《南厂档案》（永久）第 11 卷。

③ “南厂结构工资方案”，1988 年《南厂档案》（永久）第 11 卷。

④ “我们是如何进行工厂内部工资改革的”，1990 年《南厂档案》（永久）第 12 卷。

的浮动工资因为是根据企业效益和个人表现浮动变化的，可能高也可能低，随着将浮动工资转成标准工资，大多数的职工的基础工资水平和未来的退休金水平都会提高，这显然有利于职工的利益。

1991 年第八个五年计划纲要提出“全民所有制企业要逐步试行以岗位技能工资为主要形式的内部分配制度”。1992 年国务院发文要求改革全民所有制企业的经营机制，而工资制度的改革就是其中一项重要内容。是年，惠市市人民政府的试点方案明确规定试点企业要以按劳分配为原则，以劳动技能、责任、强度、条件等劳动要素评价为基础，以实际劳动贡献为依据确定职工的劳动报酬……使工资向有贡献的、技术业务知识要求特别高、生产经营骨干和苦、脏、累、险岗位的人员倾斜。

南厂也认为目前厂内的分配制度也存在不少问题：工资结构中标准工资比重逐年降低，奖金和各种津贴补贴比重大，工资外收入多，沿用现行厂标工资制度已经无法解决问题。所以于 1992 年进行了岗位技能工资制改革。

岗位技能工资由基本工资、年功工资、奖金和单列补贴项目四个部分组成。其中基本工资由岗位工资和技能工资两部分相加组成，将原来各种工资性的奖励金额划归基本工资单元管理：其中岗位工资按照当月层级考核的办法，分高、中、低三个档次实行浮动岗位工资标准。将现行工资津贴改为年功工资；奖金实行内部“工效挂钩”分配。实施岗位技能工资后，职工完成生产工作任务，只拿基本工资，只有超额完成承包指标的单位才有奖励基金，只有超额完成任务和有实际贡献的职工才能领取奖金。实际上该工资制度实施的一个主要目的就是要废除“上班领工资，干活领奖金”的观念①。

工资制度的深化改革并没有止步于此，南厂下一步需要达到的目标便是积极挖掘工资制度的组织激励作用。1995 年 11 月 1 日开始，为了达到“鼓励岗位竞争，合理拉开差距，以达到执行定岗定薪、易岗易薪和浮动考核的动态管理”，集团公司部室职能部门以及部分分厂开始实施岗位结构工资。

岗位结构工资由基础工资、岗位工资、专业技术职务、班组长补贴构

① “关于试行岗位技能工资制研究和讨论”，1992 年《南厂档案》（永久）第 12 卷。

成。其中基础工资以连续工龄为计算依据，按参加工作第一年计发 150 元为起点，每增加一年升 5 元，最高计发至 350 元；岗位工资则是按员工工作性质划分为后勤人员、管理和技术人员两大类，不同岗级对应不同的岗位工资标准[①]。

实行岗位工资后，厂标工资、工龄补贴、工人技师津贴、特殊工种津贴、日常劳保用品费、肉菜水电补贴、煤贴、粮油副食补贴、综合补贴以及按原计奖办法计发的正常月度奖金等工资性收入，均停止执行。1999 年以后，岗位结构工资从职能部门推广到生产部门，这项制度就此延续至今。

4. 止步：2000 年以后的工资制度

直到 2000 年，普通职工对自己的工资水平实际上并没有过多意见，工人的工资水平的提高不如八十年代，但是至少相对于其他市民，没有明显的下降趋势。但是 2000 年以后，南厂职工的工资制度便没有再进行改变，而一线工人的工资仅仅由三部分构成：基本工资——即惠市最低工资标准 1100 元；奖励工资——工人应得的岗位工资扣除 1100 元所剩的部分，如果工人有违反劳动纪律的行为，便从其奖励工资中进行扣除；加班工资——加班指的是在周六、日仍然来工作，加班工资为 100 元。不仅如此，工人的岗位工资额也没有发生过改变，工资级差仅为 50 元，这意味着即便工人提高 10 个工资等级，其实际工资增加额也仅为 500 元。在物价水平高涨的今天，这样的工资水平是不足以维持正常生活的。

实际上从 2000 年以后，该厂就实行了发包制，即使用私人包工头带领的农民工包工队来到车间进行铆焊等工种的作业。以铆焊为例，以包工的方法给包工头以每吨材料 700 元钱的劳务费计算，实际上包工头的利润是非常低的。而真正参加生产的农民工的工资也是出于劳务费中，至于他们的工资发放标准和制度，根本不是南厂需要考虑的问题。所以，真正需要南厂本厂员工尤其是老员工进行的工作并不多，而最为紧张、高效的工作是农民工完成的，但是这些人的工资发放形式却与南厂一点关系也没有。

工人对于停滞不变且毫无生气的岗位结构工资制也表现出强烈不满。

---

① “部分职能部门岗位结构工资实施方案”，1995 年《南厂档案》（长期）第 5 卷。

2010 年 11 月，当笔者刚刚踏入田野，认识了一名平凡的铣车车工还不到一星期，她就一而再、再而三地强调南厂工人的工资实在太低了。她不满地掏出自己的一张一张工资单，张开给我看，上面赫然写着：月工资 1110 元，奖金 500 元，清凉饮料 50 元。她说每月 1600 多元的工资只比目前惠市最低工资 1170 元高一点，面对着疯长的物价水平，凭借这点工资实在难以生活下去。她用手指向自己对面的一位白发的老师傅，说：

> 那位师傅在厂里工作快四十多年了，技术水平很高，就是因为和经理有过节，现在工资只有 1600，是我们这里最低的……

她的不满溢于言表。该厂的老师傅不由地回忆起计件工资的时代，不少老师傅都表示，实行计件工资的时候他们能够拿到更多的工资，但是自从 2000 年工厂的工资都没有发生过改变，在工人的要求下，终于在 2010 年实行了一次调资升级，但是作用却是微不足道的。所以，该厂基本所有老工人都保持了一种消极怠工的状态，而与他们相隔不远的包工们表现出更加积极的干劲。

二　工资：亘古不变利益诉求

工人对工资的追求如同组织对效率的追求、政权对合法性的追求、资本所有者对利润的追求一样自然。这意味着，工人对于工资总是会有抱怨以及不满。在 1957 年“大鸣大放”大辩论中，在党的动员下，工人把积聚心中关于工资所有不满都发泄了出来。例如，有的工人说：

> 对工人有利的更加不搞，而且还要刮，如加班不算加班改调班，每月两天考勤也要刮，年终双薪、月工资 25 天半又刮，见龙就刮，我们的奖励制度又刮，还衰过“乌龙王”①，甚至连毛巾都要刮，国庆节放假三天现在厂只放两天又刮。

① 乌龙王是 1946—1949 年期间一个风靡惠市漫画人物，他是一个拾猪屎的穷鬼，后通过贩毒、诈骗发迹。

在60年代不断的政治思想运动中，工人对于工资的埋怨却并没有因此停息，1964年一篇关于当前职工思想动态的文章中写道：

> 七级工周灿煊公开对工人说，何必那么辛苦，一个月超额60多个工时，奖金也多不了多少。一机工人叶庸芳说，百分赛比17%奖金少了一半。辅助工人对此也有意见，一机发奖金时，起重组一片埋怨声，认为机床工人加分多，奖金多，辅助工人工分少，每月奖金只得几元。

在“文革”影响仍很强烈的70年代，即便档案资料依然不像五六十年代详尽，而更为形式泛滥和官腔铺陈，但是仍然看到每次工资评定中，部分工人或职工溢出的不满情绪。1972年的工资调整工作中，革委会主任在全场职工大会上讲了几种“不良思想”其中就包括工人和干部对自己长期不变的低工资的埋怨。①

在改革开放后的八十年代，当南厂工人看到自己与西方国家生活差距时，对自己的处境表现出不满：

> 有的职工公开说：理想是遥远的，政治是空的，钞票是实的，人无财不富，马无草不肥，古今同理；有的说，现在是干部神，农民富，知识分子肥，工人穷……②

2. 厂方的回应

在职工的强烈工资诉求下，厂方又是如何回应的呢？我打算分别分析计划经济时代以及市场经济时代厂方对职工工资诉求的回应方式。

纵观计划经济时期，无论是50年代毛泽东对人民民主专政的强调，60年代经济困难时期一而再、再而三地强调困难是暂时的，希望获得人

---

① “革委会主任徐冠英在全厂职工大会上作的关于调整部分工人和工作人员工资的报告”，1972年《南厂档案》第7卷。

② 关于部分职工跳槽情况的调查分析，1985年《南厂档案》（长期）第44卷。

民的理解，还是七十年代对党和国家领导人对人民的关怀的过度渲染，无疑都出自于以下两个原因：

第一、人民——尤其是工人和农民才是国家的主人，执政党的权力是人民赋予的，毛泽东也反复强调人民民主专政要坚定地在工人阶级和共产党的领导之下进行（莫里斯·迈斯纳，1989：69）。

第二、新旧政权更迭之际，加上当时中国面临的内忧外患不断，获得人民的支持拥护不仅关乎政权的合法性，更关乎政党执政地位的稳定与国家的发展前景，所以政党需要人们切实感受到新社会与旧社会的不同，切实感受到政治地位和生活水平的提高，仅仅是政治思想教育明显不够，实际生活水平的提升才最具有说服力。

在计划经济时代，工资一项很重要的功能在于彰显政党给予人民的恩惠，而工资所具有的组织激励作用虽然没有被放弃，但其作用在政治动员下相形见绌。然而，国家工业化模式却需要对工资水平进行遏制，从南厂的工资制度变迁可以看出，国家一直试图平衡这种矛盾关系，一方面，不能够大幅度提高工人工资；另一方面，又需要解决人们日益强烈的工资需要。所以，在面对工人的工资抱怨时，无论是国家还是厂房既需要寻求一种积极的解决方式，而非采取不理不睬或强行控制的处理方法，又需要在一定程度上抑制工人的需求和频繁抱怨。

九十年代以后，随着深化改革的口号的提出，尤其1995年全员劳工合同制推行之后，工人的劳动力成为可以在市场上出卖的商品，工人工资随之发生了性质上的改变。在市场经济时期，工资实质上是工人劳动价值的货币表现形式，所以工人工资会随着市场供需关系而波动，而工人工资的多少会直接影响到资本所有者的剩余价值水平。工资高低不再是父爱主义的表现，工资的福利功能基本上已经隐去，商品的丰富与市场的繁荣已然赋予政权以合法性。另外，工资的激励作用凸现出来。工资的激励作用绝不仅仅是在工人超额后给予其奖金，更重要的是在工人违背管理规定时所能给予他们的处罚。这时，马克思所谓“使工人降低到这种不费分文的地步”的渴望开始出现。[①] 厂方开始积极地控制工人工资水平，通过各种各样严苛的管理制度，能够轻易扣除工人的工资，在面对工人工资增长

① 马克思，《资本论》（第一卷），中央编译局译，人民出版社2004年出版，第692页。

诉求时，却呈现出消极状态，不断强调企业所处的困难环境，希望获取职工的理解和支持，希望他们能够克制自己的工资诉求。

3. 围绕着工资所产生的冲突

在计划经济时代，工人表达其对工资不满的渠道主要有发牢骚、讲怪话这种幕后的非正式渠道，也有各种会议、大辩论、大字报、职代会、家访谈心这种能够与厂领导进行商议的较为正规和开明的渠道。而工厂亦因对工人主人翁地位的承认、并出于政权合法性的需求，能够试图对工人的工资诉求做出回应，并在厂级行政允许的范围内做出改善。在无法达到工人工资诉求时，又采取家访谈心、辩论会议等方式感化或给工人以群体压力。最终达到大部分工人满意，小部分工人被遏制的结果，使得企业能够在低工资水平的情况下继续保持高效率的生产。

在市场经济时代，因工人的劳动力成为能够出售的商品，并不再是工厂的主人，他们对于自己的工资水平以及奖惩方式都缺乏议事权，厂方为了提高利润水平，而将工人工资维持很低的水平。不仅在面对工人工资诉求时，不给予任何积极回应，并且通过制定严格的员工管理制度导致工人工资的下降。这显然激怒了大部分的国企员工，他们通过话语来对抗任何领导的管理，并在集体消极怠工和个别工人积极对抗（要打车间领导）的情况下破坏企业的生产、按照自己所认为合适的方式工作。这使得企业陷入了更加一蹶不振的境地。

附录4　南厂大跃进前后的劳动生产状况

在南厂建设初期，工人和干部都呈现出了异乎寻常的热情。1956年，该厂确定生产制糖机械的专业路线后，在缺乏厂房的情况下，工人和管理者在烈日暴雨下进行露天生产，为了产品不暴露在外，人们一致同意将饭堂腾出来做装配车间。支援建设的苏联专家见到后说："条件不是不够好，而是很糟糕。"然而在该年的劳动竞赛中，科室和车间每天都出现新纪录，据统计，该年2—11月共有12057人次突破定额、创新纪录，全厂先进生产者1044人次，平均每4个人中就有一个先进生产工作者，共节约160481工时。①

从工人的口述史中，笔者也听到了类似的故事。1950年8月份入厂的曾先生，清楚地记着当时的情况：

> 我们车间有个王师傅，他有9个小孩，到底哪个叫什么名字他都不知道，但是，哪个零件在什么地方，加工到了什么程度，什么时候可以完成，还有什么问题要解决，他清楚得很！他把精力全放到了工作上。（被访者：曾先生，访问日期：2011年5月1日）

王师傅并非个别现象，邱先生于1958年进厂，2000年退休，在南厂做了一辈子的工人，他对自己刚入厂的那段时间记忆犹新：

① 《1956年工作总结》，载《南厂综合档案》1956年第1卷。

> 那时候刚刚“大跃进”，工人一天8小时之外，还要加班加点、义务劳动，连周六周日都要干活。那时候的人都很老实的，说加班就加班。上面说今天什么任务还没有完成，晚上要加班干完，大家都没话说的（不会抱怨）。（被访者：邱先生，访问日期：2011年2月20日）

新中国成立初期，生产者的劳动热情来自何处呢？不同于以往观点，本文发现，直接生产者的劳动热情既非直接源自人们对社会主义事业所怀有的崇高信念，也非源自精细的动员技术，而是源于人们在日常生活中的直接经验与感受。

其一，在生产劳动和生活中，直接生产者获得了尊重，认识到自身价值，感受到社会地位的提高，进而产生了报恩心理。

新中国成立前，南厂的很多职工都曾经历过工头制并吃了不少苦头。如陈师傅新中国成立前在资本家的工厂里做过三年小徒，按照他的亲身述说，在旧社会，工人讲话要是不守规矩，就会被工头或老板打，一点情面都不会留。而民主改革后，干部听取工人意见、亲身参加劳动，这使工人明显感受到新社会的不同，盛师傅说：

> 安排工作任务的时候，不能简单地发号施令。有的时候领导说：“这个工作要20号以前完成”，很多工人都说：“那怎么行啊？”我们有什么困难都敢跟他说，敢不买他的账。如果平时你对生产或者其他方面有什么意见或者想法，可以通过生产会议、班组会议、车间大会等说出来，如果大家觉得你讲的对，就按你说的做。（被访者：盛师傅，访问日期：2011年2月20日）

工人在生产过程中所获得的尊重使他们感受到了主人翁地位，加之在八级工资制的情况下，工人与干部工资相差无几。在上级部门主导的调资升级中，工人的调升比率和速度还要高于干部。在当时，该厂流传着这样的故事：办公室的干部去见女朋友的时候还需要特地找工人借用工作装。[①]

生产之余，干部还主动帮助工人解决生活中的困难，如在1956年，南厂二机车间后勤工段的核心小组曾冒着狂风大雨到一名居住在危房的工人家中进行探访，并承诺帮助他解决住房问题，这名工人当即感激地不知如何是好，从此他不但在工作中更为积极负责，而且在组内职工有困难时，也会主动帮助。[②]

无论意识形态多么吸引人、动员技术多么高超，如果缺乏生活经验的支撑，人们也难以积极地参与到生产中。正如陆女士所说：

> 绝大多数老工人在新中国成立前日子是比较苦的，解放后很多工人都是很高兴的——跟旧社会一比较，觉得真是当家做主了。有地位了，就很积极生产，那时的风气很好——特别是解放初期那几年。（工人）政治地位很高的，大家都觉得很光荣嘛，作为主人翁。所以那时候用口号就能动员工人。后来再讲政治就没有那么管用。（被访者：陆女士，访问日期：2010年12月23日）

其二，生产劳动与单位福利和个人生活水平休戚相关。国家的社会主义建设需求与个人对生活水平提高的需求是一致的，努力生产是利国利己的事情。

社会主义计划经济时代具有“公私嵌入性”的特征，即个人的生活领域与单位的生产领域是嵌套在一起的，生产与再生产是嵌套在一起的，这意味着所有职工的福利与工厂的生产状况是联系在一起的。[③] 在这个意义上，单位对职工而言是与自身荣辱相关的“家”，单位生产发展上去了，自己的生活才会好。

南厂中，每个人都清楚，若完成或超额完成计划，工厂就能够从上级

---

① 这段论述源于对陆女士的访谈。

② 《家访谈心把思想工作做到日常生活中去——二机车间家访工作的经验》，载《南厂综合档案》1956年第24卷。

③ 宋少鹏：《“回家”还是“被回家”？——市场化过程中“妇女回家”讨论与中国社会意识形态转型》，载《妇女研究论丛》2011年第4期。

部门获得奖金或利润分成，这些资源会直接用于单位福利的建设，以提高职工的生活水平。[①] 虽然利润留成政策经历了复杂的变化，[②] 但多数被访者坚持认为利润的5%要用于单位福利建设。他们愿意为本单位福利基金的增加而努力工作。曾在铸钢车间工作的陈师傅回忆：

> 利润的5%必须用于福利，这是固定的，这个谁都知道啦！福利用来干什么呢？用来看病啊，伙房啊，厨具啊，制服啊，5%嘛！到个人手里的少，但是对厂而言就多了，利润大，个个积极性都很高。因为福利是牵涉到每个机构的利益问题，住房啊、医疗啊、伙食啊，都是在那里的。一般工人都知道生产上去才有希望。今年一百万块钱有五万，如果两百万呢，就有十万了……那个时候比较自觉的。大家都是希望厂、希望国家发展得快一点。生产上去了，福利也就跟着好了。（被访者：陈师傅，访问日期：2011 年 7 月 9 日）

因为第一个五年计划期间南厂生产成绩出色，1957 年为止，南厂的福利设施已经有：宿舍 19988 平方米、饭堂 3 所、营养食堂 1 所、职工子弟学校、职工业余学校、礼堂、浴室、托婴所、女工卫生室、医疗所、职工疗养所（别墅一栋）、理发室、招待所、三班休息室、职工俱乐部、图书馆、灯光篮球场、足球场及运动场、排球场、游泳池等。[③] 除了福利设施，南厂还使用这些费用开办合作社，向职工供应物美价廉的食物；工作之余，组织职工跳舞或与纺织厂工人进行联谊。这些福利

---

① 1952 年政务院颁布《国营企业提用企业奖励基金暂行办法》规定电业、机器制造业企业在完成国家批准的计划后可以申请从利润中提取 3.5%，从超额利润中提取 15% 作为本企业奖励基金，企业奖励金一部分可以被用作福利基金支出。1953 年增设福利补助金，福利补助金按工资总额 2.5% 提取的，可与企业奖励基金调剂使用的。1958 年国务院发文将奖励基金改为企业利润留成，留成比例以主管部门为单位计算确定，见《国务院关于实行企业利润留成制度的几项规定（1958）》。1962 年企业奖励基金制度得以恢复，1969 年医药补助费、福利补助金及企业奖励基金三项合并为企业职工福利基金。引自《广州市志》第 9 卷（下），广州出版社 2000 年版，第 372 页；汪海波：《中华人民共和国工业经济史》，山西经济出版社 1998 年版。

② 因隶属于一机部，南厂利润留成较高，利润水平完成计划部分按 3.5% 进行利润提成，超计划的部分按照 18% 提取，1959—1961 年间为地方企业，则利润留成额为 9%，1962 年又重新归属中央管理。

③ 《1953—1957 年我厂有关职工集体福利事业历年发展情况介绍》，载《南厂综合档案》1957 年第 21 卷。

待遇使人们认识到，为国家、为社会主义而劳动就是为自身利益而劳动。如同陈师傅说："干社会主义啊，希望给社会搞好了，以后就幸福了，作为一个目标。"

新中国成立初期，新政权急需建立在工厂中的地位，以全面控制工业生产，为了获得职工的支持，生产民主和职工福利受到了高度重视。这一时期，"劳动"将个人需要与国家需要整合在一起：一方面，作为社会主义国家主人翁，劳动者获得了尊重，感受到地位的提高和生活的好转；另一方面，他们将自己的劳动贡献给国家的社会主义建设目标。然而，生产组织日趋完善后，国家政策逐渐侧重现代化建设事业，有意无意地忽视了生产者的需要，这对后来的基层生产实践产生了极大的影响。下文将对该问题进行进一步的展开分析。

三　工业生产：国家主导下的社会主义建设事业

国务院政府工作报告是国家对前一时期工作的总结和对未来发展的规划。通过对1954—1964年政府工作报告的分析，本文发现随着时间推移，国家对发展工业的目的、对企业的要求和对劳动者的态度发生了一系列的变化：

新中国成立初期，提高直接生产者的社会地位和生活水平曾经被确定为所有工作的核心，也是新国家发展社会主义工业的目的所在。1954年的国务院政府工作报告中强调：

> 我们的一切工作都是为了人民的。我们的经济工作和财政工作直接地或者间接地都是为着人民的物质生活和文化生活的改善……因为社会主义经济的唯一目的，就在于满足人民的物质和文化需要。

现代工业的发展之所以重要是因为：

> 只有依靠重工业，才能保证人民的物质生活和文化生活的不断提高……只有生产不断地增加，不断地扩大，才能逐步地克服我们人民的贫

困，才能巩固我们革命的胜利，才能有我们将来的幸福。[①]

在国家规划与政策支持下，单位社区与直接生产者能够从工业发展中获益。生产与生活相互促进，这构成了人们热情劳动的重要原因。

在接下来的国家规划中，工业化本身成为核心，工人生活水平的提高退居其次。1956 年国务院政府工作报告中讲：

> 在发展生产、提高劳动生产率的基础上，必须逐步地改善工人的生活；也只有这样，才能鼓励工人的劳动积极性，使生产继续迅速地发展。

但即便如此，国家仍然保持着对工人福利情况相应的关注，并提出：

> 各企业的行政负责人应该为改善工人的生活状况和消费品供应状况、保障工人的安全而积极努力。[②]

“大跃进”标志着国家主导的、以高速工业化和全面改造社会为目标的“极端现代主义”（High modernism）项目在中国的开展。[③] 在冷战形势下，中国开始与西方国家进行现代化和工业化的竞赛，并以此衡量本土现代化项目的实施成效。1959 年的国务院政府工作报告明显地显示出这一点：

> 我国国民经济发展的速度，在资本主义制度下是从来没有过的，

① 《1954 年政府工作报告——1954 年 5 月 23 日在中华人民共和国第一届全国人民代表大会第一次会议上》，中华人民共和国中央人民政府门户网站，http：//www. gov. cn/test/2006—02/23/content_ 208673. htm。访问日期：2012 年 3 月 18 日。

② 《1956 年国务院政府工作报告：关于 1955 年国家决算和 1956 年国家预算的报告——1956 年 6 月 15 日在第一届全国人民代表大会第三次会议上》，中华人民共和国中央人民政府门户网站，http：//www. gov. cn/test/2006—02/23/content_ 208738. htm。访问日期：2012 年 3 月 18 日。

③ 詹姆斯·斯科特认为，极端现代主义（High Modernism）是一种国家意识形态，这种意识形态执着地认为“随着科学地掌握自然规律，人们可以理性地设计社会秩序”。见詹姆斯·C. 斯科特：《国家的视角：那些试图改善人类状况的计划是如何失败的》，王晓毅译，社会科学文献出版社 2004 年版，第 4 页。

> 也是不可能有的……在钢产量上，英国走了五十多年的路，我们只花了六年……经过了五十多年的时间，到一九〇七年，英国的煤产量才增加到二亿七千万吨，而我国也只花了六年的时间，就在一九五八年达到了这个水平……在我们的生产资料工业跃进的时候，生活资料工业的产值在一九五八年一年中间也增长了34%，这样的增长速度难道是资本主义世界有过的吗?①

然而，在国家对数字增长和宏大目标的追求下，人们的真实劳动、生活情况退居到了次要的位置，对基层生活状况的汇报与规划逐渐从政府工作报告中隐去，这一点在1960年的报告中已经变得很明显。在鼓励各地建设公共食堂时，报告是如下进行宣传的：

> 应当在发展生产的同时，密切关心群众的生活，注意劳逸结合。公共食堂问题是现在抓生活的一个中心问题……办好这些福利事业，把社员的生活安排好，就更能够促进生产的发展。②

这意味着生产的发展才是国家事业核心，人们的生活退到了辅助性的位置。

1964年，本已非常快的工业化速度仍然无法满足新秩序的设计者和规划者的要求，中国已然无法忍受“走世界各国技术发展的老路，跟在别人后面一步一步地爬行”，极端现代主义的目标在六十年代得到了延续和加强，规划者要求“必须打破常规，尽量采用先进技术，在一个不太长的历史时期内”，“把我国建设成为一个具有现代农业、现代工业、现

---

① 《1959年国务院政府工作报告——1959年4月18日在第二届全国人民代表大会第一次会议上》，中华人民共和国中央人民政府门户网站，http://www.gov.cn/test/2006—02/23/content_208774.htm。访问日期：2012年3月18日。

② 《1960年国务院政府工作报告：为提前实现全国农业发展纲要而奋斗——1960年4月6日在第二届全国人民代表大会第二次会议上》，中华人民共和国中央人民政府门户网站，http://www.gov.cn/test/2006—02/27/content_212502.htm。访问日期：2012年3月18日。

代国防和现代科学技术的社会主义现代化强国。”① 在生活福利方面，关于要求提高人们生活水平和福利状况的话语已经从报告中消失，相反地，“艰苦朴素”得到大力倡导：

> 勤俭朴素，艰苦奋斗，是无产阶级的优良作风；铺张浪费，追求享受，是资产阶级的腐败作风。我们发扬无产阶级的优良作风，使这种作风形成社会风气，就可以抵制资产阶级思想的侵蚀。这无论对于社会主义革命和社会主义建设，都是十分重要的……全国人民都应当为积累每一元建设资金并加以有效地使用而斗争。②

不难发现，一个依靠人民革命获取胜利并建设了新国家的政党，曾致力于提高人们的社会地位与生活福祉，现代化则是达到这些目标的手段。但是，随着时间的推移，后者成了核心与主导。在冷战的动荡环境下，非工业世界的后独立时代领袖痛恨殖民统治的过去和停滞的经济，他们试图创造一群值得骄傲的“人民”，并逐渐遵循了发展逻辑——一种由科学和技术进步、生产能力提高、对自然的改造所构成的整体性图景。社会主义运动成为在马克思主义名义下与西方进行的现代化与工业竞赛，③ 不同于西方的是，社会主义国家的社会改造方案规模和国家机器使用的工具都更为庞大，这些国家能够沿着“极端现代主义”（High Modernism）的道路走得更远。④

在这幅整体性规划中，重型工业企业始终处于极为核心的位置。其重要性不仅在于作为资源分配“单位”，它是国家对城市社会进行组织和控

① 《1964年国务院政府工作报告（摘要）——1964年12月21日和22日在第三届全国人民代表大会第一次会议上》，中华人民共和国中央人民政府门户网站，http：//www.gov.cn/test/2006—02/23/content_ 208787.htm。访问日期：2012年3月18日。

② 《1964年国务院政府工作报告（摘要）——1964年12月21日和22日在第三届全国人民代表大会第一次会议上》，中华人民共和国中央人民政府门户网站，http：//www.gov.cn/test/2006—02/23/content_ 208787.htm。访问日期：2012年3月18日。

③ 参见罗丽莎：《另类的现代化：改革开放时代中国性别化的渴望》，黄新译，江苏人民出版社2006年版，第24页。

④ 同上。

制的工具，[①] 更重要的是，工业企业担负着工业化和现代化建设的重任，国家需要动员一切力量提高其生产效率、增加其产量，以完成给定的生产任务和指标。

基于这个需要，从制度设计上，单位中有关生产的一切也是在国家的直接控制之下的。这种控制通过三种策略加以施行[②]：第一，官员个人的强压。向上负责是中国官僚制度的特征之一，对于国家重点推行的项目，都会有相应的官员进行督促。这些官员通常具有相当的权力，并以其权力向直接生产者施压以保证上级下达的指令能够在底层得到执行。第二，指标化的生产管理。通过将生产情况指标化、全局化、简单化，不仅方便国家对工业产量和发展速度进行控制，也更容易同西方国家发展情况进行比较。第三，通过政治运动促进生产。尽管政治运动一直以来都被认为是与生产相互矛盾的，然而实际上在工业企业中，政治运动是围绕生产展开的，目的在于以动员的方式促生产。

四　弄虚作假的兴起：国家的生产控制策略与直接生产者的应对策略

“大跃进”以后，旨在促进生产的国家项目在实施过程中却逐步地削弱了直接生产者的劳动积极性。直接生产者热情衰退的表现是弄虚作假、舞弊行为与消极情绪在南厂日常生产中的逐渐兴起。“在这些问题中，有弄虚作假、投机取巧的，也有奖金挂帅、物质刺激搞小包工的，有

---

① 对单位持有这种观点的有：［美］华尔德：《共产党社会的新传统主义：中国工业中的工作环境和权力结构》；路风：《单位：一种特殊的社会组织形式》，载《中国社会科学》1989年第1期；李路路、李汉林：《资源与交换：中国单位组织中的依赖性结构》，载《社会学研究》1999年第4期；刘建军：《单位中国———社会调控体系中的个人、组织与国家》，天津人民出版社2000年版；裴宜理：《重访中国革命——以情感的模式》；林超超：《新国家与旧工人：1962年上海私营工厂的民主改革运动》；Whyte Martin King & Parish William L., Urban life in Contemporary China, University of Chicago Press, 1988; Xiaobo Lu, Elizabeth J. Perry, Danwei: The changing Chinese workplace in historical and comparative perspective, M. E. Sharpe, Inc. 1997; David Bray, Social Space and Governance in Urban China: The Danwei System from Origins to Reform, Stanford University Press, 2005.

② 尽管这三种控制方式在计划经济时期是被同时使用的，但不同时期的组合方式和侧重是有所不同的。

瞒上瞒下、无政府状态的，也有伸手要钱、漫天要价的。总之五花八门，无所不有。”① 本文认为，国家的生产控制策略在基层实践中损害了直接生产者的利益，上述各种舞弊行为实际上是后者对控制的灵活应对。下文将呈现国家的三种生产控制策略，以及直接生产者的应对方式。

（一）官员个人的强压与应付式生产

1958 年，大跃进在南厂开展之后，直接生产者所承受的最大压力既非来自生产计划指标，亦非来自频繁的政治运动，而是来自上级官员。大多数情况下，极端现代主义者是有权力的国家官员或首脑，极端现代主义与他们的利益有着密切的关系。② 在中国的情境下，政治体制中的“向上负责逻辑”使得拥有权力的官员为其壮志得以舒展，③ 而将工业企业作为工具，并将这种压力转嫁到直接生产者身上。来自官员个人的强压使得直接生产者不得不服从于超长的劳动时间与很高的劳动强度，人们的体力完全透支。工人在各色命令下毫无讨价还价能力，其“主人翁”地位也无从谈起。

1959 年以后，南厂下放至广州市机电局管理，作为重型装备机械制造大厂，国家、省、市各级各部门领导统统将自己负责的生产任务转嫁给南厂。负责水利工程设备生产的副省长要求南厂尽快生产出水利设施，因为“这是牵涉到人民群众生命财产的大事！”负责轧钢的省长要求“一定要把轧钢搞好！以钢为纲！”而市委工业部长则要求南厂尽快推广“超声波发生器”，谁敢阻挡就“开除党籍，通报全市”。④ “大跃进”期间在车间实习的陆女士说：

> 省市领导一人抓一项工作，各个都说自己抓的工作重要——你也重要、他也重要，都是第一。我们工厂呢，工人就只有这么多，个个

---

① 《在干部中检查揭发资本主义经营思想情况的小结》，载《南厂综合档案》1964 年第 1 卷。

② 詹姆斯·C. 斯科特：《国家的视角：那些试图改善人类状况的计划是如何失败的》，第 5 页。

③ 李若建：《折射：当代中国社会变迁研究》，广州：中山大学出版社 2009 年版。

④ 来源于 LZL 个人日记。

都要第一，那不是很难了吗？（被访者：陆女士）

在这样的生产强度下，南厂职工工作时间过长、休息严重不足，人们正常的生活与工作都受到很大的影响。大炼钢铁期间，在“张开肚皮吃饭”口号下，一筐筐包点放在转炉车间，然而工人因为过于劳累完全不愿予以问津，导致大量变质食品被丢入珠江。有人抱怨“大跃进带来了大紧张”，有人说自己“满肚子是气”，有人说“领导沙沙滚，为了完成任务，把人民财产当儿戏”。[①]“部分工人……产生埋怨情况，生产中表现得干劲不足，劳动纪律松懈，因而生产效率不高……有形的浪费和无形的浪费亦大有存在。”[②] 人们普遍认为问题出在上级领导对工厂的过分要求上。为了使生产和人们生活受到的损失降低，南厂直接生产者想出了应对官员的“推、拖、退”三部曲——对来自上级官员的任务能推的则推，推不掉的则拖，拖不了的则退，而送到车间的生产任务则由工人发挥才智加以进行应付式生产。

“大跃进”初期，广东省对大炼钢铁并不积极，中央有人打电话催省委书记陶铸：“为什么广东大炼钢铁你放不出卫星”，于是广东省在1958年11月开始大放钢铁卫星。[③] 1959年初某日，广东省长陈郁风风火火地来到南厂，亲自下达生产大炼钢铁用3吨自由锻锤的任务。该产品的锤砧重50吨，远超出南厂的生产能力。时任生产科副科长的张先生说：“不行呀，省长同志，这个锻锤的锤砧就要50吨，我们厂根本没有这么大的炼炉，这个我们做不了啊。”陈郁很着急，接着去找到设备动力科工程师，但工程师仍然摇头表示南厂无法生产该产品。这些拒绝合作的技术人员被一通训斥：“你们这些知识分子就是典型保守右倾！工人，人家干活的，都说行！让你写个字、做个计划、下个命令，你就不敢！你们这些人，不怕共产主义建不成！不怕修正主义！最怕就是群众发动起来！”

陈郁直接走向车间，将命令直接下达至工人。在官员的强大压力下，工人们点头说行，随即展开生产。讽刺的是，铸件生产的正规程序是把熔

① 《反右倾整风运动总结（初稿）》，载《南厂综合档案》1960年第3卷。

② 《1959年生产工作总结》，载《南厂综合档案》1959年第1卷。

③ 郑笑枫、舒玲：《陶铸传》，中国青年出版社1992年版，第262页。

化的铁水注入沙模，使铸件成为一个坚固的整体。然而，工人的应对方法则是先把生铁锭横七竖八地堆在沙模里，再把铁水浇淋上去。上级要求的铸件看似完成，然而由于铁锭并未被铁水熔化，铸件内部仍然是空的，如同一个空壳，该产品仅仅用以应付上级。[①]

时任生产科副科长的张先生说：

> 工人为什么说行呢？不是工人品质不好，你硬逼着他没办法的，不能说不行！很多工人都不表态——他们看不惯，但又不能说话。省长亲自下来下指标了，有什么办法？机械工人就是这样，他们就是这样对付你的。工人觉得你这样命令我，我就这样耍你。他们就想出来了这种浇铸方法应对。（被访者：张先生，访问日期：2010 年 11 月 26 日）

在这样的应付式生产下，1959 年废品重达 1280.885 吨。[②] 最终，1964 年陶铸在南厂蹲点时清算出，南厂在“大跃进”期间造成了价值超过 18 万两黄金的浪费。[③]

（二）指标化生产管理与欺上瞒下、弄虚作假的兴起

“计划经济是一种高度依赖指标进行管理的经济制度，没有指标来引导和控制经济，这一体制就无法运行”，[④] 国家向企业直接下达的指令性生产指标涵盖了企业生产管理的方方面面。[⑤] 实际上，任何制度下企业的生产管理都需要一定的指导性指标，但是计划经济时期工业企业的指标设

---

① 该案例来源自张先生个人提供的材料：《回忆叶厂长》。

② 《反右倾整风运动总结（初稿）》，载《南厂综合档案》1960 年第 3 卷。

③ 张先生个人提供材料。

④ 李若建：《指标管理的失败：“大跃进”与困难时期的官员造假行为》，载《开放时代》2009 年第 3 期。

⑤ 第一个五年计划时，这些指标包括总产值、主要产品产值、新种类产品试制、重要的技术经济定额、成本降低率、成本降低额、职工总数、年底工人到达数、工资总额、平均工资、劳动生产率、利润；1957 后减少为 4 个：总产值、主要产品产量、职工总数、工资总额和利润，其他 8 个指标作为非指令性指标，各部门可以根据企业需要增加个别指标，1960 年又恢复为“一五”时期的水平。

定并非依据客观的生产能力和运营情况，而是基于国家对发展速度的期待而对地方提出的要求。伴随着国家总体的工业规划，企业需要完成的指标往往逐年上升，并与其承接的生产任务或其实际生产能力不相符合。这种指标化管理减少了官员所必须考虑的变量，同时也提高了行政的规范性，是生产简单化的一种体现。

南厂以计划指标来指导产品生产始于1953年。因为全国各工业生产企业仍处于建设初期，国家在计划指标制定上也处于尝试期，所以这时的生产指标仍较为宽松。尽管指标与实践难以完全契合，但南厂通过自接任务、不断修订计划、调整生产组织，以及组织劳动竞赛，最终都能够予以完成。

实际上在计划经济时期，令工业企业真正担忧的是计划指标过高，而生产任务不足。“大跃进”时期，尽管计划指标飙升，但是在生产任务足够多的情况下，通过应付式生产，南厂仍然可以完成计划。指标化生产的问题真正变得严肃起来是在“大跃进”之后。六十年代初期，随着经济方针的改变，国家大量撤资、生产大规模压缩，许多企业都陷入了财政困难。1961年7月底，南厂银行贷款2604万元，月息15万元，生产任务严重不足、成本大幅上升、不合格产品大量积压，并于9月份出现了一次大停产，10月份生产下降到几年来最低水平，11月份企业出现亏本。[①] 1962年，计划生产指标仍是“大跃进”时期的一半，但上级下达的生产任务仅是厂生产能力的28%。在这种情况下，南厂决定揽活打杂，组织自接农业机械、轻化工业产品的订货任务——这些自接任务占其商品产值的66%。[②]

尽管人们努力地投入到生产中，两班顶三班夜以继日地工作，生产指标的完成仍是未知数。国家的工业化和现代化同直接生产者经验生活的需要的矛盾在于，如果不能达到国家的生产指标，单位便无法获得奖金，职工整年的努力劳动会付诸东流，人们“生产涨一寸，福利涨一分”的愿望不会实现。企业整体地位若因此下滑，从上级部门获取资源将更为困难。这样，南厂使用以下弄虚作假、欺上瞒下和投机取巧的策略。

一方面，因为“上面下达指标，是秀才闭门造舟……订计划是凑产

① 《1961年生产工作总结》，载《南厂综合档案》1961年第1卷。

② 《1962年大事记》，载《南厂综合档案》1962年卷首大事记。

值”，所以南厂的统计都是“用假的编出来，从质量、计划、成本都是浮夸”。[①] 张先生给笔者讲了当时情况：

有些人的月历是有 40 天的！下个月 10 号以前能完成的产品都计入本月。把没有完成的产量报完成，这样工作就推到了下个月，每个月都这样往后推，到了年底任务就堆积得很多。年度任务完不成怎么办？就弄虚作假了！实际上年计划没有完成就报做完成！……这里头有很多种完工方式，有的是缺件完工——产品零件未全就报完工，有的是质量未通过检测就报完工，有的是实际工作量还没有完成，就报完工。生产总值更糟糕了！生产总值怎么算出来？商品产值加上在制品，在制品就是还没有装配成商品的。在制品是靠估算的，黑幕很多了！一算，完不成计划了，那就给在制品估计多一些，以前只完成 50%，那就加到 60%、70%，那个产值不就完成了！所以，我们从来都是完成计划的。你（在档案上）看到那时候的生产总值全都是估算的，很少有是真正算出来的！（被访者：张先生，访谈日期：2011 年 5 月 1 日）

这种弄虚作假是否部门或领导的个人行为？工人对此持怎样的态度呢？张先生说：

关于这个，厂里面谁都知道，但是一机部根本查不出来——有很多方法蒙他们的！而且工人也支持这个，为什么呢？要是没有完成计划，整个厂就拿不到奖金，厂拿不到奖金你就没有好处，所以工人也参与其中，宁愿弄虚作假，没做完报做完。（被访者：张先生，访谈日期：2010 年 11 月 26 日）

另一方面，对订货厂家隐瞒因赶工而导致的质量问题：例如，为了赶商品、抢吨位指标，铆焊车间的工人焊接锅体洗涤塔时不够细致，导致该产品第一圈试水的时候存在轻微的渗漏情况，但是为了避免拖延交货期以

---

① 《整风整党鸣放汇集》，载《南厂综合档案》1961 年第 31 卷。

及将该产品计入生产指标内，质检科科长看见后并没有提出检查该产品出问题的原因，而是叫车间赶把缝隙焊好，不要让订货方知道了。又如1961年，黑龙江轻工业厅向南厂定制3台1250离心机，在部分仪表还没有生产出来的时候，就已经发货并收了货款，直至3年之后，该厂仓库里还积存了一批漏欠客方产品附件，这些附件的价值超过3万元。1964年11月，南厂铆焊车间承制105超速离心机的出水管与盖，生产完毕后因不符合图纸尺寸要求，一直没有入成品库，然而，生产工人和车间领导都不愿意返工。该零件拿到二机车间以后，经过同检验员的研究，认为产品能用就可以，便入了成品库。[①] 弄虚作假的情况并不是突然产生，"这情况很早就存在了，未引起我们注意克服，未完成就报入库，缺外购件也报入库，赶产值时忽视质量，特别是赶节日献礼……"[②]

这种弄虚作假并不是某个部门或领导的个人行为，在单位利益的统合下，厂级领导、中层领导、工人都以各自的方式参与其中：厂级领导的参与主要在于直接的指标作假以及对上级部门予以应付、对下游订货厂家假以威胁；中层领导的参与在于进行厂内协调，沟通不同级别、不同部门的信息，使得职工的口径和目标保持一致；而作为直接生产者的基层工人，则是开动脑筋、想方设法加速生产，同时，支持并隐瞒上层领导的作假行为。在这种情况下，1961—1965年间，南厂浪费损失达1700多万元，积压物资700多万元，约占其固定资产的60%。[③] 此后，弄虚作假的情况受到了批评，但并未中断，反而愈演愈烈。

国家的视角在于要求单位发动一切力量以达到由指标定义的结果，然而，这些计划的始作俑者往往将自己看得远比实际上更聪明和更深谋远虑，这却反而损害了他们预期的受益者。以指标促进生产固然是为了达到国家社会主义工业化的理想，但当指标化管理不顾及工厂劳动过程实际并因此损害了直接生产者的实际利益时，他们使用各种计谋予以应对，对于生产中的弄虚作假的行为，最终埋单者仍然是国家。

---

① 《南厂在干部中检查揭发资本主义经营思想情况的小结》，载《南厂综合档案》1964年第1卷。

② 《党委黄书记在二月八日全厂职工代表大会、三级干部联合大会上的报告》，载《南厂综合档案》1961年第5卷。

③ 《关于反浪费斗争工作小结》，载《南厂综合档案》1966年第4卷。

（三）政治运动的压力与消极态度的蔓延

与指标管理并存的是动员式生产方式。作为生产简单化的极端，这种以政治促生产的策略注重人们的情感，而不是具体的生产过程。新中国成立后从“反右”斗争到“文革”一波又一波的政治运动的一个重要目的在于将人们的热情动员起来并转移到生产中去。1956—1964 年间，南厂先后经历了“肃反”“整风”“反右”“三反”“整风整厂”“五反”等运动，这些政治运动中，有些是由本厂党委进行组织，有些则由市委工作队进行组织，前者组织的运动相对和缓，后者组织的运动斗争性极强。然而，一轮接一轮的政治运动不仅干扰了企业的正常生产，更造就了直接生产者得过且过、谨慎多疑的消极态度，并消解了人们的热情。

那些在生产中犯错误的工人会被怀疑成阶级敌人，并受到重点审查。1964 年 7 月肃反运动期间，有工人因怀疑组织对他的不信任而自杀。1961 年，该工人的弟弟在农村死亡后，他曾在车间说过弟弟是饿死的，并表达了对棉布供应的不满，从此便开始担心领导对他不信任。“五反运动”后，该人向支部交代自己当工会小组长时忘记登记几毛钱，思想顾虑加重。1963 年在生产上出过两次质量事故并受到工段长与车间主任的批评，该工人更加害怕，担心被说成故意的。1964 年，为了照顾其身体，车间安排他做钳工并停上夜班，并告知其他工人少接近他，有些会议亦没有通知他。然而，在“肃反运动”的背景下，该工人过度紧张，竟然在厕所上吊自杀。①

出身不好的工人在运动中容易成为斗争对象。1958 年，因为所属的地下组织暴露了，阿荣从香港回到大陆。她刚到广州时，很多人在火车站欢迎她，令其非常感动。在进厂初期，阿荣满怀热情、工作非常积极。1961 年，她申请回香港探亲，因提前 3 天回厂，被怀疑与特务有联系，至此便成了“运动员”——但凡有政治运动，被批斗的总是她。若是香港的亲戚寄来食品，她就被说成与特务进行联络，若是找医生开病假单，就被说成无病装病。加之难以获得工资升级的机会，她非常生气，工作时也毫无心情，同他人的配合也成了问题。改革开放之后，阿荣马上申请回

① 《关于××上吊死亡的调查报告》，载《南厂综合档案》1964 年第 46 卷。

了香港。[1]

在政治运动中，除了犯过错误的工人与背景有问题的工人忧心忡忡外，普通工人也存在四怕："怕说错话，怕犯错误，怕戴帽子，怕送农场"，不安全感与消极情绪在车间中蔓延开来。[2] 然而，在运动中最不安的实际上是干部。陆女士说：

> 干部一个星期要学习很多次的嘛，学习完了还要发言，你不发言就不行，说你不积极，发言的话又怕讲错话——这个讲话很难说的嘛！工人学习就简单了，班后很短时间，工人本身就是没有文化的人，不可能弄得太清楚。干部责任就重了，历次运动干部都要检讨的，要过关，有的工人说当了干部，笔比铁锤还要重，写几个晚上都写不出来，过不了关。加上干部的工资待遇比工人低，人们都不愿做干部。（访谈：陆女士，访谈日期：2010 年 12 月 23 日）

1960 年"整风运动"中，600 名一般干部中，有 170 人不愿意当干部。在工人提拔上来当干部的人之间普遍有"当干部不如当工人"的思想。在南厂 58 个科级干部中，不安于位的有 22 人，其中要求回车间做工人的有 17 人，这 17 人中，从工人提拔出的占 12 名。机装车间 9 个工段长中，8 个是不愿意当干部，铆工车间 5 个工段长中皆有不愿当干部的想法。主要原因是"认为当干部开会多、责任重、批评多、上压下顶，工资升级慢，又无奖金和加班费，不如当工人好"。其中，铸铁车间副主任认为自己文化低、能力低、理论水平低、身体不大好，不愿当车间副主任，要求当普通干部。总务科科长（党员）为了达到调科室的目的，曾准备犯个不大不小的错误撤职降两级。机装车间工段长（党员）说："当干部受气，升级慢"，工具科梁耀华说："做干部一点好处都没有，开会多，苦战多，加班毛都没有一条，准我离职，让我倒贴一百几十元我都愿意，一离职，我就去劳动局登记当工人。"[3] 甚至有人说："用机枪对准

---

① 事件是从对陆女士的访谈中获得的。

② 《一个车间党支部工作情况调查》，载《南厂综合档案》1961 年第 23 卷。

③ 《反右倾整风运动总结（初稿）》，载《南厂综合档案》1960 年第 3 卷。

我，我也要说‘当干部吃亏’！”[①]

在这种情况下，工人变得小心多疑、谨慎处事、劳动态度愈加消极，而干部对于管理亦缺乏动力，因担心在运动中被工人批判，而不愿意得罪工人，他们对日常生产中的营私舞弊行为睁一只眼闭一只眼，对工作不求有功、只求无过，进一步助长了生产中的消极态度。政治运动，这种旨在激发直接生产者愤怒、感动、兴奋等情感进而促进其生产积极性的策略在实践中逐渐丧失了效果，并将人们的情绪导向了相反的方向。

① 《五反运动小结》，载《南厂综合档案》1963 年第 36 卷。

参考文献

A. G. 华尔德：《共产党社会的新传统主义——中国工业中的工作环境和权力结构》，龚小夏译，牛津大学出版社 1996 年版。

艾米莉·洪尼格：《姐妹们与陌生人——上海纱厂女工，1919－1949》，韩慈译，江苏人民出版社 2011 年版。

贝弗里·J. 西尔弗：《劳工的力量：1870 年以来的工人运动与全球化》，张璐译，社会科学文献出版社 2012 年版。

边燕杰、约翰·罗根：《“单位制”与住房商品化》，《社会学研究》1996 年第 1 期。

蔡禾：《论国有企业的权威问题——兼对安基·G. 沃达的讨论》，《社会学研究》1996 年第 6 期。

蔡禾：《企业职工的权威意识及其对管理行为的影响——不同所有制之间的比较》，《中国社会科学》2001 年第 1 期。

蔡禾：《从“底线型”利益到“增长型”利益——农民工利益诉求的转变与劳资关系秩序》，《开放时代》2010 年第 9 期。

蔡禾、贾文娟：《路桥建设业中包工头工资发放的“逆差序格局”——“关系”降低了谁的市场风险》，《社会》2009 年第 5 期。

蔡禾、李晚莲：《国有企业职工代表大会制度实践研究——一个案例厂的六十年变迁》，《开放时代》2014 年第 5 期。

曹亮：《对国有企业车间权力关系的再认识（1957－1966）——以 A 市 G 企业为例》，中山大学 2010 年硕士论文。

E. P. 汤普森：《英国工人阶级的形成》，钱乘旦等译，译林出版社 2001 年版。

范璐璐：《工厂里的时间政治——对 Y 厂时间制度变迁的分析》，转引自赵明华、赵炜、范璐璐主编《中国劳动者维权问题研究——中国工会法 60 年与劳动法 15 年》，社会科学文献出版社 2011 年版。

冯仕政：《单位分割与集体抗争》，《社会学研究》2006 年第 3 期。

哈里·布雷弗曼：《劳动与垄断资本》，谷风出版社编辑部译，谷风出版社 1988 年版。

哈维·戴维：《后现代的状况——对文化变迁之缘起的探究》，商务印书馆 2004 年版。

何志宁：《全民所有制类型工业的工资改革——A 市重型机器厂工资改革的历史和现状分析》，中山大学社会学系 1990 年硕士论文。

胡伟、李汉林：《单位作为一种制度——关于单位研究的一种视角》，《江苏社会科学》2003 年第 6 期。

黄斌欢：《双重脱嵌与新生代农民工的阶级形成》，《社会学研究》2014 年第 6 期。

J. 科尔纳：《短缺经济学（上）》，张晓光、李振宁、黄卫平译，经济科学出版社 1986 年版。

贾文娟：《“工头”：权力来源及其对劳资关系的影响——一种历史比较的视角》，《社会》2006 年第 5 期。

贾文娟：《从劳动过程看资本主义社会的变迁》，《学术研究》2015 年第 7 期。

金雪鸣：《工人职业安全感——一个社会学方面的实证研究》，中山大学社会学系 1989 年硕士论文。

具海根：《韩国工人——阶级形成的文化与政治》，社会科学文献出版社 2004 年版。

卡尔·波兰尼：《大转型——我们时代的政治与经济起源》，刘阳、冯钢译，浙江人民出版社 2007 年版。

李汉林：《中国单位现象与城市社区的整合机制》，《社会学研究》1993 年第 5 期。

李汉林：《转型社会中的整合与控制——关于中国单位制度变迁的思考》，《吉林大学社会科学学报》2007 年第 4 期。

李汉林：《变迁中的中国单位制度——回顾中的思考》，《社会》2008 年第 3 期。

李汉林、李路路：《资源与交换：中国单位组织中的依赖性结构》，《社会学研究》1994 年第 4 期。

李汉林、李路路：《单位成员的满意度和相对剥夺感——单位组织中依赖结构的主观层面》，《社会学研究》2000 年第 2 期。

李汉林、渠敬东：《制度规范行为——关于单位的研究与思考》，《社会学研究》2002 年第 5 期。

李锦峰：《国企改制过程中的国家与工人阶级：结构变迁及其文献述评》，《社会》2013 年第 3 期。

李路路：《论"单位"研究》，《社会学研究》2002 年第 5 期。

李路路、李汉林：《单位组织中的资源获得》，《中国社会科学》1999 年第 6 期。

李路路、苗大雷、王修晓：《市场转型与"单位"变迁——再论"单位"研究》，《社会》2009 年第 4 期。

李路路、王修晓、苗大雷：《新传统主义及其后——单位制视角与分析》，《吉林大学社会科学学报》2009 年第 6 期。

李猛、周飞舟、李康：《单位：制度化组织的内部机制》，《中国社会科学季刊（中国香港）》1996 年第 3 期。

理查德·斯科特：《组织理论：理性、自然和开放系统》，黄洋等译，华夏出版社 2002 年版。

林超超：《生产线上的革命——20 世纪 50 年代上海工业企业的劳动竞赛》，《开放时代》2013 年第 1 期。

林宗弘：《译序》，转引自迈可·布若威《制造甘愿——垄断资本主义劳动过程的历史变迁》，林宗弘等译，群学出版有限公司 2005 年版。

刘爱玉：《国有企业制度变革过程中工人的行动选择——一项关于无集体行动的经验研究》，《社会学研究》2003 年第 6 期。

刘爱玉：《国企变革与工人生存行动》，社会科学文献出版社 2005 年版。

刘林平、张春泥：《农民工工资：人力资本、社会资本、企业制度还是社会环境？——珠江三角洲农民工工资的决定模型》，《社会学研究》2007 年第 6 期。

卢汉龙：《单位与社区——中国城市社会生活的组织重建》，《社会科学》1999 年第 2 期。

卢晖临、李雪：《如何走出个案——从个案研究到拓展个案研究》，《中国社会科学》2007 年第 1 期。

罗丽莎：《另类的现代性：改革开放时代中国性别化的渴望》，黄新译，江苏人民出版社 2006 年版。

马克思：《路易．波拿马的雾月十八日》，转引自中共中央马克思恩格斯列宁斯大林著作编译局《马克思恩格斯选集》（第 1 卷），中共中央马克思恩格斯列宁斯大林著作编译局译，人民出版社 1995 年版。

马克思：《资本论》（第一卷），中央编译局译，人民出版社 2004 年版。

马克思：《1844 年经济学—哲学手稿》，刘丕坤译，人民出版社 2007 年版。

玛丽·E. 加拉格尔：《全球化与中国劳工政治》，郁建兴、肖扬东译，浙江人民出版社 2010 年版。

迈可·布若威：《制造甘愿——垄断资本主义劳动过程的历史变迁》，林宗弘等译，群学出版有限公司 2005 年版。

麦克·布洛维：《拓展个案法》，转引自麦克·布洛维《公共社会学》，社会科学文献出版社 2007 年版。

潘毅：《中国女工——新兴打工阶级的呼唤》，明报出版社 2007 年版。

裴宜理：《重访中国革命——以情感的模式》，《中国学术》2001 年第 4 期。

裴宜理：《上海罢工——中国工人政治研究》，刘平译，江苏人民出版社 2012 年版。

平萍：《制度转型中的国有企业：产权形式的变化与车间政治的转变——关于国有企业研究的社会学述评》，《社会学研究》1999 年第 3 期。

平萍：《从大而全的组织到资产专用性的组织：A 市一家机器制造国有企业的组织变迁》，香港中文大学 2002 年博士论文。

丘海雄：《工人转工意愿的分析——A 市重型机械厂的研究》，《社会学研究》1992 年第 3 期。

丘海雄：《改革开放后中国国营企业内部的互惠关系》，《中山大学学报论丛》1993 年第 5 - 6 期。

丘海雄、梁倩瑜、徐建牛：《国有企业组织结构改革的逻辑——对 A 市一家国有企业的个案研究》，转引自张曙光《中国制度变迁的案例研究》，中国财政经济出版社 2008 年版。

沈原：《社会转型与工人阶级的再形成》，《社会学研究》2006 年第 2 期。

沈原：《市场、阶级与社会》，社会科学文献出版社 2007 年版。

宋少鹏：《“回家”还是“被回家”？——市场化过程中“妇女回家”讨论与中国社会意识形态转型》，《妇女研究论丛》2011 年第 4 期。

佟新：《社会变迁与工人社会身份的重构——“失业危机”对工人的意义》，《社会学研究》2002 年第 6 期。

佟新：《异化与抗争——中国女工工作史研究》，中国社会科学出版社 2003 年版。

佟新：《延续的社会主义文化传统——一起国有企业工人集体行动的个案分析》，《社会学研究》2006 年第 1 期。

汪和建：《自我行动的逻辑：理解“新传统主义”与中国单位组织的真实的社会建构》，《社会》2006 年第 3 期。

汪建华：《实用主义团结：基于珠三角新工人集体行动案例的分析》，《社会学研究》2013 年第 1 期。

汪建华、孟泉：《新生代农民工的集体抗争模式：从生产政治到生活政治》，《开放时代》2013 年第 1 期。

王处辉：《中国近代企业劳动组织中止包工制度新论》，《南开经济研究》1999 年第 5 期。

王宁：《代表性还是典型性？一个案的属性与个案研究方法的逻辑》，《社会学研究》2002 年第 5 期。

王宁：《个案研究的代表性问题与抽样逻辑》，《甘肃社会科学》2007 年第 5 期。

温世伟：《工人工作价值研究——一个社会学方面的实证个案研究》，中山大学社会学系 1989 年硕士论文。

吴清军：《国企改制中工人的内部分化及其行动策略》，《社会》2010 年第 6 期。

吴长青：《革命伦理与劳动纪律——20世纪50年代初国营企业的劳动激励及其后果》，《开放时代》2012年第10期。

西德尼·塔罗：《运动中的力量——社会运动与斗争政治》，吴庆宏译，译林出版社2005年版。

叶麒麟：《中国单位制度变迁——一种历史制度分析的视角》，《华东理工大学学报》（社会科学版）2008年第4期。

于显洋：《单位意识的社会学分析》，《社会学研究》1991年第5期。

袁小伟：《组织气候研究——A市重型机器厂个案分析》，中山大学社会学系1990年硕士论文。

詹姆斯·C.斯科特：《农民的道义经济学》，程立显、刘建等译，译林出版社2001年版。

詹姆斯·C.斯科特：《弱者的武器》，郑广怀等译，译林出版社2007年版。

张静：《利益组织化单位：企业职代会案例研究》，中国社会科学出版社2001年版。

张荣：《单位制基础的消解》，《社科纵横》2009年第8期。

张允美：《中国职工代表大会制与职工参与模式的政治学分析》，《北京行政学院学报》2003年第1期。

张兆曙：《新制度落实：单位内部上下分际及其运作》，《社会学研究》2012年第3期。

赵炜：《工厂制度重建中的工人——中国白色家电产业的个案研究》，社会科学文献出版社2010年版。

郑广怀：《伤残农民工：无法被赋权的群体》，《社会学研究》2005年第3期。

郑杭生主编：《中国社会学三十年（1978－2008）》，中国社会科学出版社2008年版。

周潇：《关系霸权：建筑工地的控制与反抗》，转引自郑也夫主编《北大清华人大社会学硕士论文选编》，山东人民出版社2007年版。

周雪光：《组织社会学十讲》，社会科学文献出版社2003年版。

朱毅：《企业文化——一个实证研究的探索》，中山大学社会学系1990年硕士论文。

A. W. Gouldner, "Patterns of industrial bureaucracy", *Industrial & Labor Relations Review*, No. 8 (1), 1954.

Alex Pravda, "Political Attitudes and Activity", in Jan F. Triska and Charles Gati, eds., *Blue Collar Workers in Eastern Europe*, London: Allen and Unwin, 1981.

Andrew. G. Walder, "Workers, Managers and the State: The Reform Era and the Political Crisis of 1989", *The China Quarterly*, No. 127, 1991.

Andrew. G. Walder, *China's Transitional Economy*, Oxford: Oxford University Press, 1996.

Aristide Zolberg, "Response: Working – Class Dissolution", *International Labor and Working Class History*, No. 47, 1995.

Chen Feng, "Subsistence Crisis, Managerial Corruption, and Labor Protest in China", *The China Journal*, No. 7, 2000.

Chen Feng, "Industrial Restructuring and Workers' Resistance in China", *Modern China*, No. 29, 2003.

Clive Seale, *The Quality of Qualitative Research*, New York: Sage Publications, 1999, P. 109.

David Harvey, "Globalization in Question", *Rethinking Marxism A Journal of Economics Culture & Society*, No. 8 (4), 1995.

Eric. O. Wright, "Working – Class Power, Capitalist – Class Interests, and Class Compromise", *American Journal of Sociology*, No. 105, 2000.

Frederic. C. Deyo, "Introduction: Social Reconstructions of the World Automobile Industry", in F. C. Deyo, ed., *Social Reconstructions of the World Automobile Industry*, New York: St. Martin's Press, 1996.

H. G. Gutman, *Work, Culture, and Society in Industrializing America: Essays in American Working – class and Social History*, New York: Vintage Books, 1977.

Jean Oi, *Communism and Clientelism: Rural Politics in China*, Berkeley: University of California Press, 1985.

Jean Oi, *State and Peasant in Contemporary China*, Berkeley: University of California Press, 1989.

Lee Ching Kwan, "Engendering the Worlds of Labor: Women Workers, Labor Market, and Production Politics in the South China Economic Miracle", *American Sociology Review*, No. 60, 1995.

Lee Ching Kwan, "The Labor Politics of Market Socialism: Collective Inaction and Class Experiences among State Workers in Guangzhou", *Modern China*, No. 24, 1998.

Lee Ching Kwan, *Gender and the South China Miracle - Two worlds of Factory Women*, Berkeley: University of California Press, 1998.

Lee Ching Kwan, "From Organized Dependence to Disorganized Despotism: Changing Labour Regimes in Chinese Factories", *The China Quarterly*, No. 157, 1999.

Lee Ching Kwan, "From the Specter of Mao to the Spirit of the Law: Labor Insurgency in China", *Theory and Society*, No. 31, 2002.

Lee Ching Kwan, *Against the Law: Labor Protests in China's Rustbelt and Sunbelt*, Berkeley: University of California Press, 2007.

Lu Xiaobo and Elizabeth Perry, *Danwei: The Changing Chinese Workplace in Historial and comparative perspective*, New York: M. E. Sharpe, Inc, 1997.

Manuel Castells, *The Information Age, Vol. 2: The Power of Identity*, Oxford: Blackwell. 1997.

Michael Burawoy, *The Politics of Production: Factory Regimes under Capitalism and Socialism*, London: Verso, 1990.

Michael Burawoy, *The Radiant Past - Ideology and Reality in Hungary's Road to Capitalism*, Chicago: The University of Chicago Press, 1992.

Michael Burawoy and J. Lukacs, *The Radiant Past: Ideology and Reality in Hungary's Road to Capitalism*, Chicago: The University of Chicago Press, 1992.

Michael Wallace, Larry Griffin and Beth Rubin, "The Positon Power of American Labor, 1963 - 1977", *American Sociological Review*, No. 54 (2), 1989.

Miklos Haraszti, *A worker in a workers' State*, New South Wales: Universe Books, 1978.

Richard Edwards, *Contedsted Terrain : The Transformation of the Workplace in the Twentieth Century* , New York: Basic Books, Inc, 1979.

Robert J. Thomas, *Citizenship , Gender and Work : Social Organization of Industrial Agriculture ,* Berkeley: UC Press, 1985.

Ronald A. Rodgers, "Industrial Relations in the Korean Auto Industry: The Implications of Industrial Sector Requirements and Social Effects for International Competitiveness", inF. C. Deyo, ed. , *Social Reconstructions of the World Automobile Industry* , New York: St. Martin' s Press, 1996.

Sanford M. Jacoby, "The Development of Internal Labor Market in American Manufacturing Firms", in Osterman, ed. , *Internal Labor Markets* , Cambridge: The MIT Press, 1984.

Sebastian Heilmann and Elizabeth Perry, eds. , *Mao ' s Invisible Hand : The Political Foundations of Adaptive Governance in China ,* Cambridge: Harvard University Asia Center Press, 2011.

Thomas A. Kochan and Peter Cappelli, "The Transformation of the Industrial Relations and Personnel Function", inOsterman, ed. , *Internal Labor Markets* , Cambridge: The MIT Press, 1984.

Tim Hallett and M. J. Ventresca, "Inhabited institutions: Social interactions and organizational forms in Gouldner' s Patterns of Industrial Bureaucracy", *Theory & Society ,* No. 35 (2), 2006.

William Hamilton Sewell ed. , *Work and Revolution in France : theLanguage of Labor from the Old Regime to 1848 ,* Cambridge: Cambridge University Press, 1980.

William Hurst, *The Chinese Worker after Socialism. Cambridge* , Cambridge: Cambridge University Press, 2009.

Yin Robert. K, *Case Study Research : Design and Methods (2nd edition)* , New York: Sage Publications, 1994.

Zhang Lu, "Lean Production and Labor Controls in the Chinese Automobile industry in An Age of Globalization", *Conference paper* , 2006.

Zhang Lu, "Lean Production and Labor Controls in the Chinese Automobile Industry in An Age of Globalization", *International Labor and Working –*

Class History, No. 73, 2008.

Zhao Minghua and Theo Nichols, "Management Control of Labour in State – Owned Enterprises: Cases From the Textile Industry", *The China Journal*, No. 36, 1996.

Zhou Xueguang, "Unorganized Interests and Collective Action in Communist China", *American Sociological Review*, No. 58, 1993.

学者推荐

在国有企业几乎退出社会学家视野的当下，作者以执着的学术追求和深入的参与式观察，揭示出嵌入在社会主义政治与市场经济双重体制下的国有企业，既要追求源于社会主义传统的政治合法性，又要追求基于现代企业管理制度的效益最大化，双重嵌入性形塑了国有企业独特的车间劳动政治，展现出一幅国有企业中工人、基层管理者和企业管理层三方角力的画面，是一本非常值得一读的著作。

——蔡禾（中山大学社会学教授，中山大学城市社会研究中心主任）

贾文娟博士的新书对于我们理解当代中国劳工政治是一个重要贡献。她向读者展示了毛时代道义公正的观念是如何在当下的国企车间发挥着持续影响，并又如何与选择性放任的劳动控制模式相结合，从而演生出一种当代中国国企工人独特的行动主义逻辑。然而这种行动主义很少以有组织的罢工形式表现；而是更广泛地存在于车间政治中——从与管理者轻声的讨价还价到激烈的争吵。最终，与以往对中国企业中权威关系的解读截然不同，一种新的国企车间政体在贾博士的笔下浮现出来。

——裴宜理（Elizabeth Perry，哈佛大学政治学教授，哈佛燕京学社社长）

贾文娟博士对中国国有企业劳工政治的重新解读具有重要的意义。在这篇优秀的实证研究中，她向读者们展示了同一市场环境下、国有企业如何形成全然不同于私营企业的劳动控制策略的过程。近年来，农民工群体声势浩大的抗议示威活动常常见诸报端，而在此研究中，我们看到，在市场化的过程中，国有领域的工人已形成了一套特有的抗争形式。在深化国企改革再次被提上政治日程之时，如果你对劳动社会学与后社会主义发展抱有兴趣，那么此书不容错过。

——Eli Friedman（康奈尔大学劳动关系学院助理教授）